● 陈守中 著



# 公司财务决策中的税收筹划

中国财政经济出版社

**图书在版编目（CIP）数据**

公司财务决策中的税收筹划/陈守中著．—北京：中国财政经济出版社，2008.6

ISBN 978-7-5095-0916-6

Ⅰ．公…　Ⅱ．陈…　Ⅲ．公司-企业管理-税收筹划　Ⅳ．F810.423

中国版本图书馆 CIP 数据核字（2008）第 128662 号

责任编辑：卢关平　　责任校对：元林

封面设计：孙俪铭　　版式设计：孙俪铭

中国财政经济出版社出版

**URL**：http：//www.cfeph.cn

E-mail：cfeph@cfeph.cn



社址：北京市海淀区阜成路甲 28 号　邮政编码：100142

发行处电话：88190406　财经书店电话：64033436

北京人卫印刷厂印刷　各地新华书店经销

880×1230 毫米　32 开　8.5 印张　182 000 字

2008 年 6 月第 1 版　2008 年 6 月北京第 1 次印刷

印数：1—5000　定价：22.00 元

ISBN 978-7-5095-0916-6/F·0758

（图书出现印装问题，本社负责调换）

本社质量投诉电话：010-88190744

# 序

**税收筹划**产生于20世纪初期的西方国家，在市场经济和改革开放的大潮中于20世纪90年代传入我国。虽然税收筹划在我国存在的时间不长，但发展非常迅速，受到理论界和企业界的重视和关注。理论界想弄清什么是税收筹划（概念界定），为什么要进行税收筹划（实现的目标），如何进行税收筹划（遵循的原则和采用的方法等）。企业界想借助于税收筹划以获得税收利益、增加企业价值。所以，税收筹划的研究课题既具有很强的理论性，又具有很强的实践性。

陈守中博士的《公司财务决策中的税收筹划》一书，是在其博士论文基础上几经修改而成。该书从公司理财的角度，探讨了公司财务决策中的税收筹划，沟通了公司理财与税收之间的关系，将税收与公司财务紧密结合起来，比较全面地探讨了理论界和企业界所关注的税收筹划问题，在诸多方面提出了自己的见解，认为对税收筹划概念的理解不能望文生义而必须尊重历史，税收筹划的主体是纳税人而不是征税人；认为税收筹划不具有先天的合法性，税收筹划不是实际的纳税行为，不存在合法与违法的问题，筹划方案得到执行而产生实际的纳税行为时，才存在合法与违法的问题；认为税负转嫁不属于税收筹划的外延，税负转嫁实际上是一种“视角”效果，是企业在追求“获利”这一真“果”时，正如以收入弥补费用一样的正常现象，企业该做的是定价研究而非税负转嫁筹划；认为涉税零风险是目标问题，而不是税收筹划的外延问题，但涉税零风险作为目标问题，与税收筹划的风险性内涵相矛盾，因此，涉税零风险一般不作为税收筹划的目标；认为税收筹划行为不是纳税行为，税收筹划是纳税方案的运筹和谋划行为，而纳税行为是纳税方案的执行行为或缴纳税款的行为，税收筹划行为活动的客体是涉税经济事务，而纳税行为活动的客体是纳税法律事务，税收筹划行为是一种管理性的行为，而纳税行为是一种法律性的行为；认为税收筹划的目标是税收筹划理论的研究起点，税收筹划目标具有层次性，分最低目标和最终目标，最低目标是减少税收负担，最终目标是实现企业价值最大化；认为税收筹划假设是介于税收筹划目标与税收筹划原则之间的第二层次的理论，是税收筹划原则的前提条件，并首次提出了一系列税收筹划假设；认为税收筹划的原则应以税收筹划目标为导向，应以税收筹划假设为前提，应成为连接税收筹划理论与实践的桥梁，不应该过于笼统和过于抽象，应该贴近实践，便于实践的应用，并首次提出了一系列税收筹划原则；认为税收筹划的方法应以应纳税额的影响因素为主要线索进行确定，即围绕税基、税率和税收优惠，并进一步考虑其三维座标——纳税人类型、纳税时间和纳税地点等进行确定，对税收筹划方法进行了比较全面的概括；认为现有的税收筹划论著主要研究的是财务控制中的税收筹划，而对于财务决策中的税收筹划研究比较薄弱，但财务决策中的税收筹划要比财务控制中的税收筹划重要得多，财务决策中的税收筹划不仅要帮助企业合法获得税收利益，而且更要帮助企业做出科学合理的决策，它对于增加企业价值和提升企业竞争力具有非常重要的意义。本书根据新的企业所得税法，对公司的各种财务决策事项所涉及的税收筹划问题进行了比较系统的探讨，具有很强的实用价值。

陈守中博士的新著就要出版了，作为导师，我颇感欣慰。尽管作为一项崭新的研究课题，此书涉及的某些问题尚待进一步深入研究，但该书将税收筹划置于公司财务决策中加以考察，其研究成果无论对于完善公司财务决策，还是进一步完善税制都有其积极的意义，可供财务界和税务界同仁研究参考。

陈守中博士多年来从事财政、财务、税收方面的教学和研究工作，在承担繁重的教学任务的同时对财务与税收筹划、财税管理的许多问题进行了长时间的思考和探索。他博览群书，潜心治学，刻苦钻研，独立思考，进行了大量的调查研究，取得了一系列科研成果，他的执著探索的精神是难能可贵的。衷心祝愿陈守中博士继续不懈努力，在市场经济体制改革与发展的新时期不断探索财政、税收、财务领域的新问题，取得更大的学术成就。

**汤贡亮**

2008 年 6 月

# 摘　　要

**公司的税收筹划**与公司理财即财务管理有着密切的关系，它已成为企业财务管理工作不可缺少的一部分。然而，目前的税收筹划著作主要研究的是企业财务控制中的税收筹划，而较少研究公司财务决策中的税收筹划；目前的财务管理学著作较少研究税收及税收筹划。研究税收筹划与公司理财之间的关系，探讨公司财务决策中的税收筹划是非常必要的。

本书研究的是公司财务决策中的税收筹划。此选题既有理论性，又有比较强的实践性。因此，本书的研究包括税收筹划理论的研究和税收筹划实务的研究。本书除第一章导言外，第二章是税收筹划相关概念的界定，第三章是公司税收筹划的基本理论，第四章是公司投资决策中的税收筹划，第五章是公司筹资决策中的税收筹划。

第一章导言主要阐述了本选题的研究意义、国内外研究现状、本书的篇章结构、本书的创新点和不足等。

第二章是税收筹划相关概念的界定，除最后的小结之外，共分四节。第一节是税收负担与纳税成本，提出了税收具有法律性、普遍性、价值性和非等价性“四性”的观点，阐述了对纳税负担、纳税成本、隐性税收与显性税收概念的认识。第二节是纳税行为，探讨了行为、纳税行为概念，认为纳税行为的内涵是：普遍性、复杂性、法律性、被动性、目的性和多样性；而法律性是纳税行为最主要的特性。认为纳税行为的外延包括合法的纳税行为，违法的偷税行为、欠税行为、骗税行为、抗税行为，以及非违法的避税行为等。第三节是税收筹划，主要探讨了税收筹划概念，认为税收筹划概念的内涵是：价值性、多样性、专业性、事前性、目的性和风险性，最主要的特性是事前性。认为税收筹划概念的内涵不包括合法性，税收筹划行为不是实际的纳税行为，不存在合法与违法的问题；筹划方案得到执行而产生实际的纳税行为时，才存在合法与违法的问题；且合法与违法不是由筹划者或纳税人判定的，而是由税务机关及司法机构判定的。即使筹划者在开展税收筹划时主观上不想违法，也不能自己事先就得出结论说它是合法的。认为税负转嫁不属于税收筹划的外延，税负转嫁实际上是一种“视角”效果，是企业在追求“获利”这一真“果”时，正如以收入弥补费用一样的正常现象，企业该做的是定价研究而非税负转嫁筹划。认为涉税零风险是目标问题，而不是税收筹划的外延问题。但涉税零风险作为目标问题，与税收筹划的风险性内涵相矛盾，因此，涉税零风险不应作为税收筹划的目标。第四节是税收筹划与公司财务决策，主要探讨了税收筹划与公司理财和公司财务决策之间的关系。认为公司理财的内涵是目的性、全程性和价值性、多样性、专业性、风险性；认为公司理财按照财务活动的内容，分为筹资管理和投资管理两部分。认为财务决策及财务控制是公司理财的核心环节，其他环节都是为核心环节服务的。认为税收筹划具有公司理财的全部内涵，税收筹划的目的服从于公司理财的目的，税收筹划客体包含在公司理财客体之中。

第三章是公司税收筹划的基本理论，除最后的小结之外，共分四节。第一节是税收筹划目标，认为税收筹划目标具有层次性，有最低目标和最终目标；税收筹划目标具有相对稳定性；税收筹划目标具有可控性。认为税收筹划活动是财务管理活动的一部分，当然，财务管理活动又是企业管理活动的一部分，因此，税收筹划的直接目的必须服从于财务管理的目标，必须以企业管理的目标为最终目标。而财务管理的目标与企业管理的目标相一致，是企业价值最大化。因此，税收筹划活动的最终目标是企业价值最大化。第二节是税收筹划假设，认为税收筹划假设是关于税收筹划主体、客体、环境等的假设，因此应从税收筹划主体、客体、环境三个方面去思考税收筹划的具体假设，关于税收筹划主体的假设有税收筹划主体假设、持续经营假设、经济人假设；关于税收筹划客体的假设有涉税事项庞杂假设、资本增值假设；关于税收筹划环境的假设有经济条件不确定性假设、税收政策可选择性假设、法律公正假设、资本市场有效假设和分权制衡假设等。第三节是税收筹划原则，认为税收筹划原则应以税收筹划目标为导向，以税收筹划假设为前提，对税收筹划实践活动具有实际的指导意义。以税收筹划的直接目标——减少税收负担和纳税成本——为导向的原则有享受税收优惠的原则、跨国经营利用国际避税地原则、企业集团总体税负最小原则等；以税收筹划的最终目标——企业价值最大化——为导向的原则有时间价值原则、风险价值原则、收益与成本相权衡的原则等；以税收筹划假设为前提的原则有依法筹划原则、遵循和利用会计准则的原则、为企业经营决策服务的原则、信息传递原则等。第四节是税收筹划的内容和方法，认为对税收筹划内容的概括可以分为全面观与重点观。认为税收筹划的方法应以应纳税额的影响因素为主要线索进行确定，即围绕税基、税率和税收优惠，并进一步考虑其三维座标——纳税人类型、纳税时间和纳税地点等进行确定，共计二十种方法。

第四章是公司投资决策中的税收筹划，除最后的小结之外，共分五节。第一节是投资组合理论与投资决策中的税收筹划，认为投资组合理论是投资决策中最主要的理论。投资组合决策是投资决策中最主要的决策。投资决策中的税收筹划为投资决策服务，因此，投资决策中的税收筹划必须遵循投资组合理论及投资组合决策的方法。1952 年，马科维茨（Harry Markowiz）发表论文《投资组合的选择（Portfolio Selection）》，标志着现代投资组合理论的诞生，而夏普（William. F. Sharp）的资本资产定价模型、布莱克（Black）和斯科尔斯（Scholes）的期权定价模型、罗斯（Stephen A. Ross）的套利定价理论等是投资组合理论的后续发展。布伦南（Brennan）第一次将税收引入资本资产定价模型，考虑了税率差异对资本市场均衡的影响。布伦南的资本资产定价模型考虑了税率差异，说明是税率差异而不是税收本身对资本市场均衡产生影响。也就是说，如果税收是中性的，不存在税率差异，税收的存在不会打破资本市场均衡的态势。由此可以推论，夏普的资本资产定价模型可以看作是以税收中性即不存在税率差异为假设条件的。布伦南模型也存在着一定的局限性，第一，未考虑股利所得税与利息所得税的差异，股利是公司用所得税后的利润发放的，而利息是在公司缴纳所得税前支付的；第二，未考虑股利收益的风险，股利是预计的，它与实际股利可能存在着较大的差异；第三，税率差异的值难以测定，因此，该模型的实证检验很难。另外，布伦南模型不符合中国的情况，从税收差异看，公司税与个人税不同；布伦南考虑的主要是个人税，但中国目前不存在个人的资本利得所得税。本书认为期权与税收之间的关系比较复杂，因为期权的标的资产种类繁多，公司中存在的期权问题比较多，许多问题是值得研究的。本书认为套利定价理论与资本资产定价模型相比，假设条件大为减少，虽然其资产定价的基本思想仍然是无风险报酬加上风险报酬，但其所考虑的风险因素不再只是单一的市场风险而是还包括了人均收入水平、通货膨胀、汇率变动、经济增长等等多个因素，提高了套利定价理论的适应性，而资本资产定价模型可以看作是套利定价理论的特殊形式。本书认为公司的所有资产可以被视为一个资产组合，而最优的资产组合，是一个能够使企业价值最大而同时使风险最小的组合。降低风险的方法，一是增加无风险资产的比重，二是通过增加有风险资产的品种消除公司特有风险；三是进行套利组合实现无风险套利。本书认为筹资的风险可以通过不借债而消除，而资产运用的风险可通过套利组合予以消除。本书认为税收是公司的一项费用，是影响公司收益的一个因素。不同资产或不同投资的税收负担不同，必定会促使公司在财务决策中进行税收筹划，而税收筹划时不应仅考虑税收负担的不同，应考虑总体的收入、费用情况即考虑税后净收益的不同。第二节是固定资产投资决策中的税收筹划，按照决策事项即投资行业决策、投资地域决策、固定资产取得方式决策、投资规模决策等依次进行了税收筹划分析。在进行投资行业决策中的税收筹划分析时，根据现行税收制度分析了商品课税和所得课税所存在的行业优惠，本书认为公司在进行投资行业决策时，千万不能只考虑显性税收负担的轻重。因为中国的市场经济还不是充分竞争的市场经济，不同的行业之间还存在着收益差别；当然，即使市场经济是充分竞争的，依然还会存在隐性税收。显性税收负担轻的可能收益较低，而显性税收负担重的可能收益较高。因此，公司在进行税收筹划时，不要只想着减少显性税收负担，而必须综合考虑收益水平的高低。另外，公司在进行多业经营和行业选择时，要根据投资组合理论，根据公司的比较优势，在控制投资风险的情况下谋求公司整体的价值最大。在进行投资地域决策中的税收筹划分析时，本书认为如果异地存在着商品课税的税收优惠，将会刺激异地设立分公司。当然异地设立分公司不能只考虑税收优惠，还要考虑远离总公司所增加的管理费用、所增加或减少的交易费用等非税成本。在进行固定资产取得方式决策中的税收筹划分析时，本书认为购置固定资产需要动用大量货币资金，而非货币性资产交换则基本不需动用货币资金。因此，采用哪种方式首先要看公司的货币资金余缺以及筹集货币资金的能力。公司可以借款购置固定资产，然后将借款费用资本化；也可以将经营用货币资金去购置固定资产，然后再借款用于经营活动，而经营活动的借款费用可以作为收益性支出直接计入当期损益。根据税法的规定，企业在生产经营活动中发生的合理的不需要资本化的借款费用，准予扣除。因此，借款费用是作为资本性支出还是作为收益性支出，存在着税收筹划的空间。在进行投资规模决策中的税收筹划时，本书认为从总体上看，无论是商品课税还是所得课税都是比例税率，边际税率不变，因此税收对投资规模的影响没有差异。具体分析，增值税存在着小规模纳税人与一般纳税人之区别；企业所得税存在着小型微利企业的优惠税率。如果根据公司确定的投资规模，预计未来独立注册有可能作为小规模纳税人，应根据项目未来的收益状况分析是作为小规模纳税人还是作为一般纳税人的税负更低，以适当调整投资规模从而适应更低的税负；如果投资规模较小，预计未来独立注册有可能作为小型微利企业，当然作为小型微利企业的税负更低，可适当调整投资规模使其未来能够享受小型微利企业的优惠税率。第三节是对外投资决策中的税收筹划，按照对外直接投资决策和对外间接投资决策分别进行税收筹划分析。对外直接投资决策中的税收筹划分析中，分别对外还是对内投资的比较选择、独资还是合资的比较选择、有限还是合伙的比较选择、投资地区的比较选择、投资规模的比较选择进行了税收筹划分析。在进行对外还是对内投资的比较选择分析时，假设对外直接投资的对象是异地设立的独资子公司，这样问题就演变为是异地设立子公司还是异地设立分公司的比较分析。本书认为，无论是异地设立分公司还是子公司都可独立缴纳商品课税，即在商品课税上无差别；而异地设立分公司是统一缴纳所得税，异地设立子公司是分别缴纳所得税。因此，异地设立分公司还是子公司，决定于统一缴纳所得税有利还是分别缴纳所得税有利。在进行有限还是合伙的比较选择分析时，本书认为有限责任公司和合伙企业在商品课税上基本无差别，但在所得课税上存在着较大差别。有限责任公司须上缴企业所得税；而合伙企业却上缴个人所得税。本书认为，如果公司在附属企业分享的应纳税所得额在45 000元以上，且附属企业能够符合小型微利的标准，则附属企业注册为合伙企业不如注册为有限责任公司；如果公司在附属企业分享的应纳税所得额在33 750元以上，且附属企业属于国家需要重点扶持的高新技术企业，则附属企业注册为合伙企业不如注册为有限责任公司。在进行投资地区的比较选择分析时，因为地区性税收优惠主要是所得税优惠，因此按照新的企业所得税法和过渡性税收优惠政策进行了分析。在进行对外间接投资决策中的税收筹划分析时，本书认为公司进行证券投资决策，主要考虑的是投资收益及风险，税收只是影响投资收益的一个因素而已。公司进行证券投资，应实施组合投资以分散风险。还可考虑采用内部报酬率法进行决策。公司可分析确定证券投资的必要报酬率或要求得到的最低报酬率作为评价标准，只有当证券投资的内部报酬率大于或等于评价标准时，才能说明投资方案是可行的。

第四章第四节是无形资产投资决策中的税收筹划，分别对购入无形资产和自创无形资产进行了分析，国家鼓励自创无形资产，规定了加计扣除费用的税收优惠政策；购入无形资产投资决策，不可低估投资成本，但实际会计处理时可尽量减少资本性支出、增加收益性支出；无形资产与其他资产整体购入时应进行整体估价，但是与固定资产分别核算还是单独核算要考虑折旧（摊销）年限孰短，摊销或折旧年限越短，所获得的税收利益越大。第五节是流动资产投资决策中的税收筹划，流动资产投资决策的思路是：通过分析流动资产投资的原因说明其必要性，通过分析流动资产投资的相关成本以说明流动资产投资的数量又不能过多，因此研究确定最佳的流动资产投资额度，以使其投资总成本最低。而流动资产投资决策中的税收筹划，应配合这一管理思路，控制各项成本费用，以使公司获得尽可能大的税收利益及经济利益。

第五章是公司筹资决策中的税收筹划，除最后的小结之外，共分五节。第一节是资本结构理论中的税收筹划，本书认为公司筹资决策中的税收筹划，不能一味地追求减轻税收负担，必须以优化资本结构、提高公司价值为目标。本书比较系统地分析了资本结构的净收益理论、净经营收益理论、传统理论、MM 理论、权衡理论等，分析其是否考虑了税收，是如何考虑税收的影响的。第二节是资本结构决策中的税收筹划，分析了比较资本成本法、比较企业价值法、每股利润无差别点分析法；在比较资本成本法中，分析了资本成本计算中的税收筹划，对资本成本的计算模型进行了一定的创新，不仅考虑了利息费用的抵税作用，还考虑了筹资费用的抵税作用；根据现行会计准则确定了融资租赁资本成本的计算公式；在比较企业价值法中，分析了企业价值计算中的税收筹划，得到一项推论：负债增加额/息税前利润增加额 < （1 − 所得税率）/现利息率，即一个公司欲增加负债或提高资本结构比率，负债增加额与息税前利润增加额之比应小于（1 − 所得税率）与现利息率之比；在每股利润无差别点分析法中，分析了每股利润无差别点计算中的税收筹划，得到一项推论：$\overline{EBIT}/V = r$，即每股利润无差别点的息税前利润等于资本总额与利息率的乘积，每股利润无差别点的总资本报酬率（或称资产息税前利润率）等于利息率。第三节是股权筹资决策中的税收筹划，分析了发行股票筹资、吸收直接投资和内部积累中的税收筹划。第四节是长期负债筹资决策中的税收筹划，分析了长期借款、发行债券、租赁筹资中的税收筹划；在租赁筹资的税收筹划分析中，比较了经营租赁、融资租赁与购买方式的投资成

本现值计算，在投资成本现值计算中考虑了成本费用抵税额的现值。第五节是流动负债筹资决策中的税收筹划，分析了短期借款、短期融资券、商业信用筹资中的税收筹划以及流动负债筹资总额确定中的税收筹划。

**关键词：公司理财　税收筹划　投资决策　筹资决策**

# Abstract

There is a strong relation between tax planning and financial management in a company, and tax planning has been an indispensable part of activities in company's financial management. The current researches on tax planning mainly focuses on tax planning in financial control, but few of them pay attention to tax planning in financial decision. And current papers which focused on financial management didn't study tax and tax planning as the main part. However, studying the relation between tax planning and financial management and discussing tax planning the financial decision is very necessary.

This paper studies tax planning in company's financial decision. This area of research is not only theoretical but also has strong practicality. Therefore, the study includes the research of the theory of tax planning and the research of the practice of tax planning. Chapter 1 is the preamble, chapter 2 introduces the basic conceptions of tax planning, chapter 3 discussed the basic theories about tax planning, chapter 4 studies tax planning in company's investment decision, and chapter 5 focuses on tax planning in company's financing decision.

Chapter 1 introduces the significance of this paper, the currently relative researches in the world, the framework of this paper and the innovation and deficiency of this paper.

Chapter 2 divides into four parts. Part 1 is about tax burden and the cost of tax payment, put forward the viewpoint that tax has four characteristics including legality, generality, value and antiequivalence, and explain the knowledge concerning tax burden, the cost of tax payment, potential tax and dominant tax. Part 2 is about tax actions. This part discusses the conceptions of actions and tax actions. The meaning of tax actions includes generality, complexity, legality, passivity, purposiveness and diversity, and legality is the main characteristic. The extension of tax actions includes legitimate tax actions, illegitimate tax actions just as tax evasion, tax arrears, tax fraud, and refusal to pay taxes, tax avoidance which is legitimate. Part 3 is about actions of tax planning and mainly discusses the conception of tax planning, taking the opinion that the identities of tax planning include value, diversity, professionalism, apriority, purposiveness and riskiness, and apriority is the most important characteristic. Another opinion is that tax planning does not have the characteristic of legality, because tax planning actions are not the practical tax payment actions, there is no need to tell the difference of legitimate and illegitimate. When tax planning strategy is put into practice and leads to real tax payment actions, the question that whether tax planning actions are legitimate or illegitimate will be raised. What's more, whether tax planning actions are legitimate or illegitimate is not decided by the planner or taxpayer but tax authorities and judicial authority. Although tax planners do not want to go against law subjectively when designing tax planning, they can not say that tax planning is legitimate by themselves in advance. Shifting of tax is not included in the extension of tax planning. Actually, shifting of tax is result of angle of view. Shifting of tax is not a tax planning but a price research conducted by company itself which aimed to gain more profit just like the normal phenomena that companies use income to feed back cost. Having no risk is the purpose of tax planning, but not the extension of tax planning. However, taking risk – free as the purpose of tax planning is conflicted with riskness of tax planning. Therefore, risk – free should not be the purpose of tax planning. Part 4 is about the relation between tax planning and company's financial management. The identities of financial management include purposiveness, thoroughness, value, diversity, professionalism and riskiness. By the contents of financial activities, we can divide the whole financial management into two areas, one is financing management, and the other is investment management. The key points of financial management are financial decision and financial control, and other parts of financial management support them. Tax planning has all the identities which are contained in financial management. The purpose of tax planning should be complied with the purpose of financial management. The object of tax planning is included in the object of financial management.

Chapter 3 discussed basic theories about tax planning and divides into four parts. Part 1 is about the purpose of tax planning. The purpose of tax planning is hierarchical; it contains the lowest and highest purpose; it is relatively stable, and can be controlled. Tax planning activities are included in financial management. Certainly, financial management activities are part s of company's management activities. Therefore, the direct purpose of tax planning must be convinced to the purpose of financial management, tax planning must take the purpose of financial as the final purpose. The purpose of financial management is complied with the purpose of company management; the purpose is to maximize the value of the company. So, the final purpose of tax planning is to maximize the value of the company. Part 2 is about assumptions of tax planning. These assumptions include the subjects and objects of tax planning, along with the environment of tax planning. Assumptions about subjects of tax planning contain subjects of tax planning assumption, going - concern assumption and economic man assumption. Assumptions about objects of tax planning contain wade the tax item huge miscellaneous assumption and capital appreciation assumption. Assumptions about environment of tax planning contain assumptions that economic condition are uncertain, tax policy can be chose, law is fair, capital market is effective and decentralization of authority assumption. Part 3 is about taxable principles. Taxable principles should aim at tax planning, base on assumptions of tax planning and make actual influence on tax planning activities. The direct purpose of tax planning is to reduce tax burden and the cost of tax payment. And principles which take the direct purpose of tax planning as the guide include tax preference principle, multinational operation using national tax haven principle, business group having minimum tax burden principle. Principles which take final purpose that maximizing the value of the company as the guide include time value principle, risk principle and cost matching income principle. Principles which base on the assumptions of tax planning include legitimate planning principle, following and taking advantage of accounting postulates principle, supporting operation decision of the company principle and information transfer principle. Part 4 is about contents and methods of tax planning. There are two views about contents of tax planning, one is comprehensive, and the other is crucial. The methods of tax planning should be decided on the base of taxation, tax rate and tax preference, and should consider the influence of the type of tax payer, the time and place of tax payment. There are twenty methods of tax planning in all.

Chapter 4 is about tax planning in company's investment decision, and it is divided into five parts. Part 1 studies tax planning in investment portfolio theories and decisions. The investment portfolio theory is the most important theory in investment decisions and investment portfolio decision is the most important decision in investment decisions. Tax planning in investment decisions should support investment decisions. Therefore tax planning in investment decisions should comply with methods which use in investment portfolio theory and decision. *Portfolio Selection* (*Harry Markowiz, 1952*) indicated the begin of investment portfolio theory. And CAPM (*William. F. Sharp*), option pricing model (*Black and Scholes*) *and* stowage straddle pricing model (*Stephen A. Ross*) are subsequent developments. *Brennan* introduced tax into CAPM first, and he considered how taxable difference influenced the balance of capital market. *Brennan's* CAPM concluded that it was tax rate difference not tax itself influenced the balance of capital market. It means that if tax is neutral, there is no difference among tax rates, the existence of tax can not breakout the balance of capital market. So we can conclude that *William. F. Sharp's* CAPM is based on the assumption that tax is neutral and there is no difference among tax rates. However, there are limitations in *Brennan's* CAPM. Firstly, it didn't consider the difference between dividend tax and interest tax; dividend is delivered after corporate income tax payment, but interest is delivered before corporate income tax payment. Secondly, it didn't consider the risk of dividend; dividend is predicted, which is different from the reality. Thirdly, the index of difference among tax rates is hardly to calculate, therefore, it is difficult to do empirical research. In addition, *Brennan's* CAPM is not suitable for China. There is difference between corporate income tax and individual income tax; *Brennan* focused on individual income tax, but there is no individual capital revenue tax in China now. This paper takes the opinion that the relation between option and tax is very complex, because there are so many types of capital belonging to option, there exists so many problems about option in the company, and most of them are worthy to research. Stowage straddle pricing model has fewer assumptions than CAPM. Although the basic thought is that the price of capital is riskless return adding risk return, the risk elements is not only market risk, but also per capita income level, inflation, exchange fluctuation and economic growth, and this extension improves the model's suitability. We can consider CAPM as a special formula of Stowage straddle pricing model. All asset of a company can be considered as an investment portfolio, and the best investment portfolio is the one which can maximize the company's value meanwhile minimize the risk. There are three kinds to lower risk as follows: Firstly, increase the proportion of risk - free assets. Secondly, eliminate firm - specific risk by increasing the kinds of risk assets. Thirdly, realize risk - free arbitrage through arbitrage portfolio, which assumes that the risk of financing can be eliminated by no debts, while the risk of assets utilization could be cleared up via the arbitrage portfolio. Tax is an expense of the firm and also a factor influencing corporate income. The tax burden varies between different assets or different investment and the fact will surely urge the firm to do tax planning when making the financial decision. When doing tax planning, we have to consider not only the difference of tax burden, but also the overall situation of revenue and expenses, which is the net income's difference. Part 2 is about tax planning in the fixed assets' investment decision, which is analyzed in sequence from the following aspects: the investment industry decision, the investment region decision, the decision about fixed assets' obtaining manner and the investment size decision. When it comes to analyzing tax planning in the investment industry decision, the dissertation analyzes the industry preference in the taxation of commodities and taxation of income according to current tax system. It is believed that it is not wise only to consider the dominant tax burden when making the investment industry decision, for China's market economy is still not perfect competitive market economy, and there exists revenue difference among different industries; of course, there is till recessive tax even if the economy is perfect competitive market economy. The firm whose dominant tax burden is small maybe has a low income, while the firm with a heavy tax burden maybe has a high income. Therefore, firms should think about not only the lightening of dominant tax burden but also have to consider synthetically the level of income when planning the taxes. In addition, when firms are doing mixed operation and choosing industries, they must control the investment risk and pursue maximization of the whole corporate value considering the corporate's comparative advantage, on the basis of principle of portfolio. When doing tax planning in the investment region decision, if it is considered that there is the tax preference in the taxation of commodities in other places, then it will spur the firm to set up branches there. But when setting up branches in other places the tax preference is not the only thing to consider, there are also such non – tax costs like overhead expenses increased as a result of far from the parent company, transaction cost increased or decreased, etc. to consider. When doing tax planning analysis in the fixed assets' obtaining manner decision, it is thought that purchasing fixed assets need to employ a lot of monetary resources, while the exchange of no monetary assets basically needn't to employ monetary resources. Hence, the decision on getting fixed assets by which way should take the abundance of monetary resources and the ability of financing monetary resource into account in the first place. The firm can loan to purchase fixed assets, and then capitalize the borrowing costs. Also, the firm can use the monetary resources for operation to purchase fixed assets, and then loan to perform the operation, while the borrowing costs in the operating activities could enter current profit and loss as revenue expenditure. Basing on the tax law, enterprise's appropriate borrowing costs which needn't capitalize occurring in the production and operating activities are deductible. Therefore, there is space for tax planning whether borrowing costs are capital expenditure or revenue expenditure. When doing tax planning in the investment size decision, on the whole, it is proportional tax rate whether the tax is taxation of commodities or taxation of income, and the marginal tax rate is invariable. Therefore, the impact tax exerted on the investment size has no difference. Specifically speaking, the value – added tax can be divided into the kind of small scale tax payer and general tax payer; corporate income tax includes the preferential tax rate of small business with meager profit. If based on the investment size which is decided by the enterprise, the enterprise may be classified as small scale tax payer when registering independently in future, then it should decide when to attain the lower tax burden whether the enterprise is a small scale tax payer or a general tax payer so as to adjust the investment size to accommodate the lower tax rate. If the investment size is small, the enterprise may be classified as small business with meager profit when registering independently in future. And surely as small business with meager the tax burden is lighter, and it is wise to adjust the investment size to make it enjoy the preferential tax rate of small business with meager profit. Part 3 introduces tax planning in the foreign investment decision, which is described as direct foreign investment and indirect foreign investment. In the analysis of tax planning in direct foreign investment, the dissertation compares the choices whether invest abroad or invest domestic, whether single proprietorship or joint venture, whether limited operation or co – partnership, among the investment regions, and among investment sizes. When comparing the choice between investing abroad and investing domestic, if the abroad investment's recipient is subsidiary company with single proprietorship, then the problem turns to be the comparative analysis whether to set up a sub branch or a subsidiary company in other places. It is thought that whether setting up a sub branch or a subsidiary company in other places, tax of commodities can be paid independently, that is to say, there is no difference in taxation of commodities. And the sub branch pays income tax uniformly, while subsidiary company pays income tax respectively. Therefore, setting up sub branch or subsidiary company depends on whether it is beneficial to pays income tax uniformly or pays income tax respectively. When comparing the choice between limited operation and co – partnership, the dissertation deems there is practically no difference between Limited Liability Company and partnership in taxation of commodities, but there exists major difference in taxation of income. Limited Liability Company should pay corporate income tax, while partnership should pay individual income tax. If taxable income the company deriving from subsidiary enterprise exceeds 45 000, the subsidiary enterprise may comply with the standard of small business with meager profit, and then it is better for the subsidiary enterprise to register as Limited Liability Company than partnership. If taxable income the company deriving from subsidiary enterprise exceeds 33750, and the subsidiary enterprise belongs to high and new technology enterprise that is supported as an emphasis by nation, it is better for the subsidiary enterprise to register as Limited Liability Company than partnership. When making the investment region decision, as the regional tax preference is mainly income tax preference, the dissertation analyzes according to the new Income Tax Law and transitional tax preference. When doing tax planning about the indirect foreign investment decision, the dissertation thinks that as enterprise is making the investment in securities decision, it chiefly takes the yield and risk on investment into consideration, and tax is only one factor influencing the yield. Enterprise should implement portfolio investment to spread risk when investing in securities. And enterprise also can employ the internal rate of return method to make decision. Enterprise can make the necessary rate of return or the desired minimum rate of return as the evaluation criterion. And the investment project is feasible only when the internal rate of return equals or exceeds the evaluation criterion.

Part 4 in chapter 4 is about tax planning in intangible assets investment. Government encourages the enterprise to create intangible assets by itself, and sets tax preference policy about deducting expenses accumulatively. Enterprise cannot undervalue the investment cost when making the decision of purchasing intangible assets, but it could decrease the capital expenditure and increase the income expenditure as much as possible. When intangible assets and other assets are being purchased wholly, it is necessary to reckon the price as a whole; but it should consider the length of period of depreciation whether to check respectively or independently with the fixed assets. And the shorter the period of depreciation or amortization is the more tax benefit it gets. Part 5 is about tax planning in the current assets investment decision, the thought of which as follows: illustrate the necessity by analyzing the cause of current assets investment, and demonstrate the fact that investment amount should not be excessive by analyzing the relevant cost of current investment cost. Therefore, the research determines the optimal line of current investment to make sure the total investment cost is minimal. And tax planning in the current investment decision should comply with the managerial thought to control each expense in order to obtain tax benefit and economic interest as much as possible.

The fifth chapter about tax planning in the corporate financing decision divides into five parts. Part 1 is tax planning in the theory of capital structure and asserts that the corporate tax planning in financing decision should not pursue the lightening of tax burden blindly; but it must seek the aim of optimizing the capital structure and raise the value of enterprise. This dissertation systematically analyzes net earnings theory, net operating income theory, traditional theory, MM theory, theory of balances and so on, and analyzes whether they take tax into account or not and how they regard the impact of tax. Part 2 describes tax planning in the capital structure decision, and analyzes the relative capital cost method, the relative enterprise value method and method of net income per share indifference point. When describing the relative capital cost method, the dissertation analyzes tax planning in the capital cost computation, and gets some innovation in the computation module of capital cost, in which I consider not only the tax credit impact of interest cost, but also the tax credit impact of financing cost. I determine the computing formula of financing leasing cost based on the current accounting postulates. In the discussion of the relative enterprise value method, I analyze tax planning in the computation of enterprise value, and conclude that: the ratio of liabilities increase in amounts to EBIT increase in amounts is lower than (1 - income tax rate) to interest rate. In the discussion method of net income per share indifference point, I analyze tax planning in the computation of net income per share indifference point, and get the conclusion that: $\overline{EBIT}/V = r$, that is to say, the EBIT in the indifference point of net income per share equals to the product of total capital and interest rate, the total capital return rate (return on assets before interest and tax) equal to interest rate. Part 3 is about tax planning in the equity financing, which includes tax planning about issuing of shares, incorporating foreign direct investment and internal accumulation. Part 4 discusses tax planning in long - term debt financing, which respectively analyzes tax planning about funded liabilities, issuing bonds and lease financing. When analyzing tax planning in lease financing, I compare the present value of cost of investment about operating lease, financial lease and direct purchasing. Also, in the computerization of the present value about cost of investment, I take the present value of tax credit of expenses and cost into consideration. Part 5 describes tax planning in current liabilities financing decision, and respectively analyzes tax planning in short - term loan, short - term bond debts, commercial credit and tax planning in the determination of total current liabilities.

**Key words: corporation financing tax planning investment decision financing decision**

# 目　录

diyizhang

# 第一章 导言

## 第一节 研究意义

随着我国经济体制改革的不断深入，经济的不断发展，民营经济不断壮大，企业的经济人特征不断强化，我国的税收法律制度和财务会计制度不断完善且越来越复杂，税收筹划日益得到企业的重视。

税收筹划是指纳税人的税收筹划。当然，也有人认为它包括纳税人的税收筹划（纳税筹划）和征税人的税收筹划（征税筹划）。本书将以公司作为纳税人假设，所要研究的税收筹划主要是公司财务决策中的纳税筹划。

公司的税收筹划与公司理财即财务管理有着密切的关系，它已成为企业财务管理工作不可缺少的一部分。然而，目前的税收筹划著作主要研究的是企业财务控制中的税收筹划，而较少研究公司财务决策中的税收筹划；目前的财务管理学著作较少研究税收及税收筹划。本书认为研究税收筹划与公司理财之间的关系，探讨公司财务决策中的税收筹划是非常必要的。本选题的理论意义有：

1. 发展和完善税收筹划的基本理论。目前对税收筹划的研究，比较偏重于税收筹划实务的研究，而对于税收筹划基本理论的研究比较欠缺。本书将比较系统地研究税收筹划的目标、税收筹划的假设、税收筹划的原则、税收筹划的基本内容和基本方法，理清税收筹划的思路，完善税收筹划的基本理论体系。

2. 丰富和完善财务管理学的基本内容。目前的财务管理学中涉税内容部分比较简单，缺乏税收筹划的思想和方法，只是在阐述财务管理原则时谈到了纳税影响业务决策。因此，通过本选题的研究，有助于弄清纳税是如何影响业务决策的，以及如何在财务决策中考虑税收及进行税收筹划，探讨税收及税收筹划对财务管理理论和实践的影响。

税收筹划影响企业财务决策，关系企业价值最大化目标的实现。因此，税收筹划有着很强的实践性，其实践意义如下：

1. 通过对税收筹划基本理论的研究，帮助企业正确认识税收筹划，树立正确的税收筹划观，正确进行税收筹划及纳税的行为选择，以实现企业价值最大化。

2. 通过对公司财务决策中税收筹划的研究，帮助企业理清财务决策的思路，明了如何具体进行税收筹划（特别是在内外资企业所得税统一之后），以便能使企业做出正确的财务决策。

## 第二节　国内外研究现状

### 一、国外研究现状

一般认为税收筹划产生于 20 世纪 30 年代。20 世纪 50 年代后，税收筹划发展很快，不仅在实践中得到广泛应用，而且取得了一系列卓有成效的研究成果，税收筹划理论从过去的简单税收筹划理论发展到现在的有效税收筹划理论；税收筹划研究的方法不仅采用了规范性的研究方法，更是大量地采用了实证性的研究方法。

霍奇（Hodge，J. H.，1981）做了一项关于区域投资决策的分析。他发现，国税对家具工业的投资模式具有显著影响，而地方财产税对服装行业和家具工业的投资决策具有显著影响。他指出，虽然国税对选址决策没有直接的显著影响，但是，这些税会显著影响这些行业所具有的资本劳动比，影响企业的成长率①。

查尼（Charney，A. H.，1983）侧重研究了在 1970 ~ 1975 年间重新选址的公司。该研究只针对制造业企业，并根据公司规模和产品进行分类。他指出，一个特定地区的公司数目并没有显著受到地方所得税的影响，但是却显著地受到财产税税率的影响。但是，他的研究只关注在 Detroit 地区进行重新选址的公司。因此，他的结论可能不适用于其他地区。其研究只提供了针对单一地区的分析模式②。

马克圭尔（McGuire，T.，1985）研究了 Minneapolis – St. Paul 地区的大城市内的公司选址决策，得出了税率差异会对选址决策产生影响，但是影响程度的大小不确定，并且影响程度会随着该区域及其政府结构的变化而变化。因此，她的结论是模棱两可的，且只适用于该研究地区③。

福克斯（Fox，W. F.，1986）研究了国家和地区的营业税税率

---

①（美）霍奇：《区域性投资决策的研究》，《城市经济研究》，JAI Press 1981 年版。

②（美）查尼：《城市制造企业选址与地方税收差异》，《城市经济学》，1983 年第 14 期。

③（美）马克圭尔：《在大城市的公司选址中地方所得税重要吗？明尼阿波利斯 – 圣保罗地区的实证分析》，《城市经济学》，1985 年第 18 期。

对中等城市内的零售商经营活动的影响。他发现，在被调查的中等城市中，有2/3的地区，提高国家和地区的营业税税率会缩减零售企业的经营业绩。这项结果表明消费者会因为营业税率的普遍提高而相应地改变他们的消费模式或行为。根据他的研究，政府间的税收差异会对公司的经营和选址决策产生影响①。

苏珊（Susan L. Porter，1998）研究了三种税收模式：增值税、所得税、资本利得税及其与负债规模、股利支付率和应计项目选择的相关性。发现采用增值税模式与采用资本利得税模式，负债规模有显著的不同，而采用增值税模式与采用所得税模式的负债规模却没有显著的不同②。

威尔逊（Wilson，P.，1995）是第一个不认同公司在税收筹划能力方面没有差异的观点的人。在一项包括25家公司的研究中，他指出管理活动能够帮助建立有利于公司税收筹划的氛围。这些管理活动包括促使税收和非税收部门参与税收筹划的措施，人力资源部门致力于提高税收专家的专业和非专业技能的措施，及其他加强公司税务部门与经营部门联系的措施。根据其与公司高管人员的座谈，他得出了基于公司税后业绩的考核标准是获得最大程度发现税收筹划机遇这一环境氛围的最重要的措施这一结论③。

纽曼（Newman，H.，1989），卡伦和伽菲（Carnes，G. and D. Guffey，1997），阿特伍德（Atwood，T. J.）、欧米尔（T. Omer）和谢莉（M. Shelley，1998）都研究了基于税前或税后业绩的CEO

---

①（美）福克斯：《税收结构与经营活动地点的选择》，《国家税务》，1986年第29期。

②（美）苏珊：《国家税制模式的选择在公司会计和财务决策中的影响》，《美国税务协会》，1998年增刊。

③（美）威尔逊：《公司税收的效力：利用税收增加公司的价值》，哈佛大学论文（Working paper），1995年。

红利计划。这些研究检验了如下假设：拥有较大的税收筹划机遇的公司更趋向于使用税后的业绩标准。他们的研究共同发现了多元化经营的公司、拥有很多部门的公司、规模较大的公司、较为资本密集型的公司更趋向于使用基于税后业绩标准的 CEO 红利计划①。

凯（Hurley，Sharon Kay，1997）研究了企业在选择经营场所位置时的税收筹划。他认为，企业在选择经营场所位置时综合考虑了地理位置、经济条件、经济发展等，特别是考虑了当地税收②。

路易丝（Babcock，Jennifer Louise，1997）研究了美国的税收制度会促使企业减少在国外的投资，并研究了跨国公司利用债务、转移利润、合并等突破税收抵免限制而规避税收③。

菲利普斯（John Doyle Phillips，1999）研究了税收筹划的有效性，认为企业营业利润越多越会关注税收筹划，全球性公司比地区性公司更关注税收筹划，所有者以税后利润作为业绩评价的依据会促使经营者进行税收筹划④。

史密斯（Steven Howard Smith，2000）通过实证研究探讨了税收与会计存在差异的情况下，企业是否会选择积极的税收筹划⑤。

---

① （美）纽曼：《基于短期会计的奖励政策选择》，《会计评论》，1989 年第 64 期。

（美）卡伦和伽菲：《税后收入奖励计划与公司税收筹划机会之间关系的实证研究》，北伊利诺斯大学论文（Working paper），1997 年。

（美）阿特伍德、欧米尔和谢莉：《在奖励合同中应以税前所得还是税后所得作为业绩评价的基础》，《管理财务》，1998 年第 11 期。

② （美）凯：《搬迁决定的税与非税动机的调查研究》，《当代会计研究》，1997 年第 8 期。

③ （美）路易丝：《税制在跨国公司投资、筹资和税务会计战略方面的影响分析》，杜克大学学位论文，1997 年。

④ （美）菲利普斯：《公司税收筹划的有效性：作为激励手段》，受荷华大学博士论文，1999 年。

⑤ （美）史密斯：《税务会计选择：积极的公司税收筹划的成本》，亚利桑那州立大学博士论文，2000 年。

迈尔斯（Mary Mrgaret Myers，1999）通过实证研究认为，企业合理配置福利资产会获得更多的税收利益[①]。

美国的诺贝尔经济学奖获得者斯科尔斯（Myron S. Scholes）教授等著的《税收与企业战略》一书[②]，研究了企业财务活动过程中的各种税收筹划问题，研究了隐性税收、税收顾客、税收套利、税收筹划的非税成本等问题，强调了动态税收筹划的重要性，是其有效税收筹划理论的进一步发展。

综上所述，国外关于税收筹划的研究比较侧重应用实证研究方法，选题较小且理论与实践相结合，如税收对厂址选择的影响、税收对某行业发展的影响、某种税对负债规模的影响等；而对于纯理论的研究比较少，如关于税收筹划目标问题同样采用实证的方法研究税前或税后业绩指标对经营者税收筹划积极性的影响，关于税收筹划假设问题只有对特定研究选题的假设而没有一般税收筹划的假设，更缺乏关于税收筹划原则的研究。国外的研究对我们有一定的借鉴作用，但不能照抄照搬，因为其研究是基于其本国的税收制度的。例如，美国有国税、州税等地方税，所得税占主要比重，商品课税属于直接税等，皆与我国有较大的不同。

## 二、国内研究现状

国内关于税收筹划的研究起步于20世纪90年代，至今也就十几年的时间。之所以起步比较晚，是因为过去税收在社会经济生活中的影响比较小。随着我国的改革开放，税收制度不断建立和健全，税收逐步成为国家财政收入的主要部分，民营经济也得到长足

① （美）迈尔斯：《在公司固定受益计划之资产配置上的税收影响》，芝加哥大学论文（Working paper），1999年。

② 斯科尔斯等著，张雁翎主译：《税收与企业战略》，中国财政经济出版社2004年版。

的发展，税收筹划的必要性日趋显现。唐腾祥、唐向著的《税收筹划》是我国第一部税收筹划专著，但其内容主要是介绍国外的税收筹划实践，较少涉及国内的税收筹划情况。最近几年出版的税收筹划类著作比较多，主要侧重实务，理论研究的深度相对较弱。这些年关于税收筹划的论文不少，涉及的内容不断丰富，但基本上都是采用规范性的研究方法，鲜有采用实证方法的研究。总体上讲，我国的税收筹划研究与国外发达国家相比还处于初级阶段。

赵秀英（1999）认为，从宏观方面讲，税收筹划是实现国家税收调控职能的必要环节；从微观方面讲，税收筹划是实现企业财务目标的重要手段，也是企业财务决策的重要内容。

谈多娇、马童犁（2002）从收入结算方式、费用列支、长期投资核算方法、折旧方法、存货计价方法和盈亏弥补方法的选择角度探讨了税收筹划的切入点。

戴德明、周华（2002）认为，我国税法与会计分离的原因是新会计制度参考美国会计准则的结果，并研究了反避税这个重要的协作领域。

黄衍电（2002）认为，税收筹划可分为企业投资决策中的税收筹划、企业生产经营过程中的税收筹划、企业成本核算中的税收筹划和企业成果分配中的税收筹划。

赵智全、曹世庆（2003）认为，税法与会计差异主要在所得税的处理上，将差异按原因分为时态性差异、制度性差异和意图性差异。

李俊英（2003）认为，税收筹划属于企业财务筹划行为，要求企业必须在筹资决策中以及投资决策和利润分配中做好税收筹划工作。

高金平（2002）认为，税收筹划的基本内容有筹划税率、筹划税基、筹划税收优惠、筹划纳税人、筹划不同经济业务的税负结构、筹划国际税收管辖权、筹划不同国家或地区的税负状况、筹划避免税收违法行为；认为税收筹划的基本方法有价格转让法、成本（费用）调整法、筹资法、租赁法、低税区避税法、投资法和规避平台筹划法。

顾跃南（2004）指出了一些税收筹划个案问题，如涉嫌“教唆”带来很大的涉税风险，筹划目标不全面，大量个案的判别标准欠准确。

薛刚（2004）阐述了作为财务管理活动之一的税收筹划的目标、对象和职能，认为税务筹划是企业财务决策的重要内容，是对企业涉税事项的事前计划，税务筹划的实施必须得到有效的财务控制。

王国华、张美中（2004）阐述了纳税筹划之价格、优惠、漏洞、空白、弹性、规避等六大平台，免税、减税、税率差异、分劈、扣除、抵免、延期纳税、退税等八大技术手段。

贺志东（2004）提出给纳税筹划立法，认为纳税筹划是依法治税的重要内容，对于体现国家税收立法意图，税收政策导向，最大限度地避免和减少税收违法犯罪，使纳税人在谋求合法税收利益的驱动下去主动、自觉地学习和钻研税收法律，履行纳税义务，从而提高纳税人的税收法律意识都具有十分重要的意义。

张中秀、王晓菲、李首雁（2005）认为，税收筹划是同时站在征纳双方的角度对征税管理和纳税义务进行筹划，以期达到最佳的征收效果或减少税收支出、降低税收成本的行为。其书中既阐述了征税人的筹划，也阐述了纳税人的筹划。

盖地（2005）认为，税收筹划是企业的财务决策，是企业的财务规划和财务预算，且离不开企业的财务控制。他在其会计硕士教材中不仅阐述了各税收种类的筹划，还专章讨论了企业投资的税收筹划、企业筹资与经营的税收筹划、企业特殊问题的税收筹划等。

常树春（2005）认为，纳税筹划有利于企业增加利润，提高竞争能力，有利于纳税人纳税意识的提高和国家税法的不断完善，有利于促进经济发展，提高企业的经营管理水平。

高凤琴（2006）认为，税收筹划有利于企业实现价值最大化，有利于提高企业的偿债能力，可以使企业获得一定数量资金的时间价值，有利于树立企业良好的形象。

陈文俊（2006）认为，纳税筹划是财务决策的重要组成部分，纳税筹划的实质就是对纳税进行事先的计划，实施纳税筹划离不开财务控制。

综上所述，我国关于税收筹划的研究主要采用规范或逻辑推理的方法，鲜有采用实证方法的研究，这与国外有很大的不同。理论与实务相比较，研究实务的比较多而研究理论的比较少。理论研究中，可能是因为我国处于税收筹划的起步阶段，研究税收筹划概念及围绕概念研究其特征、必要性和作用的比较多；在理论体系的研究中，研究目标、原则的比较多而研究假设的比较少，研究具体方法的比较多而对方法进行概括、归纳的比较少。实务研究中，研究企业财务控制中或日常经营活动中的税收筹划的比较多，而研究企业财务决策中的税收筹划的比较少。

## 第三节　研究的基本结构

本书研究的是公司财务决策中的税收筹划。这样一个选题既有理论性，又有比较强的实践性。因此，本书的研究包括税收筹划理论的研究和税收筹划实务的研究。本书除第一章导言外，第二章研究税收筹划的相关概念，第三章研究公司税收筹划的基本理论，第四章研究公司投资决策中的税收筹划，第五章研究公司筹资决策中的税收筹划。

关于税收筹划相关概念的研究，本书遵循的逻辑思路是：税收筹划源于税收负担与纳税成本，因此，第一节是税收负担与纳税成本；因为税收、税收负担与纳税成本的存在而相应产生纳税人行为，因此，第二节是纳税行为；纳税人必须要纳税，但又不想多纳税，其行为选择有非法偷逃税收和依法进行税收筹划，因此，第三节是税收筹划，通过对税收筹划概念内涵与外延的研究，将税收筹划与偷逃税收区别开来，与纳税行为区别开来；为了紧紧抓住本书的主题，第四节特别研究了税收筹划与公司理财、公司财务决策的关系，阐述了“公司财务决策中的税收筹划”之含义。

关于公司税收筹划的基本理论的研究，本书遵循的逻辑思路是：税收筹划目标是税收筹划理论研究的起点或出发点，因此，第一节是税收筹划目标；公司如何做才能实现税收筹划目标，即公司应遵循哪些税收筹划原则呢，而遵循什么样的原则决定于所依据的税收筹划假设，税收筹划假设是确定税收筹划原则和方法的前提条件，因此，第二节是税收筹划假设；第三节是税收筹划原则；研究了税收筹划假设和原则之后，再探讨税收筹划的内容、筹划思路和具体方法，因此，第四节是税收筹划的内容和方法。

关于公司投资决策中的税收筹划研究，本书遵循的逻辑思路是：首先，财务决策分为投资决策和筹资决策，而收益分配决策是分与留的决策，留属于筹资问题，因此，收益分配决策包含在筹资决策之中；投资决策决定筹资的数额和筹资的到位时间，投资决策决定企业的行业归属，决定企业的技术装备水平，决定企业的经济效益，因此，本书先研究投资决策后研究筹资决策。其次，投资决策中的税收筹划研究，先研究投资决策的核心理论——投资组合理论中的税收筹划，再根据投资分类分别研究固定资产投资决策中的税收筹划、对外投资决策中的税收筹划、无形资产投资决策中税收筹划和流动资产投资决策中的税收筹划。

关于公司筹资决策中的税收筹划研究，先研究筹资决策的核心理论——资本结构理论中的税收筹划及资本结构决策中的税收筹划，再根据筹资分类分别研究股权筹资决策中的税收筹划、长期负债筹资决策中的税收筹划和流动负债筹资决策中的税收筹划。

## 第四节　研究的创新与不足

### 一、研究的主要创新

(一) 研究了税收筹划概念，探讨了其内涵和外延，并将其与纳税行为相区别

本书认为，税收筹划是纳税人为了实现企业价值最大化，在特定的环境下，在实际纳税之前依据税收法律、法规及其他法律、法规，对其涉税事项及应纳税额采用专门的方法，进行纳税方案的运筹、谋划的行为及过程。可进一步揭示：税收筹划是纳税人的权利；税收筹划是关于涉税事项的筹划，而涉税事项即是理财事项；税收筹划是关于应纳税额的筹划，是一种费用筹划；税收筹划不能只为了减轻税收负担和纳税成本，减轻税收负担和纳税成本要服从于实现企业价值最大化；税收筹划的主要依据是税法；税收筹划的筹划方案可能被执行，但不一定能取得良好的效果；税收筹划方案影响企业的业务决策包括财务决策；税收筹划有利于充分发挥税收的调节作用，有利于促进税制的完善。税收筹划的特有属性有：

价值性、多样性、专业性、事前性、目的性和风险性（不具有合法性）；而最主要的特性是事前性。税收筹划的外延，包括节税筹划和避税筹划，不包括转税（税负转嫁）筹划和涉税零风险，更不包括偷逃税（筹划）。本书认为税收筹划行为不同于纳税行为。

（二）从理论角度研究了税收筹划，首次提出了一系列假设和原则

过去对税收筹划的研究主要侧重于实务和技术的角度，本书不仅从实务角度进行了研究，更从理论角度对税收筹划进行了研究，比较系统地探讨了税收筹划的目标、假设、原则、内容和方法。认为税收筹划假设是关于税收筹划主体、客体、环境等的假设。关于税收筹划主体的假设包括税收筹划主体假设、持续经营假设、经济人假设。关于税收筹划客体的假设包括涉税事项庞杂假设、资本增值假设。关于税收筹划环境的假设包括经济条件不确定性假设、税收政策可选择性假设、法律公正假设、资本市场有效假设和分权制衡假设。除经济人假设外，其他假设基本上是首次提出。

本书认为，税收筹划原则应以税收筹划目标为导向，以税收筹划假设为前提，对税收筹划实践活动具有实际的指导意义，源自于实践而指导实践，并会随着税收筹划实践的发展而发展。税收筹划的原则有时间价值原则、风险价值原则、收益与成本相权衡的原则、享受税收优惠的原则、跨国经营利用国际避税地原则、企业集团总体税负最小的原则、依法筹划原则、遵循和利用会计准则的原则、为企业经营决策服务的原则和信息传递原则。基本上是首次提出了风险价值原则、享受税收优惠的原则、跨国经营利用国际避税地原则、企业集团总体税负最小的原则、为企业经营决策服务的原则和信息传递原则。

（三）从公司理财角度，探讨了公司财务决策中的税收筹划，沟通了公司理财与税收之间的关系

目前的公司理财或财务管理著作对税收的研究不够，考虑税收的影响不够。而目前的税收筹划著作要么主要从税收角度，要么主要从税务会计角度探讨税收筹划，研究的内容主要是财务控制中的税收筹划。本书则主要从公司理财或财务管理角度研究了税收筹划，探讨了公司财务决策中的税收筹划，将公司理财与税收衔接起来，沟通了公司理财与税收之间的关系，弥补了当前财务管理著作的不足，也丰富了当前税收筹划研究的内容。

## 二、研究的主要不足

1. 主要采用了规范的研究方法，而缺乏采用实证方法的研究。

2. 对国外文献的研读不够广泛和深入。

3. 主要考虑了企业所得税和商品课税的筹划，而没有考虑其他小税种的筹划。

4. 主要进行了财务决策基本内容即投资决策和筹划决策的税收筹划研究，而没有进行其他特殊业务决策中的税收筹划研究。

dierzhang

# 第二章 税收筹划相关概念的界定

本章要研究的核心概念是税收筹划，而税收筹划与纳税行为既有区别又有联系，本书试图将它们界定清楚。纳税人之所以进行税收筹划，是因为税收对于纳税人而言是一项成本费用或现金流出，因此，本书将一并界定税收、税收负担及纳税成本概念，还将阐述税收筹划与公司理财之间的关系以及“公司财务决策中的税收筹划”之含义。

## 第一节 税收负担与纳税成本

### 一、税收

#### （一）对税收概念的描述

手段论认为税收是一种手段，是国家为了实现其职能，凭借政治权力，按照预定标准，强制地参与国民收入的分配和再分配，而取得财政收入的一种手段。收入论认为税收是货币、财富、收入，是国家凭借政治权力，按照预定标准和程序，强制地、无偿地取得货币或实物，而形成的财政收入。活动论认为税收是一种活动，是一个过程，是国家按照法律的有关规定获得财政收入的活动和过程。分配关系论认为税收是一种分配关系，是国家凭借政治权力无偿地集中一部分社会产品而形成的特定分配关系。

本书认为，税收存在着静态的税收和动态的税收，静态的税收是狭义的税收，动态的税收是广义的税收。静态的税收强调税收的结果——税收收入及其形式、数量、结构等。收入论认为的税收实际就是静态的税收。动态的税收强调税收是一个过程，是征税者从税制设计、税法建设到征收管理、纳税服务以向纳税人强制地、无偿地取得税收收入的过程。活动论认为的税收实际就是动态的税收。给税收下定义在客观上存在着不同的角度，包括征税者角度、纳税人角度和第三者角度。站在征税者的角度看，税收就是收税，就是征税者的收入。站在纳税人的角度看，税收就是被收税，就是纳税人无偿的付出。

本书认为，解释概念（包括解释税收概念），首先是描述，而且这种描述必须是白描，不能比喻，不能形容，不能抽象，使读者对概念有感性认识；接下来再考虑从哪入手进行描述，应该借助概念的相关要素进行描述；描述之后可考虑作进一步揭示，揭示其实质和目标，说明其功能和作用等，使读者对概念有更深入的理解，从感性认识上升到理性认识。因此，解释税收概念，首先要描述什么是税收，然后再作进一步揭示。描述时，将税收作为一个系统，然后根据税收系统的构成要素进行描述。税收系统的构成要素包括税收主体（征税人和纳税人）、税收客体（征税对象和税收收入）、税法及税收环境等。

1. 征税人。征税人又称征税主体，是税法规定的拥有征税权利的机关，包括国家、代表国家的政府、国家税务局、地方税务局以及受托行使代征权力的海关、财政所、房管所、车管所等。

2. 纳税人。纳税人又称纳税义务人和纳税主体，是指税法规定的负有纳税义务的单位和个人。纳税人可以是自然人，也可以是法人。

3. 征税对象。征税对象又称税收客体，是指税法规定的征税标的物。征税对象是税收要素中最基本的要素，也是一种税区别于另一种税的主要标志。

4. 税收收入。税收收入的形式可能是货币价值形式，也可能是实物价值形式，还可能是劳动价值形式，这决定于征收的是货币、实物还是劳役。

5. 税法及税收环境。任何税收活动都是在特定的税收环境下进行的。税收环境包括的因素很多，有税收政治环境、税收法律环境、税收文化环境、经济环境等。其中，税收法律环境最重要，它包括税收法律体系、税收执法情况、税收司法情况等。税收法律，简称税法，是税收法律环境的核心，是征税的依据，包括规定对什么征税（即征税对象，前面已讲）、征多少税（即税率）、在什么环节征税、多长时间征一次税（纳税期限）、有否优惠以及征税机关应进行的征收管理工作等。

（1）税率。税率是指税法规定的征税额与税基之间的比率。税率是国家税收制度的核心，它反映征税的轻重，体现国家的税收政策。税率一般分为比例税率、累进税率和定额税率。

（2）纳税环节。纳税环节也是征税环节，是税法规定的征税对象从生产、分配、交换到消费的流转过程中应当缴纳税款的环节。它主要解决征税对象征几道税和在哪一个或哪几个环节征税的问题。

（3）纳税期限。纳税期限是指纳税人在发生应税行为之后，应当缴纳税款的时限。不同的税种以及不同情况的纳税人，其纳税期限也不相同。我国现行税制的纳税期限有三种情况：按期纳税、按次纳税、按年计征分期预缴。

（4）税收优惠。税收优惠是指征税人通过税收制度的规定，按照预定的目的，对某些纳税人和征税对象进行鼓励和照顾，以减除或减轻相应纳税人税收负担的总称。税收优惠有广义和狭义之分。广义的税收优惠包括：减税、免税、延期纳税、出口退税、优惠税率、先征后返、税额抵扣、税收抵免、税收饶让、加速折旧、存货计价、税项扣除、投资抵免、亏损抵补等。而狭义的税收优惠只包括：减税、免税、延期纳税、出口退税、先征后返、投资抵免、亏损抵补等。

（5）税收征管。税收征管是税收征收管理的简称，它是指征税机关为及时、足额收缴税款而实施的税法宣传、纳税辅导、税款征解、纳税监督、纳税稽查、违法处理等活动。

综上所述，本书认为，税收是征税人、纳税人、征税对象、税法及税收环境、税收收入等诸要素相互联系、相互作用的过程。具体描述为：税收是在特定的税法及税收环境条件下，由征税人或其代理机构向纳税人就其征税对象收取税收收入的过程。

### （二）对税收概念的进一步揭示

税收是国家财政收入的最主要来源，其收入形式除货币之外，还可能有实物和劳役等。税收是实现政府职能的最重要基础。税收体现了征纳双方特殊的分配关系。

### （三）税收概念的内涵

根据《辞海》的解释，内涵是对概念特有属性的反映。而特有属性是指一事物与另一事物的区别点。因此，税收的内涵是指税收概念所具有的特有属性。关于税收所具有的特有属性或特征，目前大都认为是“三性”，即无偿性、强制性和固定性。

本书认为，税收的确存在着强制性、无偿性和固定性，但此“三性”能将税收与其他事物相区别吗？行政性罚没收入也具有此“三性”，但它不是税收。税收特性不仅应该能够将税收与其他财政收入形式相区别，而且也应该能够将税收与其他任何收入形式相区别。比如，强盗收入、黑社会组织索要的保护费，它也具有强制性、无偿性、固定性（如果“盗亦有道”，按一定标准索要），但它与税收大相径庭。

欲概括税收的特有属性，可依据税收要素展开分析。现分析如下：

1. 征税人的政府性或公共性。征税人是政府组织或公共组织而非其他任何组织。征税是为履行政府职能或服务于公共目的。

2. 纳税人的普遍性或广泛性。纳税人是普通百姓，是社会公众。每一个人以及每一个经济组织都须依法纳税。

3. 征税对象和税收收入形式的价值性。征税对象有货物、收益、财产等，都与价值有关。税收收入形式有货币价值形式、实物价值形式、劳动价值形式等，更是具有明显的价值性特征。

4. 税法及税收环境的法律性和复杂性。税收与法律有着非常密切的关系，税收一般通过法律形式进行规范。法律性是税收的重要特征。甚至可以说，法律性包含了公共性。税收环境是税收的影响因素，除税收法律外税收环境的其他因素与税收关系相对疏远，因此，税收环境的复杂性可不看作是税收的特有属性。

5. 征税过程的非等价性。将征税过程纳入整个财政活动过程来看，税收的无偿性与财政支出的无偿性是并存的，实际上国家所取得的一切税款都会通过财政支出的安排用于向社会包括向纳税人提供公共产品和公共服务，体现出一定的有偿性，当然这种有偿并不是对每个纳税人所缴税款的等价补偿，而是对全体纳税人集体利益的造福。因此，无偿性称非等价性更好、更恰当。

总而言之，本书认为，税收的特有属性是法律性、普遍性、价值性和非等价性。而强制性和固定性只是法律性和非等价性的派生属性。

（四）税收概念的外延

根据《辞海》的解释，外延是指具有某些特有属性的对象，即概念包括的一切事物。因此，税收的外延是指具有税收内涵或特性的一切税收类型。

1. 税收按照征税对象的性质，可以分为商品税、所得税、财产税、资源税和行为税五大类。

2. 税收按照税负能否转嫁，可以分为直接税和间接税。凡是税负能够转嫁的税种为间接税，凡是税负不能转嫁的税种为直接税。一般认为，所得税和财产税属于直接税，商品课税属于间接税。

但必须指出，这种分类方法也有非科学的一面。主要问题是，税负能否转嫁不仅取决于税收的性质和特点，而且取决于商品价格能否自由浮动等。

3. 税收按照征税标准，可以分为从量税和从价税。从量税以征税对象的数量为依据，按单位固定税额计征。从量税的税额随征税对象数量的变化而变化，计算简便。从价税是以征税对象的价格为依据，实行比例计征。从价税的税额多少取决于商品的价格和数量，比较而言，更适应市场经济的要求。

4. 税收按照与价格的关系，可以分为价内税和价外税。凡所缴税金构成商品价格组成部分的，称为价内税，如消费税、营业税；凡所缴税金作为商品价格之外的附加的，称为价外税，如增值税。一般认为，价外税比价内税更容易转嫁。

5. 税收按照征收实体，可以分为实物税和货币税。我国农业税一直保留一定比例的实物缴纳，有利于国家直接获取粮食，但实物税存在运输困难、易损耗等缺点，而货币税以货币结算税额，税款易于保存和转移。

6. 税收按照管理权，可以分为中央税、地方税和共享税。按税收管辖权，凡是由中央政府征收，其收入归中央政府支配的税种为中央税，如消费税。凡是由地方政府征收，其收入归地方政府支配的税种为地方税，如房产税。凡是由中央政府征收，其收入由中央政府和地方政府之间按比例分成，或共享同一税源的为共享税，如增值税。

## 二、税收负担

税收负担，简称税负，是指在一定时期内纳税人所缴纳、负担的税款，可以用绝对数指标即负担额表示，也可以用相对数指标即负担率表示。降低、减轻税收负担是纳税人进行税收筹划最直接、最主要的目的。

### （一）税收负担的分类

1. 税收负担按所涉及的范围，分为宏观税负、中观税负和微观税负。宏观税负是广义的税负，它是指全体纳税人总的税收负担，通常使用纳税总量占国民经济总量指标的比例衡量之，且比例越高说明负担越重。微观税负是狭义的税负，它是指具体纳税人的税收负担。微观税负是从纳税人的角度考察企业、个人等微观经济主体的税收负担水平。中观税负介于宏观税负和微观税负之间，它是指某个地区、国民经济某个部门或某个税种的税收负担。

本书研究的是税收筹划，因此，主要讨论的是微观税负。

2. 税收负担按纳税人实际承受的税负量度，分为名义税负和实际税负。名义税负是指纳税人按照税法的一般规定缴纳税款、无偷逃、无优惠时所形成的税收负担，或者是指按照税法规定的计税依据计税时的税收负担率；实际税负是指纳税人有偷逃、有优惠时的实际缴纳所形成的税收负担，或者是指按照纳税人的实际收益计税时的负担率。公司进行税收筹划有助于减轻实际税负。

（二）税收负担的影响因素

微观税负的影响因素，不外乎如前所述的税收构成要素，主要包括税基、税率、纳税期限、税收优惠、税额等。

1. 税基。在其他因素不变的情况下，税基的宽窄直接决定税负的轻重，税基宽则税负重，税基窄则税负轻。

2. 税率。在其他因素不变的情况下，税率与税负之间呈正比，税率越高税负越重，税率越低税负越轻。

3. 纳税期限。纳税期限关系纳税人纳税时间的早晚。而纳税时间的早晚关系纳税人税负的时间价值。

4. 税收优惠。税收优惠是减轻纳税人税收负担的因素。享受税收优惠的纳税人，在一定期限内，可以少缴或得到退还部分税款。

5. 税额。纳税人最终缴纳的税收数额，如果是货币金额即直接构成纳税人的税负；如果是实物数额还需换算为货币金额即构成纳税人的税负。

## 三、纳税成本

（一）纳税成本的概念和内容

关于纳税成本，目前还没有统一的定义。有的人认为纳税成本包含税收负担，也有人认为纳税成本不包含税收负担；有的人认为纳税成本包含非货币性成本，也有人认为纳税成本不包含非货币性成本。本书认为，纳税成本是与征税成本相对称的，纳税成本与征税成本统称税收成本；而税收成本是与税收收入相对称的，税收负担归属于税收收入，因此就不应再归属于税收成本。所以，本书认为，纳税成本是指纳税人为履行纳税义务，而在纳税前后和在纳税过程中所付出的除税收负担之外的货币价值，包括办税费用、税收筹划费用、纳税咨询费用、税务代理费用、税收滞纳金和罚款、额外缴纳等。纳税成本与税收负担相比，额度并不大，但会随着征税人征管能力的提高、纳税人经营范围的扩张等而不断加大。

1. 办税费用。办税费用是指纳税人因办理税务登记、纳税申报、税款缴纳而发生的费用，包括办税人员费用、资料费用、设备费用、差旅费用、邮寄费用、利息费用等等。

2. 税收筹划费用。税收筹划费用即税收筹划成本，是指纳税人因自己进行税收筹划或请税务服务机构进行税收筹划所付出的代价或支付的费用。

3. 纳税咨询费用。纳税咨询费用是指纳税人为避免因对税法不熟悉、了解而多缴税或少缴税，向中介机构进行纳税咨询而支付的费用。

4. 税务代理费用。税务代理费用是指纳税人为避免因对税法不熟悉、了解而多缴税或少缴税，委托中介机构代为办理纳税事宜而支付的费用。

5. 税收滞纳金。税收滞纳金是指纳税人未按照税法规定的期限纳税时，税务机关按迟缴日向纳税人收取的带有惩罚性质的利息费用。税收征管法规定，纳税人未按照税法规定期限缴纳税款的，税务机关除责令限期缴纳外，从滞纳税款之日起，按日加收2‰（相当于72%的年利率）的滞纳金。

6. 罚款。罚款是指纳税人因有违犯税法的某种行为，税务机关依法对纳税人给予的经济处罚。税法规定应给予罚款处理的行为有：未按规定办理税务登记的，未按规定设立账册的，未按规定报送有关备案资料的，未按规定履行纳税申报的，违反发票使用规定的，以及偷税、欠税、抗税等等。

7. 额外缴纳。额外缴纳是指按照税法规定完全可以避免缴纳，但却因纳税人自身的原因而需要额外缴纳的税款。主要包括下列内容：

（1）与会计核算有关的额外缴纳。税法规定：纳税人兼营增值税（或营业税）应税项目适用不同税率的，应当单独核算其销售额，未单独核算的，一律从高适用税率；纳税人兼营免税、减税项目的，应当单独核算免税、减税销售额，未单独核算销售额的，不得免税、减税；对纳税人账目混乱或者成本资料、收入凭证、费用凭证残缺不全，难以查账的，税务机关有权核定其应纳税额。

（2）与纳税申报有关的额外缴纳。税法规定，纳税人纳税年度内应计未计扣除项目包括各类应计未计费用、应提未提折旧等作为权益放弃，不得转移以后年度补扣；税务机关查增的应纳税所得额，不得作为公益捐赠扣除的基数；税务机关查增的所得税，不得作为投资抵免的税款，但要作为计算抵免的基数；企业实际发生的财产损失，未报经主管税务机关批准的，不得税前扣除；对符合条件的减免税要在规定的期限内报批，逾期申请，视同权益放弃，税务机关不再受理等等。

### （二）纳税成本的影响因素

1. 纳税人的纳税态度。态度是个体对一定的对象所持有的比较稳定的评价与行为倾向。纳税态度是指纳税人对纳税事务所持有的比较稳定的评价与行为倾向。正确的纳税态度会驱使纳税人自觉地履行纳税义务，相反，不正确的纳税态度容易使纳税人对纳税产生抵触，甚至隐瞒有关涉税信息，而欠税或偷逃税收，如果成功则造成国家税收的流失和征税成本的增加，如果不成功则造成纳税人滞纳金和罚款增加。

2. 纳税人的纳税能力。纳税能力是指纳税人正确履行纳税义务和行使纳税权利的能力。纳税人的纳税能力越强，不仅可以使纳税人正确履行纳税义务，减少纳税风险，而且可以使纳税人正确行使纳税权利，维护自身的合法权益，获得更大的税收利益，减少税收的额外缴纳。

3. 征税人的征管能力。征管能力是指征税机关贯彻执行税法、提供纳税服务、正确计算应纳税额、及时收缴税款、有效组织纳税检查、严格防范偷逃税收行为等的能力。征税人的征管能力越强，一般来说征管效率越高，纳税人的办税费用越低。

4. 税收制度的复杂程度。税收制度越复杂，纳税人对税收制度的熟悉和了解就会越困难，纳税成本就会不断增加。

5. 纳税人经营范围的大小。纳税人经营范围越广泛，涉税事项越多，要缴纳的税收种类越多，纳税成本就会越多。

6. 税务服务市场的发育完善。税务服务市场的发育完善，一方面决定于纳税人对税务服务的需求情况；另一方面决定于税务专业人才的培养与税务服务机构的合法运作机制的形成。税务服务市场越发达，说明纳税人依法纳税的意识越强烈，说明纳税人进行税务咨询越必要，说明纳税人委托税务代理比自己办税更有利。

## 四、隐性税收与显性税收

斯科尔斯非常重视隐性税收，他在与他人合著的《税收与企业战略》一书中强调，隐性税收和税收顾客是本书的两个重要概念，并指出：“隐性税收是由于税收优惠资产可获得的税前投资收益率低于非税收优惠资产可获得的收益率而产生。”①

---

① 斯科尔斯等著，张雁翎主译：《税收与企业战略》，中国财政经济出版社 2004 年版，第 5 页。

隐性税收与显性税收相对称。显性税收是纳税人实际缴纳的税收。隐性税收是纳税人因投资于有税收优惠的资产，虽然所缴纳的显性税收较低，但市场会抬高有税收优惠资产的价格，使纳税人可获得的税前投资收益率低于非税收优惠资产可获得的收益率，纳税人少获得的收益相当于纳税人隐性地支付了税收。因此，显性税收是指纳税人的税收负担，而隐性税收是指纳税人因投资于有税收优惠资产而损失的税前收益。

隐性税收的相关概念是税收筹划的非税成本，隐性税收只是税收筹划之非税成本的一部分。税收筹划的非税成本，顾名思义，不是税收负担，不是纳税成本，而是指因税收筹划而产生的连带经济行为的成本。必须明确的是，正如斯科尔斯与他人合著的《税收与企业战略》一书中所说，“在构造有效的税收筹划策略时，我们也不能过于强调这些非税成本的重要性”①。本书研究的是为公司财务决策服务的税收筹划，而不是为税收筹划服务的公司财务决策，因此，我们考虑的是财务决策项目的收益与成本（或现金流入与现金流出），而不是税收筹划方案的收益与成本。

## 第二节 纳税行为

### 一、行为

《现代汉语词典》关于行为的解释是：“行为是指受思想支配

① 斯科尔斯等著，张雁翎主译：《税收与企业战略》，中国财政经济出版社 2004 年版，第 109 页。

而表现在外面的活动。”

《韦氏大词典》对行为的解释是：“①控制、支配自己的方式；有机体卷入行动或对外界刺激反应的各种表现；个体、组织或种系对其外部环境的反应。②某行为人的行动方式，也是行为的一个例子。③某物起作用或行动的方式。”

李剑峰认为，“行为是指人或动物表现的，和生理、心理活动紧密相联的外显的运动、动作或活动。”①

盖勇主编的《组织行为学》② 中介绍了现代心理学对行为的解释：

精神分析理论认为，人类的各种行为主要受其内在本能活动的驱使，与一些潜藏在内心深处的无意识矛盾冲突、冲动、欲望等有关，即认为行为是内在心理活动的外部表现（行为内因说）。

行为主义理论认为，人类的各种行为主要受外部环境的影响，它是环境中的各种刺激所引起的针对性反应（行为外因说）。

人本主义理论认为，行为是自身内在的需要与周围环境相互作用的结果。它既有内在的、固定的决定因素，也有外在的、环境的决定因素。

上述关于行为的解释各有侧重，但也存在着共识。《现代汉语词典》相对强调行为是受思想支配的。《韦氏大词典》相对强调环境对行为的影响。李剑峰的观点强调了行为不仅是人的，也可能是动物的，并强调了行为是外显的。精神分析理论是行为内因说，强调行为是人的心理活动的外在表现。行为主义理论是行为外因说，强调行为是人受外界环境刺激所做出的反应，但反应不一定是外显的，也可能是内隐的。人本主义理论认为行为是内外因共同决定

① 李剑峰：《组织行为管理》，中国人民大学出版社 2000 年版，第 9 页。

② 盖勇：《组织行为学》，山东人民出版社 2002 年版，第 14 ~ 17 页。

的。本书比较赞同李剑峰的观点和人本主义的看法，即行为是指人或动物表现的，由自身内在的需要与周围环境相互作用和影响而做出的外显的运动、动作或活动。

## 二、纳税行为的内涵和外延

### （一）什么是纳税行为

目前国内专门研究纳税行为的论著并不多，而在有限的论著中对纳税行为专门给出定义的就更少。关于什么是纳税行为，主要观点如下：

熊文钊、李华在其所著的《税务行政法》一书中认为：“纳税行为，是指由纳税人为履行其纳税义务而从事的由税务行政法所调整的各种行为的总称。”①

施正文在其所著的《税收程序法论——监控征税权运行的法理与立法研究》一书中认为，纳税行为是“指在税收征纳活动中，由与征税主体相对应的纳税一方做出的、能产生税法上效果的各种行为的总称”②。

林秀香在其所著的《中国企业纳税行为研究》一书中认为：“企业纳税行为是指作为行为主体的企业在内外部环境的影响和刺激下，为实现企业纳税目标，对行为客体进行管理所做出的现实的能动的反应活动。”③

熊文钊、李华的观点，首先强调纳税行为是纳税人的，不是纳税人的行为不是纳税行为；其次进一步强调纳税行为是纳税人履行其纳税义务而从事的，纳税人所从事的与其履行纳税义务无关的行

① 熊文钊、李华：《税务行政法》，中国人事出版社2000年版，第130页。

② 施正文：《税收程序法论——监控征税权运行的法理与立法研究》，北京大学出版社2003年版，第233页。

③ 林秀香：《中国企业纳税行为研究》，中国税务出版社2006年版，第29页。

为不是纳税行为；最后强调纳税行为是由税务行政法所调整的，这是因为其所著是税务行政法而进行的限定。

施正文的观点与熊文钊、李华的观点比较接近，也强调了纳税行为是纳税一方做出的；进一步，是纳税一方在税收征纳活动中做出的；最后强调能产生税法上效果的，其意思大概类同于受税法调整的，是法律性的行为。

林秀香的观点与熊文钊、李华和施正文不同的地方是将行为的定义浸透在纳税行为定义中，并将行为主体限定为企业，强调了行为目标，强调了对行为客体进行管理，使用了“管理”概念。根据其解释，行为客体是企业的各种纳税活动，这与上述所谓“履行其纳税义务而从事的”，及“在税收征纳活动中做出的”说法是基本相通的。但是，林秀香并没有强调纳税行为是受税法调整的，这可能是因为其不是从事法律工作的缘故，显示了搞管理学与搞法学的之不同。

本书认为，要说清什么是纳税行为，必须先采用描述的方式，然后再进一步揭示其实质、目的及影响等。描述时可按照纳税行为活动的构成要素进行：

1. 纳税行为的主体。纳税行为的主体是纳税人，包括扣缴义务人、税务代理人等，具体有企业及其他经济组织和个人。企业作为纳税行为的主体具体包括企业董事会、总经理及副总经理、财务总监、财务部经理、负责纳税事务的会计人员等。

纳税行为主体如何行为，首先与其自身的内在素质有关，与纳税行为主体人员对纳税的态度、目标，对纳税环境的认识等有关。

2. 纳税行为的客体。纳税行为的客体就是纳税人的纳税事务，从广义来说，它包括纳税登记、纳税咨询、纳税申报、计算税额、缴纳税款、申请税收优惠、申请税收行政复议、申请税收行政诉讼、申请税收行政赔偿等；从狭义来说，它只是指缴纳税款；缴纳税款是纳税行为的集中表现，其他纳税事务都是围绕缴纳税款而展开的，一些纳税事务的从事是在缴纳税款之前，另一些纳税事务的从事是在缴纳税款之后。缴纳税款不仅是整个纳税事务的核心，也是纳税行为活动构成要素的核心。

纳税行为客体的复杂程度也是影响纳税行为的重要因素。纳税行为客体的复杂程度是指纳税事务的工作难度、方便与否以及税收负担的大小、纳税成本的多少等。

3. 纳税环境。纳税环境是指除纳税行为主体、客体之外的，影响纳税主体之纳税行为的各种外部因素；包括政治环境、法律环境、经济环境、社会文化环境、其他纳税人的纳税行为等，其中特别重要的是税收法律环境。

纳税环境是又一影响纳税行为的重要因素。

4. 纳税行为的目的。纳税行为的目的最主要是履行税法规定的纳税义务。至于履行情况如何，首先纳税人不想多纳税；其次在合理、合法的情况下减少纳税及纳税成本；最后也可能违法偷税、逃税。简而言之，纳税行为要受纳税人理财目标的影响。

5. 纳税行为的作用对象。纳税行为的作用对象是征税人。纳税行为实质就是税收征纳活动中的纳税人行为。先有征税行为，后有纳税行为。征税行为与纳税行为是互动的行为。征税人与纳税人是相互对应的征纳双方。

综上所述，本书认为，纳税行为是指在税收征纳活动中，由征税人所对应的纳税人一方在其自身的内在素质、纳税事务的复杂程度与纳税环境共同影响下而做出的，受税收法律调整的缴纳税款的各种行为表现的总称。纳税行为分为广义的纳税行为和狭义的纳税行为。广义的纳税行为是以动态税收为基础，指纳税过程中所有的与纳税有关的行为。狭义的纳税行为是以静态税收为基础，主要指实际缴纳税款的行为。广义的纳税行为包括纳税登记行为、纳税申报行为、纳税咨询行为、委托税务代理行为、纳税筹划行为、计算税额行为、缴纳税款行为、申请税收优惠行为、申请推迟纳税行为、违章纳税行为、申请税收行政复议行为、申请税收行政诉讼行为、申请税收行政赔偿行为等。狭义的纳税行为包括合法的纳税行为，违法的偷税行为、欠税行为、骗税行为和抗税行为，以及非违法的避税行为等。一般情况下，人们（包括本书作者）所谈论的纳税行为是指狭义的纳税行为。

对纳税行为概念可作进一步揭示：纳税行为是一种涉及税收法律的行为。纳税行为是因为存在税收法律及征税而派生出的行为，作为派生的行为是依法纳税还是非法偷税决定于纳税人对其纳税行为后果的判断，其目标可能是法律不究和经济有利。纳税行为影响国家税收收入，违法纳税行为和非违法的纳税行为是对征税人提出的挑战，等等。

（二）纳税行为的内涵

内涵是对概念特有属性的反映。那么，纳税行为的内涵即是指对纳税行为概念特有属性的反映。

熊文钊、李华在其所著的《税务行政法》一书中认为，纳税行为的特征主要有以下几点：

1. 纳税行为具有被动性。从纳税人所负的纳税义务到纳税人为履行其纳税义务而为的纳税行为，以及纳税行为的程序、救济方式等，均由税务行政法事先加以严格的规定。而纳税人只能被动地依照这些规定，选择适当的纳税行为去积极地履行其纳税义务。纳税行为的被动性，归根结底是由纳税人在税务行政法中所处的被管理的地位所决定的。

2. 纳税行为目的的特定性。纳税人所为的一切纳税行为无论是纳税登记、纳税申报、还是减免税及退税的申请与办理。其根本目的均在于履行其所负的税务行政法上的纳税义务。

3. 纳税行为无直接强制性。因纳税人在税务行政法关系中处于被动地位。其不能同税务机关一样可以直接强制地做出某种行为，其纳税行为没有直接强制性。例如纳税人应依税务行政法的规定申请办理税务登记，但税务机关是否颁发税务登记证，则由税务机关依其职权予以裁决。即使纳税人在履行其纳税义务的过程中自身合法权益受到税务机关或其工作人员违法的违法行为的侵犯，他也只能通过申请税务行政复议、提起税务行政诉讼等行为间接地影响税务机关的行为。

林秀香在其所著的《中国企业纳税行为研究》一书中认为，企业纳税行为的特征有以下两点：

1. 企业纳税行为是一种组织行为。首先，企业纳税行为受到企业内部个人观念的影响，尤其是企业高层管理者的影响；其次，企业纳税行为受到环境因素的影响；再次，企业纳税行为会对个人纳税行为产生影响和激励作用。

2. 企业纳税行为受到利益相关者的影响。企业的利益相关者，包括组成企业环境的各个方面，主要有两种类型：一类是企业内部的利益相关者；另一类是企业外部的利益相关者。

分析上述熊文钊、李华的观点和林秀香的观点，由于他们的研究领域、研究角度及认识水平等的不同，对纳税行为特征的表述有着很大的不同。

本书认为，关于内涵或特有属性的表述一般就在概念当中，不一定要单独表述。因此，纳税行为的内涵或特有属性的研究与纳税行为概念的研究思路是相同的，仍然可以按照纳税行为活动的构成要素进行分析。

1. 纳税行为主体的普遍性。纳税行为的主体是纳税人。而纳税人既包括企业等法人单位，也包括自然人。

2. 纳税行为客体的多样性。纳税行为的客体是纳税事务。前面已经阐述纳税事务包括的内容很多。而每一项纳税事务可能因为纳税时间、地点、经营活动事项、税种等的不同又有所不同。

3. 纳税环境的复杂性。前面已经述及纳税环境包括的因素很多，其中税收法律环境是最重要的因素。而税收法律环境包括税收法律体系的建设和完善情况、税收种类、税额的计算方法、缴纳税款的便利程度、其他纳税人的纳税行为、税收执法情况、纳税检查情况、税收司法情况等。

4. 纳税行为的法律性。纳税行为是一种法律行为，是一种有法律效果的行为，是一种受税收法律调整的行为。它是纳税行为最本质的特性。

5. 纳税行为的被动性。纳税行为是对征税人征税行为的回应行为，是被动的行为。许多纳税行为是税法事先规定的行为，纳税人只能被动地接受并作为自己的义务去履行这些行为。

6. 纳税行为的目的性。虽然纳税行为具有被动性，虽然许多纳税行为是税法事先规定的，但最终纳税人如何行为，纳税人也有一定的主动性。而纳税人如何行为决定于纳税人纳税行为活动的目的。纳税行为活动的目的，自然而然首先是履行纳税义务，进一步是减少税收负担和纳税成本，但最终应服从于纳税人所确定的理财目标。

因此，纳税行为的内涵或特性是：普遍性、复杂性、法律性、被动性、目的性和多样性；而法律性是纳税行为最主要的特性。

### （三）纳税行为的外延

外延是指具有某些特有属性的对象，即概念包括的一切事物。那么，纳税行为具体包括哪些行为呢？施正文在其所著的《税收程序法论——监控征税权运行的法理与立法研究》一书中认为纳税行为有以下类型：

1. 按照纳税行为的法律性质的内容，可分为实体纳税行为与程序纳税行为，前者是以产生税收债务或税收征纳实体权利义务关系为目的的纳税行为，例如选择不同的扣除标准、申报并缴纳税款等；后者是以行使程序性权利义务为目的的行为，例如申请延期纳税、申请法律救济等。

2. 按照纳税行为能否由征税机关单独做出决定，可分为独立纳税行为与非独立纳税行为，前者如申请回避；后者如申请适用优惠税率，应由征税机关在核定应纳税额时一并审核。

3. 按照纳税行为的法律属性，可分为权利性纳税行为与义务性纳税行为，前者大多为程序上的纳税行为，后者多为实体上的纳税行为。此外，纳税行为还可分为请求性纳税行为与形成性纳税行为、作为纳税行为与不作为纳税行为等。

施正文关于纳税行为的分类，明显打上了其作为税收程序法研究者的烙印。本书作者作为非法学专业的学生，对此难以置评，仅能从自己的角度对纳税行为的外延发表一孔之见。

本书认为，纳税行为具体包括哪些行为，最好从现有税收法律中找依据。根据《中华人民共和国税收征收管理法》等有关法律的内容，纳税行为可按照纳税人所履行的税收权利义务进行分类，也可以按照纳税行为的税收法律后果及其性质进行分类。

纳税行为按照纳税人所履行的税收权利义务不同，可分为纳税登记行为、纳税申报行为、纳税咨询行为、委托税务代理行为、计算税额行为、缴纳税款行为、申请税收优惠行为、申请推迟纳税行为、违章纳税行为、申请税收行政复议行为、申请税收行政诉讼行为、申请税收行政赔偿行为等。

纳税行为按照纳税行为的税收法律后果及其性质不同，可分为合法纳税行为、违法纳税行为以及非违法的纳税行为等。现将该分类的具体内容进一步分述如下：

1. 合法纳税行为。合法纳税行为是指符合税收征管法和其他税收法律的纳税行为，包括依法纳税登记行为、依法纳税申报行为、依法计算税额行为、依法缴纳税款行为、依法申请税收优惠行为等等。

2. 违法纳税行为。违法纳税行为是指税收征管法等所规定的违章纳税行为，包括偷税、欠税、骗税和抗税。

（1）偷税。根据《中华人民共和国税收征收管理法》第六十三条的规定，纳税人伪造、变造、隐匿、擅自销毁账簿、记账凭证，或者在账簿上多列支出或者不列、少列收入，或者经税务机关通知申报而拒不申报或者进行虚假的纳税申报，不缴或者少缴应纳税款的是偷税。

（2）欠税。欠税是指纳税人超过征税机关核定的纳税期限而发生的拖欠、欠缴税款的行为。它分为主观欠税和客观欠税：①主观欠税是指纳税人故意欠税；②客观欠税是指纳税人主观上想交税，但客观上不能按期缴税；按照规定，客观欠税的纳税人应当向主管税务机关申请缓缴，但缓缴期限最长不超过3个月。纳税人发生欠税，不仅需要补缴，还应支付一定的滞纳金。

（3）骗税。根据《中华人民共和国税收征收管理法》第六十六条的规定，骗税是指以假报出口或者其他欺骗手段，骗取国家出口退税款。

（4）抗税。根据《中华人民共和国税收征收管理法》第六十七条的规定，抗税是指以暴力、威胁方法拒不缴纳税款的行为。抗税除由税务机关追缴拒缴的税款、滞纳金外，要依法追究刑事责任。

此外，还有一个国际上广泛使用而中国现行税收法律并没有使用的概念——逃税这一违法纳税行为。逃税（Tax evasion）是指纳税人采用非法手段逃避纳税或减少纳税的行为。虽然中国现行税收法律并没有使用逃税概念，但中国财税理论界和实务界却经常使用逃税概念，且常常将偷税与逃税混用，或结合使用称偷逃税收。

3. 非违法的纳税行为。非违法的纳税行为主要是指避税行为。避税行为是指纳税人在不直接触犯税法的前提下，利用税法的疏漏、模糊及与有关法律的差异，以规避部分或全部税收的行为。说避税行为不直接触犯税法，是指因现有税法缺乏相应的规定或规定的不明确及存在法律差异，使纳税人之避税行为并不违反现有税收法律，并因此称其为非违法的纳税行为。然而，避税行为虽不直接触犯税法，但无疑不符合税法精神。避税行为是否是违法纳税行为，决定于纳税审判；在征税人掌握税法解释权的情况下，若避税仅缘于税法规定的不明确，也有可能会被判为违法。

综上所述，本书认为，纳税行为的外延包括合法的纳税行为，违法的偷税行为、欠税行为、骗税行为、抗税行为，以及非违法的避税行为等。

### 三、纳税行为的影响因素

前面已有涉及和论述，这里仅再作归纳。纳税行为的影响因素如下：纳税人素质、纳税事项的复杂程度和纳税环境。

## 第三节　税收筹划

### 一、对税收筹划概念的描述

税收筹划一词属于舶来品，其英文为 Tax planning，国内将其翻译为税收筹划、税务筹划、纳税筹划及税收策划等。Tax planning 本来是指一种纳税人行为，但国内理论界一些人士创造性地将其发展为纳税筹划和征税筹划，认为纳税人进行的筹划为纳税筹划，征税机关进行的筹划为征税筹划，而税收筹划或税务筹划是二者的总和。征税机关进行的税收立法、执法等活动是否属于筹划在国外没有相关论述。本书认为，既然税收筹划是舶来品，就应该尊重其原意，即从纳税人的角度定义为佳，至于如何翻译，本书倾向于译为税收筹划。

税收筹划是一个历史范畴，早已有之。作为现代人我们不能望文生义，而必须尊重历史。因此，我们在了解专家是怎么说的之前，考察一下税收筹划的本来面目是非常必要的。大家公认的税收筹划产生的标志事件是 20 世纪 30 年代英国上议院议员汤姆林爵士针对“税务局长诉温斯特大公”一案的发言，他说：“任何一个人都有权安排自己的事业。如果依据法律所做的某些安排可以少缴税，那就不能强迫他多缴税。”① 该观点得到了法律界的认同，税收筹划第一次得到了法律上的认可。该案例成为奠定税收筹划史的基础判例。之后，英国、美国、澳大利亚等国家在涉税判例中，该案例成为经常被引用的原则精神。

现代中外专家关于税收筹划概念的主要观点如下：

由国际文献局（International Bureau of Fiscal Documentation，IBFD）编写的《国际税收词汇》（IBFD，International Tax Glossary，Amsterdam，1988）一书中的定义是：“税务筹划是使私人的经营活动及（或）私人缴纳尽可能少的税收的的安排。”②

---

① 艾华：《税收筹划研究》，武汉大学出版社 2006 年版，第 35 页。

② 国际文献局编写，国家税务总局税收科学研究所译：《国际税收词汇》，中国财政经济出版社 1992 年版，第 198 页。

印度税务专家 N. J. 雅萨斯威在其《个人投资和税务筹划》（N. J. Xawawwy, Personal Investment and Tax Planning, p. 49）一书中的定义：税收筹划是："纳税人通过财务活动的安排，以充分利用税收法规所提供的，包括税收减免税在内的一切优惠，从而享有最大的税收利益。"①

美国南加州 W. B. 梅格斯博士在其《会计学》（W. B. meigs & R. F. meigs, Accounting, pp. 738～776）一书中的定义："人们合理而又合法地安排自己的经营活动，使之缴纳可能最低的税收。他们使用的方法可称之为税务筹划……少缴税和递延缴纳税收是税务筹划的目标所在。……在纳税发生之前，有系统地对企业经营或投资行为做出事先安排，以达到尽量地少缴所得税，这个过程就是税务筹划。"②

美国注册会计师协会（AICPA）在《对〈税务咨询标准公告 1 号—纳税申报立场〉的解释 1—2 号—税收筹划》中定义："税收筹划是针对预期的或完成的交易，对一项纳税申报立场或由会员、纳税人或第三者制定的特定纳税计划发表建议或表述观点。"

美国斯科尔斯教授在其与其他人合著的《税收与企业战略》一书中写道："传统的税收筹划方法没有认识到有效税收筹划和税负最小化之间的显著差异。有效税收筹划（effective tax planning）在实施最大化税后收益的决策规则时要考虑税收的作用。"③

唐腾翔、唐向在其所著的《税收筹划》一书中认为："税收筹

---

① （印度）N. J. 雅萨斯威：《个人投资和税务筹划》（N. J. Xawawwy, Personal Investment and Tax Planning, p. 49），转引自艾华：《税收筹划研究》，武汉大学出版社 2006 年版，第 2 页。

② W. B. 梅格斯等：《会计学》（W. B. meigs & R. F. meigs, Accounting, pp. 738～776），转引自艾华：《税收筹划研究》，武汉大学出版社 2006 年版，第 2 页。

③ 斯科尔斯等著，张雁翎主译：《税收与企业战略》，中国财政经济出版社 2004 年版，第 2 页。

划是指在法律规定许可的范围内，通过经营、投资、理财活动的事先筹划和安排，尽可能地取得节税的税收利益。”①

张中秀在其主编的《公司避税节税转嫁筹划》一书中认为：“纳税筹划是指纳税人通过非违法的避税方法和合法的节税方法以及税负转嫁方法来达到尽可能减少税收负担的行为。”②

李大明在其论文《论税收筹划的原理及其运用》中认为：“税收筹划是指纳税人在符合国家法律及税收法规的前提下，按照税收政策法规的导向，事前选择税负最轻的纳税方案处理自己的生产、经营和投资、理财活动的一种筹划行为。”③

黄衍电在其主编的《税收政策与筹划》一书中认为：“税收筹划是市场法人主体在遵守税法及其他法规的前提下，运用纳税人的权利和依据税法中的‘允许’与‘不允许’、‘应该’与‘不应该’以及‘非不允许’与‘非不应该’的项目和内容等，对经营、投资、理财活动的事先筹划和安排以获取最大税收利益。”④

计金标在其主编的《税收筹划》一书中认为：“税收筹划是指在纳税行为发生之前，在不违反法律、法规（税法及其他相关法律、法规）的前提下，通过对纳税主体（法人或自然人）的经营活动或投资行为等涉税事项做出事先安排，以达到少缴税和递延缴纳目标的一系列谋划活动。”⑤

王国华、张美中在其编著的《纳税筹划理论与实务》一书中认为：“纳税筹划是指纳税人或其代理人在合理合法的前提下，自

---

① 唐腾翔、唐向：《税收筹划》，中国财政经济出版社 1994 年版，第 1 页。

② 张中秀：《公司避税节税转嫁筹划》，中华工商联合出版社 2001 年版，第 1 页。

③ 李大明：《论税收筹划的原理及其运用》，《中南财经政法大学学报》，2002 年第 6 期。

④ 黄衍电：《税收政策与筹划》，经济科学出版社 2002 年版，第 3 页。

⑤ 计金标：《税收筹划》，中国人民大学出版社 2004 年版，第 5 页。

觉地运用税收、会计、法律、财务等综合知识，采取合法合理或'非违法'的手段，以期降低税收成本服务于企业价值最大化的经济行为。"①

盖地在其主编的《MPAcc 企业税务筹划理论与实务》一书中认为："税务筹划是纳税人依据所涉及的税境（tax boundary）和现行税法，遵循税收国际惯例，在遵守税法、尊重税法的前提下，根据税法中的'允许'、'不允许'以及'非不允许'的项目和内容等，对企业涉税事项进行的旨在减轻税负、有利于实现企业财务目标的谋划、对策与安排。"②

上述关于税收筹划的定义，既有共同点，也有区别点。国际文献局的定义强调了税收筹划在于使纳税人缴纳尽可能少的税收，未强调事前性及合法性，目标单一有失偏颇。印度雅萨斯威的定义强调税收筹划就是要享受税法提供的一切优惠，含意过于狭窄。美国梅格斯的定义强调了税收筹划的合理合法性，强调了事先安排，强调了目标是尽可能少缴税，其内容比较全面，但目标有失偏颇。美国注册会计师协会的定义是站在税务咨询师立场上的，强调了税收筹划的事前性，强调了税收筹划是一项纳税计划，该计划可能是由咨询师、纳税人或第三者制定的，未强调筹划的目标，也未强调筹划的合法性。美国斯科尔斯等人的定义并不完整，但突出强调了其有效税收筹划与传统税收筹划的区别，强调税收筹划的目标是税后收益最大化。唐腾翔、唐向的定义强调了税收筹划的合法性、事前性、与财务活动的相关性和节税性，其定义的税收筹划即是节税。张中秀的定义强调了税收筹划的方法有非违法的避税方法、合法的

---

① 王国华、张美中：《纳税筹划理论与实务》，中国税务出版社 2004 年版，第 5 页。

② 盖地：《MPAcc 企业税务筹划理论与实务》，东北财经大学出版社 2005 年版，第 3 页。

节税方法和税负转嫁方法，强调了税收筹划的目标是尽可能地减少税收负担，其税收筹划是广义税收筹划，其目标浅显而不够全面。李大明的定义强调了税收筹划的事前性、合法性，强调它符合税收政策法规的导向，强调了税收筹划的对象和目标，但其目标比较浅显而不够全面。黄衍电的定义强调了税收筹划的事前性、合法性，强调了依据税法中的“允许”与“不允许”、“应该”与“不应该”以及“非不允许”与“非不应该”的项目和内容等进行筹划，强调了纳税人权利和筹划对象及目标，只不过对目标的表述比较浅显而不够全面。计金标的定义强调了税收筹划的事前性、不违法性，强调了筹划的目标是少缴税和递延纳税，但其目标不够全面准确。王国华、张美中的定义强调了税收筹划是由纳税人或代理人实施的，强调了手段的合理合法或非违法性，强调了目标是以期降低税收成本服务于企业价值最大化，其目标比较符合现代理财观念的要求。盖地的定义强调了税收筹划遵守税法、尊重税法而不是合法性，根据税法中的“允许”、“不允许”以及“非不允许”的项目和内容进行筹划，强调了税收筹划旨在减轻税负、有利于实现企业财务目标，其目标表述体现了税收筹划与公司理财之间的关系，但未明确企业财务目标具体是什么。

本书认为，要诠释税收筹划概念，首先应描述税收筹划的具体情形，然后再进一步揭示其实质、目标、作用、存在的原因及影响等，最后可说明其内涵和外延。描述时可按照税收筹划活动的构成要素进行：

1. 税收筹划的主体是谁？是纳税人。税收筹划的具体工作可能由纳税人自己做，也可能由为其提供税收筹划服务的人做。

2. 税收筹划的客体是什么？是纳税人的涉税事项及应纳税额。涉税事项即是谋求收益的生产经营事项。该事项可能已经发生或正在发生抑或还未发生，但肯定未实际纳税。

3. 税收筹划的环境是什么样？是纳税人涉税事项涉及的相关国家和地区的法律环境、经济环境、市场环境等。其中，特别重要的是税收法律环境。税收法律、法规及其他相关法律、法规是税收筹划的依据。

4. 税收筹划的具体行为或过程。税收筹划静态地看是一种行为，动态地看是一个过程；是对纳税方案进行运筹和谋划的行为、过程。对纳税方案的运筹和谋划行为、过程是税收筹划活动的核心要素，是税收筹划概念的落脚点。

5. 税收筹划行为的发生时间是什么时候？是在实际纳税之前。这时纳税义务可能已经产生，也可能还未产生。

6. 税收筹划行为的目标是什么？直接的目标是减少税收负担和纳税成本，最终是为了实现企业价值最大化。

7. 税收筹划行为的方法是什么？是在特定环境下、运用各种知识和技能、能够实现企业价值最大化目标的一切专门的方法。

8. 税收筹划行为及过程的成果是什么？是针对特定环境、特定涉税事项的专门的筹划方案（也称纳税方案）以及方案执行所导致的后果。该方案可能仅仅是一个纳税方案而已，但也可能不仅仅是一个纳税方案，它会改变企业的业务决策。纳税方案可能无法执行，也可能会执行，执行后可能会导致好的效果，也可能会导致不好的效果。

总括以上要点，本书认为：税收筹划是纳税人为了实现企业价值最大化，在特定的环境下，在实际纳税之前，依据税收法律、法规及其他法律、法规，对其涉税事项及应纳税额，采用专门的方法，进行纳税方案的运筹、谋划的行为及过程。

## 二、对税收筹划概念的进一步揭示

在对税收筹划进行了描述之后，可对税收筹划概念作以下揭示：

1. 税收筹划是纳税人（主体）的权利。纳税人有纳税的义务，但也有依据税法不多纳税的权利。纳税人可以自己进行筹划，也可以请他人帮助进行筹划。

2. 税收筹划是关于涉税事项（客体）的筹划，而涉税事项即是理财事项。税收筹划是理财的重要组成部分。

3. 税收筹划是关于应纳税额（客体）的筹划，是一种费用筹划。税收对于国家来说，是一种收益；但对于企业来说，是一种费用。减少和控制费用是理财的永恒主题。

4. 税收筹划不能只为了减轻税收负担和纳税成本，减轻税收负担和纳税成本要服从于实现企业价值最大化（目标）。

5. 税收筹划的主要依据（环境）是税法。纳税人在主观上不想违法，了解和熟悉税法是进行税收筹划的前提。因此，税收筹划有利于税法知识的普及。

6. 税收筹划的筹划方案（成果）可能被执行，但不一定能取得良好的效果。

7. 税收筹划方案（成果）影响企业的业务决策包括财务决策。

8. 税收筹划（行为及过程）有利于充分发挥税收的调节作用，有利于促进税制的完善。

## 三、税收筹划的内涵

税收筹划的内涵是指对税收筹划概念特有属性的反映。前面已经探讨了什么是税收筹划，即探讨了税收筹划的概念，现在进一步探讨其特有属性。

关于税收筹划的特有属性，应该是指税收筹划概念区别于其他概念的地方，在一些论著中常常称其为税收筹划的特点、特性或特征。根据现有文献，有以下几种主要观点：

李大明在其论文《论税收筹划的原理及其运用》中，将税收筹划的特性概括为：（1）合法性；（2）符合税收政策法规导向；（3）筹划性；（4）目的性。

黄衍电在其主编的《税收政策与筹划》一书中，将税收筹划的特征概括为：（1）合法性；（2）超前性；（3）目的性；（4）方式多样性。

计金标在其主编的《税收筹划》一书中，将税收筹划的特点概括为：（1）合法性；（2）预期性；（3）风险性；（4）目的性；（5）收益性；（6）专业性。

王国华、张美中在其编著的《纳税筹划理论与实务》一书中，认为税收筹划的内涵是：（1）行为的合法性或“非违法性”；（2）时间的事前性；（3）现实的目的性；（4）行为主体为纳税人。

盖地在其主编的《MPAcc企业税务筹划理论与实务》一书中，将税务筹划的特点概括为：（1）超前性（预期性）；（2）目的性；（3）政策导向性；（4）普遍性；（5）多变性。

艾华在其所著的《税收筹划研究》一书中，将税收筹划的特性概括为：（1）筹划的超前性；（2）筹划的技能性；（3）筹划合法性；（4）筹划的综合性。

以上关于税收筹划特性的六种观点，基本没有大家共同认同的特有属性。五种观点认同合法性，只是王国华、张美中的观点表述为合法性或“非违法性”；五种观点都认同目的性；五种观点都认同事前性或超前性或预期性；两种观点认同专业性或技能性；其他如方式多样性、风险性、收益性、行为主体为纳税人、政策导向性、普遍性、多变性、综合性各有一种观点支持。

分析上述观点所提到的属性，基本都来自于对税收筹划活动的构成要素所进行的分析：

1. 纳税人（主体）的普遍性。西方有句俗话：人一生有两件事是不可避免的，一个是死亡，另一个就是纳税。当然纳税人具有普遍性，税收筹划并不一定具有普遍性。目前中国企业的税收筹划普遍性较差。

2. 涉税事项及应纳税额（客体）的价值性和多样性。涉税事项及应纳税额的价值性和多样性决定了税收筹划的价值性多样性。不同的行业有许多种不同的涉税事项，相同的行业也有许多种不同的涉税事项，相同的涉税事项又有许多种不同的税收缴纳，相同的税收种类因为计算因子的不同又有许多种不同的应纳税额度。涉税事项及应纳税额关系着企业的利益和价值，税收筹划更是为了增加企业的利益和价值。

3. 税收法律（环境）的复杂性。首先是税种多，相应地就是税法多。而每一税法，又有许多税制要素，每一税制要素可能又有许多款项。有些地方税收执法严格，另有一些地方税收执法宽松。有些纳税人能够诚实纳税，另有一些纳税人经常偷逃税收。有些偷逃税收的纳税人受到了惩罚，另有一些偷逃税收的纳税人没有受到惩罚。

4. 筹划工作（方法）的专业性。要能够胜任税收筹划工作，需要掌握税收、法律、会计、财务管理等许多方面的专业知识和技能，在西方税收筹划已经成为一种谋生的职业。税收筹划的专业性是由税收法律（环境）的复杂性等决定的。所以说，专业性包含了复杂性。

5. 筹划行为（时间）的事前性。无需赘述，税收筹划的事前性是公认的。它是税收筹划行为的主要特性。

6. 筹划行为（目标）的目的性。无需赘述，税收筹划的目的性也是公认的。

7. 筹划方案（成果）执行的风险性。风险性与复杂性和事前性等有关。事前制定的筹划方案，存在着到时能否执行的风险；即使能执行，还存在着违法、受处罚的风险，并存在着无效或低效的风险。

因此，本书认为，税收筹划的内涵，也即税收筹划概念的特有属性是：价值性、多样性、专业性、事前性、目的性和风险性；而最主要的特性是事前性。

另外，本书要明确地讲，税收筹划不具有合法性内涵。尽管合法性被前述六种观点中的五种观点所认同。而盖地的观点不认同合法性。国外的观点（前述关于什么是税收筹划的不同观点。只有梅格斯博士强调了合法性）也大多不认同合法性。许多人认为税收筹划具有合法性，一个原因可能是因为税收筹划是依据税法进行的；另一个原因可能是因为将税收筹划行为当作了实际纳税行为。依据税法进行筹划并不能决定税收筹划就具有合法性。税收筹划行为不是实际的纳税行为，不存在合法与违法的问题；筹划方案得到执行而产生实际的纳税行为时，才存在合法与违法的问题；且合法与违法不是由筹划者或纳税人判定的，而是由税务机关及司法机构判定的。即使筹划者在开展税收筹划时主观上不想违法，也不能自己事先就得出结论说它是合法的。

## 四、税收筹划的外延

外延是指具有某些特有属性的对象，即概念包括的一切事物。那么，税收筹划的范围是什么呢？有以下主要观点：

黄衍电在其主编的《税收政策与筹划》一书中写道：“税负转嫁、避税筹划，节税筹划都属于纳税人为减轻税负而进行的一种筹划。”①

计金标在其主编的《税收筹划》一书中写道：“我们倾向于将

① 黄衍电：《税收政策与筹划》，经济科学出版社 2002 年版，第 3 ~ 13 页。

正常的避税行为与税收筹划放在一起考虑，尤其在进行国际税收筹划时更是如此。”“税负转嫁是税收筹划的特殊形式。”①

王国华、张美中在其编著的《纳税筹划理论与实务》一书中写道：税收筹划从外延上说包括“‘合理避税、合法节税、转嫁筹划和涉税零风险’。相对于把纳税筹划只限定于‘合法节税’的‘狭义派’而言，本书倡导的是一种‘宽派’的观点。”② 张中秀在其《税收筹划宝典》一书中表达了基本相同的观点。

贺志东在其所著的《纳税筹划》一书中写道：“纳税筹划概念包括狭义和广义两种。……狭义纳税筹划包括避税筹划、节税筹划和转税筹划。广义的纳税筹划则是指为了规避或减轻自身税负和缴纳费用，防范、减轻甚至化解纳税风险，以及使自身的合法权益得到最充分保障而进行的一切筹谋、策划活动。”③

盖地在其主编的《MPAcc 企业税务筹划理论与实务》一书中写道：“本书认为税务筹划有狭义与广义之分。狭义的税务筹划仅指节税，广义的税务筹划既包括节税、又包括避税，还包括税负转嫁。”④

艾华在其所著的《税收筹划研究》一书中写道：“在现实经济生活中，税收筹划的内容不仅包括避税和节税，还包括如何规避‘税收陷阱’，正确运用税收法律救济制度维护自身的合法权益，以及税负转嫁等。合理安排企业的现金收支，保持适当的对外偿付能力，避免税收滞纳金和罚款等，也都是税收筹划的重要内容。”⑤

---

① 计金标：《税收筹划》，中国人民大学出版社 2004 年版，第 16～111 页。

② 王国华、张美中：《纳税筹划理论与实务》，中国税务出版社 2004 年版，第 29 页。

③ 贺志东：《纳税筹划》，机械工业出版社 2004 年版，第 3 页。

④ 盖地：《MPAcc 企业税务筹划理论与实务》，东北财经大学出版社 2005 年版，第 3 页。

⑤ 艾华：《税收筹划研究》，武汉大学出版社 2006 年版，第 16 页。

上述关于税收筹划外延的六种主要观点，有的并不是作为税收筹划的外延表述的，而是作为税收筹划的内容表述的，因此有些概括的并非税收筹划的外延。剔除这一因素后，基本可以将以上六种观点归纳为三种观点：(1) 狭义的税收筹划只包括节税筹划；(2) 中义的税收筹划包括节税筹划、避税筹划、转税（税负转嫁）筹划；(3) 广义的税收筹划包括节税筹划、避税筹划、转税筹划和涉税零风险。三种观点都认为偷逃税（筹划）不属于税收筹划的外延。

根据税收筹划的内涵即税收筹划的特有属性以及其他分析，本书认为：税收筹划的外延，包括节税筹划和避税筹划，不包括转税（税负转嫁）筹划和涉税零风险，更不包括偷逃税（筹划）。本书所持观点属于第四种观点，宽窄介于狭义的观点和中义的观点之间。

### （一）节税筹划

节税（tax saving）筹划是指纳税人以减轻税负为直接目标（以企业价值最大化为总目标），在遵守税法的前提下，利用税法所规定的税收政策差别特别是税收优惠，在实际纳税之前，对其涉税事项及应纳税额进行纳税方案的运筹、谋划的行为及过程。

节税筹划属于税收筹划范畴，因为它具有税收筹划所具有的内涵或五大特有属性：

1. 多样性。涉税事项及应纳税额是多种多样的。涉税事项多，税收种类多，每一种税的税制要素多，每一税制要素存在的差别多，最后是节税方案多。

2. 事前性。不仅节税筹划具有事前性，实际上所有筹划问题都具有事前性。

3. 目的性。节税筹划的直接目的是利用税制的可选择项，以享受低税和优惠，减轻税收负担。总目标仍然是企业价值最大化。

4. 专业性。节税筹划的多样性，是决定节税筹划专业性的重要因素之一。此外，进行节税筹划，必须对税收法律有相当程度的熟悉，必须对会计制度和会计处理有相当程度的熟悉。

5. 风险性。节税筹划虽然是依据税法而进行的，但因为节税筹划的事前性、目的性以及税法的变动性，节税方案依然存在着不可执行的风险、违法的风险、不能达到目的的风险。

### （二）避税筹划

避税（tax avoidance）筹划是指纳税人在不直接触犯税法的前提下，利用税法的疏漏、模糊及与有关法律的差异，以规避或减轻税负为目的，在实际纳税之前，对其涉税事项及应纳税额，进行纳税方案的运筹、谋划的行为及过程。

避税虽不直接触犯税法，但一般来说不符合立法意图，会受到征税人“反避税”的限制。

本书将避税筹划归为税收筹划范畴，是因为：

1. 避税利用的主要是法律的不完善，我们应该承认法律的不完善并完善之，不应该否认法律的不完善而让避税者承担法律责任。正如渔网理论所言：渔民为了打鱼，首先要编制渔网，然后用来打鱼。在打鱼过程中，必然会有漏网之鱼。那么，如何看待漏网之鱼呢？人们不难形成共识：鱼之漏网，原因在网，鱼从网中钻出是鱼求生的天性使然。渔民不应该埋怨鱼，而应该想办法编好自己的网。

2. 避税若不承担法律责任，是否就应该承担道德责任呢？即便应该承担道德责任，但纳税不是靠道德维系的。正如 1947 年美国法官勒纳德·汉德（Learned Hand）在税收委员会诉纽曼案中的判词所言：“法庭一再重申，（纳税人）出于尽可能将税负降到最低的目的而安排活动并无不当。所有纳税义务人都有权这样做，无论贫富，没有人应当承担多于法律要求的社会义务。税收是强制的征收，而不是自愿的捐献。以道德的名义要求缴纳更多的税收仅仅是形而上学的说教之词。”①

3. 也是最主要的，避税筹划也同样具有税收筹划所具有的内涵或五大特有属性：

1. 多样性。涉税事项及应纳税额是多种多样的。涉税事项是多种多样的，税收种类是多种多样的，而每一种税都可能存在着许多的疏漏和不足，因此客观上存在着许多避税的可能性。

2. 事前性。所有的筹划问题都具有事前性，避税筹划当然也具有事前性。

3. 目的性。避税筹划的直接目的是规避税收或减轻税负。总目标仍然是企业价值最大化。

4. 专业性。避税筹划的多样性，是决定避税筹划专业性的重要因素之一。此外，进行避税筹划，必须对税收法律内容及存在的漏洞和缺陷等有非常深入的了解，而且要熟悉和了解避税筹划可能的法律效果。

5. 风险性。避税筹划实际上就是钻法律的空子，是“打擦边球”或“打滚网球”，搞不好就会“出台”或“下网”，特别是因为避税筹划具有事前性和目的性以及税法的不断完善和反避税的限制，避税方案存在着不可执行的风险、违法的风险、不能达到目的的风险。

## 五、转税（税负转嫁）筹划不应属于税收筹划的外延

盖地主编的《MPAcc 企业税务筹划理论与实务》中关于税负

① 斯科尔斯等著，张雁翎主译：《税收与企业战略》，中国财政经济出版社 2004 年版，第 4～5 页。

转嫁的阐述是："税负转嫁是纳税人将自己应缴的税款，通过各种途径和方式转由他人负担的过程。……税负转嫁的特点是：（1）税负转嫁是和价格的升降直接联系的，而且价格的升降是由税负转嫁引起的；（2）税负转嫁是纳税人的一般行为倾向，是纳税人的主动行为；（3）税负转嫁只会导致税收归宿的变化，导致纳税人和负税人不一致，国家税收并未减少或损失。"①

计金标主编的《税收筹划》一书中关于税负转嫁的阐述是："典型的税负转嫁或狭义的税负转嫁是指商品流通过程中，纳税人通过提高商品销售价格或压低商品购进价格的方法，将税负转移给商品购买者或商品供应者。因此，对税负转嫁的理解应把握以下几点：（1）税负转嫁问题是和商品价格直接联系的，和价格无关的问题不能纳入税负转嫁的范畴。（2）税负转嫁是一个客观过程，没有税收价值的转移过程不能算转嫁。（3）税负转嫁应理解为纳税人的主动行为，与纳税人主动行为无关的价格再分配性质的价值转移也不能算税负转嫁。明确以上几点，既有利于明确税负转嫁概念的外延，也有利于将税负转嫁与避税做一体化区别比较。"②

有一个相当普遍的问题值得重视：许多人在谈论税负转嫁筹划时，只谈税负转嫁，在谈论节税筹划、避税筹划时也只谈节税、避税，由此，将税负转嫁、节税、避税与转税筹划、节税筹划、避税筹划混为一谈，进一步将税收筹划行为与纳税行为混为一谈。

贺志东比较明确地使用了转税筹划（税负转嫁筹划）概念，但是他并未将之定义为筹划行为，而依然定义为税负转嫁行为。贺志东在其所著的《纳税筹划》一书中写道："转税筹划是税负转嫁

① 盖地：《MPAcc 企业税务筹划理论与实务》，东北财经大学出版社 2005 年版，第 63～64 页。

② 计金标：《税收筹划》，中国人民大学出版社 2004 年版，第 111～112 页。

筹划的简称，它是指纳税人在不愿或不堪忍受税负的情况下，通过提高价格或降低价格等方法将税收负担转移给消费者或供应商的行为。……一般具有以下几个特征：（1）转税筹划从本质上来说是纯经济行为。我们论及逃税、避税以及节税筹划时，在性质上来看都属于一定程度上的法律行为……而转税筹划则是纳税义务人通过价格自由变动的一种纯经济行为。（2）转税筹划能否成功取决于价格。没有价格的自由浮动，转税筹划也就不存在。……（3）转税筹划不影响国家税收收入。逃税、避税和节税的结果都会在不同程度上导致国家税收收入的减少，只是避税是被迫减少，节税是主动减少，而转税筹划的结果是导致税款的归宿不同，不一定减少税收收入。”①

综上所述，基本都强调：价格的自由变动是税负转嫁的前提条件，没有价格的自由变动就不存在税负转嫁。因此，本书认为：

1. 在完全竞争的市场条件下，商品价格是市场竞争价格，每一个销售商都不能完全控制价格，税负转嫁即失去了前提条件。也就是说，在完全竞争的市场条件下，不存在（主动的）税负转嫁。

2. 在垄断及不完全竞争的市场条件下，商品价格不完全是市场竞争价格，会有部分销售商可以控制价格，在这种情况下，可以说存在着（主动的）税负转嫁。

3. 不管在什么样的市场条件下，一般都会存在着税负转嫁，可能是主动的税负转嫁，也可能是非主动的税负转嫁。

4. 税负转嫁是一种正常现象。因为税收负担对企业来说是一种费用，所谓税负转嫁实际上就是以收入弥补费用，是天经地义的。若收入弥补不了费用，企业就会发生亏损。因此，税负转嫁实际上也就是费用转嫁，但人们会觉得“费用转嫁”的说法怪怪的，

① 贺志东：《纳税筹划》，机械工业出版社 2004 年版，第 5 ~ 6 页。

这是因为“转嫁”二字含有贬意，好像不“转嫁”才是正常的，若真如此，企业也就办不下去了。

5. 税负转嫁只是一种“视角”效果，真正的“果”是销售商的获利（即收入减费用以后的差额）。提高收入、减少费用以取得尽可能多的获利，是任何一个企业永远的追求，它不会因为税收负担的高低而有所改变。也就是说，企业追求的是尽可能多的获利，而不会满足于将税收负担转嫁出去。

6. 销售商的获利作为“果”，要归“因”于价格筹划，而非税负转嫁筹划。按照一般的说法，税负转嫁筹划是通过控制价格去谋求“果”的。因此，它说明了企业在实践中经常进行的是价格筹划，这有成熟的价格理论及定价策略为证，而未听说有成熟的税负转嫁筹划理论及筹划策略。所谓价格筹划，是指企业在实际销售前进行定价研究，根据市场情况和企业自身的情况，综合考虑商品的需求弹性和供给弹性，从整体利益和长远利益出发，确定对企业自身最有利的定价策略和定价方案的行为及过程。

总而言之，税负转嫁实际上是一种“视角”效果，是企业在追求“获利”这一真“果”时，正如以收入弥补费用一样的正常现象，企业该做的是定价研究而非税负转嫁筹划。

## 六、涉税零风险不应属于税收筹划的外延

王国华、张美中在其编著的《纳税筹划理论与实务》一书中写道：“所谓涉税风险是指纳税人在对纳税而采取各种应对行为时，所可能涉及的风险，主要包括：（1）经济风险。……（2）法律风险。……（3）心理风险。……（4）‘权力税’风险。……涉税零风险是指纳税人账目清楚，纳税申报正确，缴纳税款及时、足额，不会出现任何关于税收方面的处罚，即在税收方面没有任何风险，或风险极小可以忽略不计的一种状态。纳税人及相关单位和

个人通过一定的筹划安排，使纳税人处于一种涉税零风险状态，也是纳税筹划应达到的目标之一。”①

正如上述引文中所言，涉税零风险是税收筹划的“目标”之一。本书认为，涉税零风险是目标问题，而不是税收筹划的外延问题。但涉税零风险作为目标问题，与税收筹划的风险性内涵相矛盾，因此，涉税零风险一般不作为税收筹划的目标。税收筹划的风险是客观存在的，相应的对策是控制风险，并进行风险与收益的权衡。

## 七、税收筹划与纳税行为的区别与联系

前面已经谈到税收筹划与纳税行为的区别问题。这里仅作简单概括。

### （一）税收筹划与纳税行为的区别

1. 税收筹划是纳税方案的运筹和谋划行为，而纳税行为是纳税方案的执行行为或缴纳税款的行为。

2. 税收筹划行为活动的客体是涉税经济事务（可能发生更可能未发生），而纳税行为活动的客体是纳税法律事务（已经发生）。

3. 税收筹划行为在纳税行为（除纳税登记行为之外）之前发生，但税收筹划行为不一定发生，而纳税行为一定会发生。

4. 税收筹划行为是一种管理性的行为，而纳税行为（即税收筹划方案的执行行为）是一种法律性的行为。

5. 税收筹划行为是纳税人的主动行为，而纳税行为是纳税人的被动行为。

---

① 王国华、张美中：《纳税筹划理论与实务》，中国税务出版社 2004 年版，第 16 页。

6. 税收筹划行为的直接目的是减少税收负担和纳税成本，而纳税行为的直接目的首先是履行纳税义务，进一步才是减少税收负担和纳税成本。

（二）税收筹划与纳税行为的联系

1. 税收筹划行为与纳税行为的主体都是纳税人。

2. 税收筹划行为与纳税行为的客体都与税收有关。

3. 税收筹划的环境与纳税的环境有相当大的交集。

4. 税收筹划行为服务于纳税行为，为纳税行为提供纳税方案；但若纳税行为因执行纳税方案而违法，会追溯其税收筹划行为。

5. 税收筹划行为与纳税行为因为税收制度、税收种类和涉税事务等所存在的复杂性，而都具有多样性。

6. 税收筹划行为与纳税行为有着共同的目的，都追求减少税收负担和纳税成本。

## 第四节　税收筹划与公司财务决策

我们已经知道了什么是税收筹划，那么，它与公司财务决策是什么关系呢？公司财务决策是公司理财或公司财务管理的重要内容。我们先从什么是公司理财说起。

### 一、公司理财

（一）对公司理财概念的描述

公司理财又称公司财务管理，从静态的角度看，它是一种行为；从动态的角度看，它是一个过程。那么，公司理财是一种什么样的行为或过程呢？我们先了解一下公司理财活动的构成要素，然后我们通过这些要素去诠释它。公司理财活动的构成要素如下：

1. 公司理财的主体。公司理财的主体首先是公司制企业，包括有限责任公司和股份有限公司，不包括独资企业和合伙企业，更不包括事业单位和政府组织。进一步地说，公司理财的主体是公司的股东大会、董事会、监事会、经理层、财务管理部门、公司所属机构及员工等。公司财务管理是分权管理，包括公司所有权、经营权、监督权的分权管理及公司上下级单位乃至员工之间的分权管理。所以，公司理财不只是公司财务管理部门的事情。

2. 公司理财的客体。公司理财的客体是公司的财务活动或资金活动或价值活动，它一般以现金为起点，经投资使用转化为固定资产和原材料资产，再经过加工制造转化为产成品资产，最后经产品销售转化为现金，现金既是财务活动的起点也是财务活动的终点，所以，也有人认为现金是公司理财的客体。财务活动主要包括筹资活动和投资活动。公司财务活动不是独立存在的，它以公司的生产经营活动为基础。公司财务活动有一定的规律可循，但也有一定的复杂性和不确定性，这给理财工作带来了一定的难度。

3. 公司理财的环境。公司理财的环境是指对公司理财活动产生影响的各种外部因素，包括政治环境、法律环境、经济环境、文化环境等。经济环境中的金融市场环境、商品市场环境、经济政策环境、税收制度环境等尤为重要。理财环境的复杂性和变动性，要求理财主体熟悉和掌握各种背景知识和背景情况，这是对理财主体提出的挑战。

4. 公司理财的目标。公司理财的目标是指公司理财活动所要达到的目的。管理是目的性很强的行为、活动，是公司理财活动的出发点和归宿点。公司理财的目标与公司管理的目标相一致。公司理财的总目标是实现公司价值最大化。

5. 公司理财的方法。公司理财的方法是实现公司理财目标的途径，包括财务预测、财务决策、财务计划、财务控制、财务分析等。这些方法同时也是公司理财的环节，其中财务决策是公司理财的核心环节，财务预测为财务决策服务，财务计划将财务决策的方案具体化，财务控制是为了在公司理财实践中保证财务计划的贯彻落实，财务分析是对公司理财实践所作的剖析和评价；财务分析既是财务管理循环的最后一个环节，也是下一个循环的开始。财务预测、财务决策和财务计划属于事前管理。财务控制属于事中管理。财务分析属于事后管理，并为新的财务管理循环奠定基础。

6. 公司理财的具体行为。公司理财的具体行为是指公司理财主体所实施的一切有利于实现理财目标的能动行为。当然，行为要合理合法，否则会损害公司的利益。行为的优劣，体现理财工作质量，关系理财目标的实现。行为的影响因素：首先是理财主体的基本素质、理财观念和专业技能；其次是财务活动的复杂程度；最后是理财环境的复杂程度。

根据以上要素，我们将什么是公司理财描述如下：公司理财是公司理财主体对公司的筹资活动和投资活动等，实施财务预测、财务决策、财务计划、财务控制、财务分析，采取各种措施、手段等以实现公司理财目标的行为或过程。

### （二）对公司理财概念的进一步揭示

公司理财的内容主要包括筹资管理和投资管理。公司理财的目标是实现公司价值最大化。公司理财是一种分权管理，公司重大财务决策权由股东大会或董事会负责，日常财务决策权由公司经理层负责，公司理财的具体工作由公司财务管理部门分工负责。公司理财是一种制度管理，应建立健全各项财务管理制度。公司理财是一种价值管理，包括准确衡量价值、合理利用价值和通过管理增加价值等。

（三）公司理财的内涵或特性

公司理财的内涵即是指公司理财概念的特有属性，是公司理财区别于其他范畴的标志。根据上述公司理财概念的分析和描述，本书认为，公司理财概念的内涵或特有属性如下：

1. 目的性。公司理财是目的性很强的行为活动。公司理财的目标，简单地说是实现公司的税后利润最大化，准确地说是实现公司的价值最大化。从动态的角度看，公司的价值不是决定于公司当年的税后利润，也不是决定于公司以前年度的税后利润，而是决定于公司未来的现金净流量。

2. 全程性和价值性。公司理财活动是全程性的管理活动，包括事前管理、事中管理和事后管理；公司理财活动是价值管理活动，是对公司资金流的管理活动。公司的资金流与公司的物流、人力资源流和信息流等相互依存、相互影响，共同构成公司的生产经营活动。资金流的管理是公司管理的重要方面，贯穿于公司整个生产经营活动中。

3. 多样性。财务活动的复杂性决定了理财活动的多样性。财务活动包括筹资活动和投资活动；筹资活动又可分为长期筹资活动和短期筹资活动，或分为内部筹资活动和外部筹资活动，或分为权益筹资活动和负债筹资活动，或分为直接筹资活动和间接筹资活动；投资活动又可分为长期投资活动和短期投资活动，或分为内部投资活动和外部投资活动，或分为股权投资活动和债权投资活动，或分为直接投资活动和间接投资活动。公司的行业不同、规模不同、地点不同、时期不同，财务活动会有所不同。

4. 专业性。公司理财的多样性是决定公司理财专业性的因素之一。此外，做好公司理财工作，需要掌握经济学、管理学、企业管理学、会计学、金融学、经济法学、税收学等方面的知识，需要掌握财务预测技术、财务决策技术、财务预算技术、财务控制技术和财务分析技术等。总而言之，公司理财是一项专业性很强的工作，需要专业人员去进行。

5. 风险性。公司理财的风险主要源于公司财务活动的不确定性与理财环境的不确定性。公司理财的风险，按公司理财的内容分为投资风险和筹资风险；按风险的性质分为经营性风险、财务性风险、法律性风险。投资风险按投资去向分为对内投资风险和对外投资风险。对外投资风险按能否消除分为可消除风险和不可消除风险；按能否控制所投出资本分为对外直接投资和对外间接投资。对外间接投资按投资价值的影响因素分为流动性风险、通货膨胀风险、利率风险、违约风险、期限风险等。

（四）公司理财的外延

公司理财的外延，是指公司理财所包括的具有公司理财内涵的一切事物。

1. 公司理财按照财务活动的内容分，包括筹资管理和投资管理两部分。也有人将之分为三部分，即加上利润分配管理；还有人将之分为四部分，再加上营运资金管理。利润分配主要是解决公司留用多少利润和向投资人分配多少利润，即分与留的问题，而分与留实际上是一个问题的两个方面，你可以看作是股利分配，也可以看作是内部筹资；若看作是内部筹资，则属于筹资管理。营运资金主要涉及流动资产和流动负债，流动资产购置是流动资产投资或短期投资问题属于投资管理，流动负债的形成是短期筹资问题属于筹资管理，所以营运资金管理实际上分别属于投资管理和筹资管理。

2. 公司理财按照财务管理的方法或环节分，包括财务预测、财务决策、财务计划、财务控制和财务分析等内容。五种方法又是依次进行的公司理财环节。五个环节构成公司理财的循环。公司理财主要是面向未来的。财务预测是公司理财的第一环节。财务决策是在财务预测基础上进行的，是公司理财的第二环节。财务计划是对财务决策结果的规划设计，是保证财务决策有效进行的实施方案，是公司理财的第三环节。财务控制是财务计划在执行中的调节、校正，是公司理财的第四环节。财务分析是对财务计划执行结果的剖析、总结和评价，是公司理财的第五环节，也是下一个公司理财循环的开始。

3. 公司理财还有一些特殊业务内容，包括并购财务管理、财务危机管理、集团财务管理、跨国公司财务管理、税收筹划等。

## 二、公司财务决策是公司理财的重要组成部分

如前所述，财务决策是公司理财的方法和环节，其相应内容构成公司理财的重要组成部分。

决策是决策者或管理者的行为，是从多种备选方案中选择最优方案的过程。财务决策，根据公司理财的内容，包括投资决策和筹资决策。投资决策包括选择投资行业、投资地域、投资时机、投资规模、投资方式、投资结构等。筹资决策包括选择筹资来源、筹资方式、筹资规模、筹资结构等。

财务决策及财务控制是公司理财的核心环节，其他环节都是为核心环节服务的。财务决策对公司及公司财务具有战略性的影响，是公司理财的第一核心环节。财务预测为财务决策奠定基础。财务计划为财务决策制定实施方案。但财务决策不是经常进行的，财务控制是日常理财活动的核心。财务控制在总体上为财务决策提供日常保证。财务计划为财务控制提供控制依据。财务分析为财务决策和财务控制提供效果评价和经验教训。

## 三、税收筹划与公司理财的关系

税收筹划如果与公司理财的主体相同的话，也就是说，如果税收筹划是公司税收筹划的话，那么它们之间是包含关系，是部分与整体之间的关系，公司税收筹划包含在公司理财之中。如果税收筹划不是指公司税收筹划，那么它与公司理财是交叉关系。现假设这里所说的税收筹划是公司税收筹划，将其与公司理财的关系具体阐述如下：

### （一）税收筹划具有公司理财的全部内涵

税收筹划的内涵有目的性、价值性、多样性、事前性、专业性和风险性。公司理财的内涵有目的性、多样性、全程性、价值性、专业性和风险性。二者的惟一区别点是，税收筹划的事前性与公司理财的全程性。

公司理财的全程性包括事前性、事中性和事后性；事前性包括在全程性之中，事前性是全程性的重要组成部分。另外，公司理财的事前性，其“事”乃指公司财务活动。而税收筹划的事前性，其“事”乃指公司为履行纳税义务而实际缴纳税款的行为，并非指包含相应纳税义务的财务活动。实际缴纳税款的行为发生在包含相应纳税义务的财务活动之后。税收筹划的事前性，就是指在实际缴纳税款之前，对包含相应纳税义务的财务活动进行纳税筹划。而在实际缴纳税款之前，包含相应纳税义务的财务活动可能未发生，也可能正在发生，还可能已经发生。也就是说，税收筹划活动可以在包含纳税义务的财务活动发生前进行，也可以在其发生中进行，还可以在其发生后进行。因此，如果我们将事前性的“事”统一地理解为财务活动，那么，税收筹划活动既可以在事前进行，也可以在事中进行，还可以在事后进行；税收筹划也就同样具有了全程性。所以，税收筹划具有公司理财的全部内涵。

（二）税收筹划的目的服从于公司理财的目的

税收筹划的直接目的是减少税收负担和纳税成本。但公司不能只考虑税收负担和纳税成本的减少，而应将之纳入公司财务决策中进行总体考虑。因为税收负担和纳税成本的减少，可能只是显性税收的减少，而隐性税收会增加或公司收入会降低。所以，税收筹划的目的应服从于公司理财的目的，即应以公司价值最大化为目的。

（三）税收筹划客体包含在公司理财客体之中

税收筹划的客体是涉税事项及其应纳税额。而涉税事项属于公司理财事项，属于公司的资金活动；而应纳税额属于公司资金的一部分。所以，税收筹划的客体包含在公司理财客体之中。

（四）税收筹划逐步成为公司理财专业中的专业

公司规模小、经营范围窄时，涉税事项相对简单，应纳税额也比较小，进行税收筹划的专业难度就小，进行税收筹划的必要性就较差。税收制度越简单，熟悉和了解税收制度的专业难度就越小。税收监督、检查越放松，税收司法处理越软弱，偷逃税收越容易，进行税收筹划的必要性就较差。而随着公司规模的扩张和经营范围的日趋扩大，随着税收制度的不断完善、全面、详细和复杂，随着税收监督、检查和司法的逐步加强，进行税收筹划的必要性增强，进行税收筹划的难度加大，税收服务机构不断发展壮大，税收筹划逐步成为公司理财专业中的专业。

（五）税收筹划风险是公司理财风险的一部分

税收筹划风险是指因税收筹划正确与否、质量水平高低等的不同所导致的公司收益的不确定性。因为税收筹划客体包含在公司理财客体之中，所以税收筹划风险实际上包含在公司理财风险之中。

## 四、“公司财务决策中的税收筹划”之含义

如前所述，税收筹划和财务决策都是公司理财的重要组成部分。“公司财务决策中的税收筹划”将公司理财的这两个组成部分联系在一起。“公司财务决策中的税收筹划”，“税收筹划”是其核心词和落脚点，“公司财务决策中的”是其修饰语。其含义是限定了税收筹划的范围，它是指公司的税收筹划，是公司理财中税收筹划，是与公司财务控制中的税收筹划相并列的税收筹划。

### （一）“公司财务决策中的税收筹划”是公司的税收筹划

“公司财务决策中的税收筹划”将税收筹划限定在公司范围内，是公司的税收筹划，而不是非公司制企业的税收筹划，更不是个人的税收筹划。税收筹划的主体是所有纳税人。而本书欲研究的税收筹划主体是公司纳税人。公司作为企业的组织形式，与独资企业和合伙企业相区别。公司包括有限责任公司和股份有限公司，在偿还债务方面都承担有限责任，都不用缴纳个人所得税。有限责任公司与股份有限公司的区别，主要是有限责任公司不发行股票、不将股份划分为一股一股的形式、股份转让比较困难、股东人数有限、法定最低注册资本的要求较低等。公司与非公司制企业相比，公司承担有限责任而非公司制企业承担无限责任，公司投资人数量较多而非公司制企业投资人数量较少，公司的经营规模可能很大而非公司制企业往往经营规模较小，公司一般建立有现代企业制度而非公司制企业往往是管理制度不健全的传统的家族企业，公司缴纳企业所得税而非公司制企业缴纳个人所得税。

### （二）“公司财务决策中的税收筹划”是公司理财中的税收筹划

前面已经阐述了公司税收筹划与公司理财的关系，公司税收筹划包含在公司理财之中。

公司理财包括财务预测、财务决策、财务计划、财务控制和财务分析五个环节。有人认为税收筹划属于财务计划范畴。本书认为，税收筹划既属于财务计划范畴，服务于财务控制，又属于财务预测，服务于财务决策。服务于财务控制的税收筹划即财务控制中的税收筹划，是日常税收筹划。税收被视为公司的成本费用，而财务控制中的税收筹划属于成本费用筹划，是为了进行成本费用控制。服务于财务决策的税收筹划即财务决策中的税收筹划，是战略性的税收筹划，比日常税收筹划的影响更大。税收被视为财务决策事项的现金流出，是决策事项现金流量的重要组成部分，影响着决策的结果。

财务控制中的税收筹划是财务决策事项发生后的税收筹划。由于财务决策事项已经发生，因此财务控制中的税收筹划对财务决策事项不产生影响，所要做的工作是税收筹划方案的制定、选择和实施。而财务决策中的税收筹划是财务决策事项发生前的税收筹划。由于财务决策事项还未发生，因此财务决策中的税收筹划会对财务决策事项产生影响，它不仅要对税收筹划方案进行选择，而且关系着财务决策方案的选择。

现有的税收筹划论著主要研究的是财务控制中的税收筹划，而对于财务决策即投融资决策中的税收筹划研究比较薄弱。但投融资决策中的税收筹划要比财务控制中的税收筹划重要得多。因为决策的成功是最大的成功，决策的失败是最大的失败。投融资决策中的税收筹划不仅要帮助企业获得税收利益，而且更要帮助企业做出科学合理的决策，它对于增加企业价值和提升企业竞争力具有非常重要的意义。

（三）“公司财务决策中的税收筹划”包括投资决策中的税收筹划和筹资决策中税收筹划

因为公司理财的内容主要包括投资管理和筹资管理，公司财务决策的内容主要包括投资决策和筹资决策，所以公司财务决策中的税收筹划主要包括投资决策中的税收筹划和筹资决策中的税收筹划。

## 第五节 小 结

### 一、税收筹划先从税收谈起

税收是税收筹划的对象。税收是在特定的税法及税收环境条件下，由征税人或其代理机构向纳税人就其征税对象收取税收收入的过程。

税收的特有属性是法律性、普遍性、价值性和非等价性共“四性”。税收的法律性要求公司严肃对待税收，认真对待税收筹划。税收的普遍性要求公司积极应对税收，积极进行税收筹划。税收的价值性要求公司重视税收，重视税收筹划，要通过税收筹划提升公司的价值。税收的非等价性要求公司应尽量减少税收，税收筹划就是费用筹划。

### 二、减少税收负担和纳税成本是税收筹划的直接目的

减少税收负担和纳税成本是税收筹划的直接目的。税收负担，

简称税负，是指在一定时期内纳税人所缴纳、负担的税款。本书研究的是税收筹划，因此，主要讨论的是微观税负。微观税负的影响因素，主要包括税基、税率、纳税期限、税收优惠、税额等。纳税成本是指纳税人为履行纳税义务，而在纳税前后和在纳税过程中所付出的除税收负担之外的货币价值，包括办税费用、税收筹划费用、纳税咨询费用、税务代理费用、税收滞纳金和罚款、额外缴纳等。

## 三、税收筹划还要考虑隐性税收，更要考虑财务决策项目整体的现金流量

显性税收是指纳税人的税收负担，而隐性税收是指纳税人因投资于有税收优惠资产而损失的税前收益。隐性税收的相关概念是税收筹划的非税成本，隐性税收只是税收筹划之非税成本的一部分。税收筹划的非税成本是指因税收筹划而产生的连带经济行为的成本。但是，我们更应该考虑的是财务决策项目的收益与成本（或现金流入与现金流出），而不是税收筹划方案的收益与成本。

## 四、税收筹划不具有合法性内涵

税收筹划行为不是实际的纳税行为，不存在合法与违法的问题；筹划方案得到执行而产生实际的纳税行为时，才存在合法与违法的问题；且合法与违法不是由筹划者或纳税人判定的，而是由税务机关及司法机构判定的。即使筹划者在开展税收筹划时主观上不想违法，也不能自己事先就得出结论说它是合法的。

## 五、转税筹划不应属于税收筹划的外延

税收负担，对企业来说是一种费用，税负转嫁实际上就是以收入弥补费用，是天经地义的。若收入弥补不了费用，企业就会发生亏损。因此，税负转嫁实际上也就是费用转嫁，但人们会觉得

“费用转嫁”的说法怪怪的，这是因为“转嫁”二字含有贬意，好像不“转嫁”才是正常的，若真如此，企业也就办不下去了。

税负转嫁只是一种“视角”效果，真正的“果”是销售商的获利。提高收入、减少费用以取得尽可能多的获利，是任何一个企业永远的追求，它不会因为税收负担的高低而有所改变。也就是说，企业追求的是尽可能多的获利，而不会满足于将税收负担转嫁出去。

销售商的获利作为“果”，要归“因”于价格筹划，而非税负转嫁筹划。按照一般的说法，税负转嫁筹划是通过控制价格去谋求“果”的。因此，它说明了企业在实践中经常进行的是价格筹划，这有成熟的价格理论及定价策略为证，而未听说有成熟的税负转嫁筹划理论及筹划策略。

总而言之，税负转嫁实际上是一种“视角”效果，是企业在追求“获利”这一真“果”时，正如以收入弥补费用一样的正常现象，企业该做的是定价研究而非税负转嫁筹划。

### 六、涉税零风险不应属于税收筹划的外延

涉税零风险是目标问题，而不是税收筹划的外延问题。但涉税零风险作为目标问题，与税收筹划的风险性内涵相矛盾，因此，涉税零风险一般不作为税收筹划的目标。税收筹划的风险是客观存在的，相应的对策是控制风险，并进行风险与收益的权衡。

### 七、税收筹划不是纳税行为

纳税行为是指在税收征纳活动中，由征税人所对应的纳税人一方在其自身的内在素质、纳税事务的复杂程度与纳税环境共同影响下而做出的，受税收法律调整的缴纳税款的各种行为表现的总称。

纳税行为的内涵或特性是：普遍性、复杂性、法律性、被动

性、目的性和多样性；而法律性是纳税行为最主要的特性。

纳税行为按照纳税行为的税收法律后果及其性质不同，可分为合法纳税行为、违法纳税行为以及非违法的纳税行为等。

税收筹划是纳税人为了实现企业价值最大化，在特定的环境下，在实际纳税之前，依据税收法律、法规及其他法律、法规，对其涉税事项及应纳税额，采用专门的方法，进行纳税方案的运筹、谋划的行为及过程。

税收筹划的特有属性是：价值性、多样性、专业性、事前性、目的性和风险性；而最主要的特性是事前性。税收筹划不具有合法性。

税收筹划的外延，包括节税筹划和避税筹划，不包括转税（税负转嫁）筹划和涉税零风险，更不包括偷逃税（筹划）。

1. 税收筹划是纳税方案的运筹和谋划行为，而纳税行为是纳税方案的执行行为或缴纳税款的行为。

2. 税收筹划行为活动的客体是涉税经济事务（可能发生更可能未发生），而纳税行为活动的客体是纳税法律事务（已经发生）。

3. 税收筹划行为在纳税行为（除纳税登记行为之外）之前发生，但税收筹划行为不一定发生，而纳税行为一定会发生。

4. 税收筹划行为是一种管理性的行为，而纳税行为（即税收筹划方案的执行行为）是一种法律性的行为。

5. 税收筹划行为是纳税人的主动行为，而纳税行为是纳税人的被动行为。

6. 税收筹划行为的直接目的是减少税收负担和纳税成本，而纳税行为的直接目的首先是履行纳税义务，进一步才是减少税收负担和纳税成本。

## 八、税收筹划是公司理财的重要组成部分

公司理财是公司理财主体对公司的筹资活动和投资活动等，实

施财务预测、财务决策、财务计划、财务控制、财务分析，采取各种措施、手段等以实现公司理财目标的行为或过程。

公司理财的特有属性有目的性、全程性、价值性、多样性、专业性和风险性。

公司理财按照财务活动的内容，分为筹资管理和投资管理两部分。相应地，公司财务决策分为筹资决策和投资决策。

财务决策是公司理财的方法和环节，其相应内容构成公司理财的重要组成部分。财务决策及财务控制是公司理财的核心环节，其他环节都是为核心环节服务的。财务决策对公司及公司财务具有战略性的影响，是公司理财的第一核心环节。财务预测为财务决策奠定基础。财务计划为财务决策制定实施方案。但财务决策不是经常进行的，财务控制是日常理财活动的核心。财务控制在总体上为财务决策提供日常保证。财务计划为财务控制提供控制依据。财务分析为财务决策和财务控制提供效果评价和经验教训。

公司税收筹划具有公司理财的全部内涵。公司税收筹划的目的服从于公司理财的目的。公司税收筹划客体包含在公司理财客体之中。公司税收筹划逐步成为公司理财专业中的专业。公司税收筹划风险是公司理财风险的一部分。

公司理财包括财务预测、财务决策、财务计划、财务控制和财务分析五个环节。有人认为税收筹划属于财务计划范畴。本书认为，税收筹划既属于财务计划范畴，服务于财务控制，又属于财务预测，服务于财务决策。服务于财务控制的税收筹划即财务控制中的税收筹划，是日常税收筹划。税收被视为公司的成本费用，而财务控制中的税收筹划属于成本费用筹划，是为了进行成本费用控制。服务于财务决策的税收筹划即财务决策中的税收筹划，是战略性的税收筹划，比日常税收筹划的影响更大。税收被视为财务决策事项的现金流出，是决策事项现金流量的重要组成部分，影响着决策的结果。财务控制中的税收筹划是财务决策事项发生后的税收筹划。由于财务决策事项已经发生，因此财务控制中的税收筹划对财务决策事项不产生影响，所要做的工作是税收筹划方案的制定、选择和实施。而财务决策中的税收筹划是财务决策事项发生前的税收筹划。由于财务决策事项还未发生，因此财务决策中的税收筹划会对财务决策事项产生影响，它不仅要对税收筹划方案进行选择，而且关系着财务决策方案的选择。投融资决策中的税收筹划不仅要帮助企业获得税收利益，而且更要帮助企业做出科学合理的决策，它对于增加企业价值和提升企业竞争力具有非常重要的意义。

disanzhang

# 第三章 公司税收筹划的基本理论

本章将研究公司税收筹划的基本理论，包括公司税收筹划的目标、公司税收筹划的假设、公司税收筹划的原则以及公司税收筹划的内容和方法。税收筹划的目标是税收筹划理论的研究起点。税收筹划的原则是实现税收筹划目标的指导方针。而税收筹划的原则受税收筹划假设的影响，不同的假设条件会有不同的原则。因此，税收筹划假设是介于税收筹划目标与税收筹划原则之间的第二层次的理论。税收筹划原则是联系税收筹划理论与税收筹划实践的桥梁，是第三层次的理论。税收筹划的内容是对税收筹划实践活动中筹划什么的概括和反映。税收筹划的方法是对税收筹划实践活动中如何筹划的总结和归纳。

## 第一节 税收筹划目标

### 一、关于税收筹划目标的主要观点

税收筹划目标也即税收筹划的目的，是税收筹划理论的核心。

它决定着税收筹划的原则及税收筹划的方法。关于税收筹划的目标，存在着许多不同的看法，其主要观点如下：

李大明在《论税收筹划的原理及其运用》一文中认为："税收筹划的目的是使自己税负最轻，即纳税人要获得税收利益。"①

黄衍电在其主编的《税收政策与筹划》一书中认为：税收筹划的目的是尽可能地获取税收利益，并认为："税收利益有两层意思：一是减少纳税的绝对额，即直接以减税免税形式减少应纳税数额；二是延迟纳税时间或获得税务的时间价值，以减少利息支出，或减轻税收负担，改变纳税时间有可能降低纳税人边际税率等。"②

计金标在其主编的《税收筹划》一书中认为："企业价值最大化是企业税收筹划的目标。"③

王国华、张美中在其编著的《纳税筹划理论与实务》一书中，在阐述税收筹划的定义时，将税收筹划的目标归结为"降低税收成本服务于企业价值最大化。"④

盖地在其主编的《MPAcc 企业税务筹划理论与实务》一书中，"主张将税务筹划的目标层次化或具体化。""税务筹划的目标应该以企业的财务目标为其最终目标。""税务筹划的各项目标不是截然分开的，不同企业可以有不同的具体目标，同一企业在同一时期也可能有几种具体目标，其不同时期的具体目标也可能有所不同，有所侧重。"⑤

---

① 李大明：《论税收筹划的原理及其运用》，《中南财经政法大学学报》，2002 年第 6 期。

② 黄衍电：《税收政策与筹划》，经济科学出版社 2002 年版，第 4 页。

③ 计金标：《税收筹划》，中国人民大学出版社 2004 年版，第 8 页。

④ 王国华、张美中：《纳税筹划理论与实务》，中国税务出版社 2004 年版，第 5 页。

⑤ 盖地：《MPAcc 企业税务筹划理论与实务》，东北财经大学出版社 2005 年版，第 25 ~ 27 页。

艾华在其所著的《税收筹划研究》一书中认为："税收筹划的目标是为了谋取自身的最大效益。""财务管理目标就是企业实现经营利润最大化。"①

美国斯科尔斯教授在其与他人合著的《税收与企业战略》一书中写道："传统的税收筹划方法没有认识到有效税收筹划和税负最小化之间的显著差异。有效税收筹划（effective tax planning）在实施最大化税后收益的决策规则时要考虑税收的作用。在交易成本昂贵的社会里，税负最小化（tax minimization）策略的实施会因非税因素而引发大量成本。"②

综上所述，关于税收筹划的目标，李大明和黄衍电认为是税收利益或税收收益最大化；计金标和王国华认为是企业价值最大化；斯科尔斯和艾华认为是（税后）利润最大化；盖地认为应将税收筹划的目标层次化或具体化，并认为其最终目标是财务目标。本书首先赞成盖地的观点，在将税收筹划的目标层次化或具体化以后，再去评论以上各种观点，也许会更合理和恰当。

## 二、税收筹划目标的特征

### （一）税收筹划目标具有层次性

盖地在其主编的《MPAcc 企业税务筹划理论与实务》一书中认为："恰当（得当、正确）履行纳税义务是税务筹划的基础目标或最低目标，""纳税成本最低化与恰当履行纳税义务，虽然都是防卫型的税务筹划目标，但也都是最基本的税务筹划目标。""当实施某项税务筹划使税收负担最低化与其税后利润最大化呈正相关

① 艾华：《税收筹划研究》，武汉大学出版社 2006 年版，第 5～50 页。

② 斯科尔斯等著，张雁翎主译：《税收与企业战略》，中国财政经济出版社 2004 年版，第 2 页。

时，税收负担最低化就是税务筹划的最高目标。当实施某项税务筹划使税收负担最低化与税后利润最大化呈非正相关时，税务筹划的目标应该以企业的财务目标为其最终目标，即税务筹划要服从、服务于企业的财务目标。”此外还有“获取资金时间价值最大化”目标①。

扬成志、扬丽平在其撰写的《浅谈税收筹划的目标》一文中认为：“税收筹划最本质、最核心的目标是直接减轻自身的税收负担，但这个目标不是税收筹划目标的全部，其有机组成还包括：实现涉税零风险、获取资金时间价值、提高自身经济效益、维护主体合法权益。”②

本书认为，减少税收负担的确是税收筹划的最低目标，的确是税收筹划的直接目的，但还不够全面，而且容易引起误解。说它不够全面，是因为税收筹划不仅要减少税收负担，还要减少纳税成本，尽管纳税成本相对于税收负担较少；说它容易引起误解，是因为减少税收负担不能没有限度，减少税收负担须在主观上非违法的前提条件下。因此，在主观上非违法的前提条件下减少税收负担和纳税成本才是税收筹划的最低目标。税收筹划作为公司理财的一部分，税收筹划的目标应服从、服务于公司理财目标。公司理财的总目标是以公司未来现金流量为基础，考虑资金时间价值和风险价值的公司价值最大化。因此，税收筹划的最终目标是公司价值最大化。

本书认为，实现涉税零风险不是税收筹划的目标。税收筹划是有风险的。企业的生产经营是有风险的。追求涉税零风险，既不符

---

① 盖地：《MPAcc 企业税务筹划理论与实务》，东北财经大学出版社 2005 年版，第　　页。

② 扬成志、扬丽平：《浅谈税收筹划的目标》，《辽宁科技学院学报》，2005 年第 6 期。

合企业管理的理论，也不符合中国企业的现实。此外，获取资金时间价值不是一个独立的目标。提高自身经济效益是一个比较模糊的提法，也许是公司价值最大化的另一种表述。维护主体合法权益是企业存在的当下之事，并不是未来才要达成的事情。所以，维护主体合法权益不是税收筹划的目标。

（二）税收筹划目标具有相对稳定性

从历史的角度看，税收筹划的目标会随着社会经济环境的变化、税收筹划实践的发展以及人们的认识水平的深入而有所变化。从减少税收负担到进一步考虑减少纳税成本，从实现企业税后利润最大化到实现企业价值最大化等，就反映了这种变化。理论或真理从来不是绝对的而是相对的，它只是在某一个特定的历史条件下具有稳定性。

（三）税收筹划目标具有可控性

可控性要求税收筹划目标与税收筹划工作质量之间具有密切的相关性，高质量的税收筹划工作应有利于目标的实现，低质量的税收筹划工作或不恰当的税收筹划行为应不利于目标的实现。只有目标具有可控性，才能够真正成为考核税收筹划工作业绩、评价公司理财效果的标准和依据。

## 三、税收筹划的直接目的和最终目标

前面已经明确，税收筹划的直接目的是减少税收负担和纳税成本。说它是直接目的，是仅就税收筹划活动本身而言的。如果将税收筹划活动看作是财务管理活动的一部分，当然，财务管理活动又是企业管理活动的一部分，则税收筹划的直接目的必须服从于财务管理活动的目标，必须以企业管理活动的目标为最终目标。而财务管理活动的目标与企业管理活动的目标相一致，是企业价值最大化。因此，税收筹划活动的最终目标是企业价值最大化。如果公司在进行税收筹划时不以企业价值最大化为目标，而仅以减少税收负担和纳税成本为目标，若属于财务决策中的税收筹划，只考虑减少税收负担和纳税成本而不能全面考虑决策项目的现金流入、流出状况，可能会导致决策的失误；若属于财务控制中的税收筹划，只考虑减少税收负担和纳税成本而不考虑非税成本，可能会导致经营损失。

企业价值最大化目标相比于企业利润最大化目标有许多优点，它考虑了资金的时间价值和风险价值，一般用现金流量指标来衡量，是企业未来现金净流量的贴现值之和。正因为持续经营中的企业价值不决定于企业的过去和现在，而是决定于企业的未来，所以，企业价值最大化目标能够较好地避免企业的短期化行为。

## 第二节　税收筹划假设

### 一、关于税收筹划假设的主要观点

税收筹划假设是为了实现税收筹划目标，对影响税收筹划行为的税收筹划主体、客体（对象）、环境等状况所作出的合理推断，是确定税收筹划原则的前提条件，是税收筹划行为选择的基础。税收筹划主体、客体是比较稳定的，而税收筹划环境是相对多变的。税收筹划环境不同，则税收筹划原则不同，并进一步导致税收筹划行为的不同。因此，研究税收筹划环境，研究税收筹划假设是非常重要的。

中外对税收筹划假设进行专门研究的文献几乎没有，在税收筹划研究中提及税收筹划假设的也很少。李广舜与伍文中在《企业税务筹划的理论假设、理性选择和实务解析》一文中认为，税收筹划的理论假设有经济人假设和纳税理性假设。梁云凤在“企业税收筹划行为的形成机理分析”一文中认为，企业的涉税人格并非单纯表现为经济人的人格，同时还具有社会人、决策人等人格特点。

此外，类似于税收筹划假设研究的是关于税收筹划前提条件的研究。黄衍电在其主编的《税收政策与筹划》一书中认为，税收筹划的前提条件有两条：具备必要的法律知识；具备相当的收入规模。计金标在其主编的《税收筹划》一书中认为，税收筹划的前提条件有三条：具备必要的法律知识；具备相当的收入规模；具备税收筹划意识。艾华在其所著的《税收筹划研究》一书中认为，税收筹划的条件有五条：企业成为真正的市场主体；具备依法治税的社会环境；筹划当事人应具备相应的技能；税收筹划人员应有较高的道德素养；税收筹划的真实信息。

上述李广舜、伍文中的观点，将经济人假设与纳税人理性假设并列是不太合适的，因为经济人假设的内含有两点：一是行为自利；二是行为理性。梁云凤的观点基本上还是经济人假设，只是强调涉税人并非单纯的经济人，同时还有社会人、决策人等特点；另外，梁云凤在此并未专门研究税收筹划假设，而是仅研究了涉税人的人格。关于税收筹划前提条件的观点中，（纳税人）具备必要的法律知识，其意思表达太含糊了，什么是必要的法律知识？什么是不必要的法律知识？可以肯定地说，纳税人不必要拥有完备的税收法律知识，因为税收筹划不一定由纳税人实施，也可以由纳税人之外的第三者实施。筹划当事人应具备相应的技能包含在税收筹划主体假设中，具备相应的技能是没必要假设的，纳税人不具备相应技能的话可以请人筹划，代理人不具备相应技能的话就会没有人请。税收筹划人员应有较高的道德素养和税收筹划的真实信息，不是税收筹划必备的条件，它们不影响税收筹划的实施，只是影响税收筹划实施的质量。

本书认为税收筹划假设是关于税收筹划主体、客体、环境等的假设，因此，应从税收筹划主体、客体、环境三个方面去思考税收筹划的具体假设，而且每项假设的确立都应为相关的税收筹划原则和方法等奠定基础。

## 二、关于税收筹划主体的假设

税收筹划的主体不同，则税收筹划的原则、内容和方法会有不同。因此，研究税收筹划必须研究关于税收筹划主体的假设，了解税收筹划主体的行为特征。

1. 税收筹划主体假设。前面我们在第二章的概念研究中曾经阐述，税收筹划一词是舶来品，其原意是指纳税人所进行的税收筹划。因此，税收筹划是纳税人进行的税收筹划，而不是征税人进行的税收筹划。税收筹划的主体是纳税人。

纳税人包括企业单位、行政事业单位和家庭个人。由于本书研究的是公司财务决策中的税收筹划，因此，本书所讲的税收筹划主体是公司纳税人。

税收筹划的具体工作可以由本公司人员担任，也可以聘请外单位的人员及中介机构的人员担任。

税收筹划是特定主体的税收筹划，而不是其他主体的税收筹划。税收筹划主体假设规定了税收筹划主体的空间范围。

2. 持续经营假设。财务会计讲持续经营假设，将资产划分为短期资产和长期资产，将负债划分为短期负债和长期负债，并使用预提、待摊等会计方法。税收筹划也讲持续经营假设，将税收筹划划分为短期税收筹划和长期税收筹划，并使用预测、决策、计划等方法。

持续经营假设并不意味着公司不会破产或不会终止经营行为。税收筹划讲的是公司经营、发展中的税收筹划，讲的是如何通过税收筹划使公司经营得更好、发展得更好，如何通过税收筹划以及各项管理工作使公司避免破产或终止经营行为。

持续经营假设是说税收筹划主体在未来一定时期内不会破产、不会终止经营行为，它规定了税收筹划主体存续的时间范围。

3. 经济人假设。税收筹划主体是经济人。经济人假设是西方经济学的重要假设之一。税收筹划主体作为公司的所有者和经营管理者，毫无疑问是经营中人，是有着明确的经济目的的人，是有着经济头脑的人。经济人有两个方面的含义，一是自利的人；二是理性的人。税收筹划主体所追求的税收负担和纳税成本最小化是本公司的税收负担和纳税成本最小化；所追求的公司价值最大化，是本公司的价值最大化。税收筹划主体进行税收筹划和确定纳税方案是有理性的，是能够进行理性思考和作出正确决策的人。

经济人假设说明了税收筹划主体的行为动机是自利，而且是理性的自利。理性的自利是合理的自利，不是盲目的自利和自私自利，并且视他人也为理性自利的人。

## 三、关于税收筹划客体的假设

税收筹划的客体即是指税收筹划的对象，就公司而言是指公司的经营活动事项，具体地说是指涉税事项。税收筹划的客体不同，则税收筹划的原则、内容和方法不同。因此，研究税收筹划必须研究关于税收筹划客体的假设，了解税收筹划客体的状况及其特征。

1. 涉税事项庞杂假设。如果涉税事项简单明了而无法节税和避税，就不用进行税收筹划了。如果涉税事项金额较小而纳税额不大，就没有进行税收筹划的必要。因此，这里假设企业多业经营、范围广泛、有相当的经营规模和收入规模，纳税种类多、数额大，确实有进行税收筹划的必要。

2. 资本增值假设。资本增值假设又称有利可图假设，是指企业进行投资都能够获得收益。这是显而易见的，若投资不能获得收益，无利可图或资本不能增值，则人们将不会进行投资。

资本增值假设是对企业经营情况的总体判断。作为假设，作为理论，它强调资本应该增值，这是稳定不变的。当然，假设不等于事实，事实是五花八门的，有增值也有减值。实现资本增值是企业的追求，是企业生存和发展的前提条件。因此，增值是常态，而减值是偶然的。社会平均资金利润率的存在，说明了资本增值假设是合理的。资本增值，主要是指资金能够取得时间价值，当然也能够取得风险价值。资本增值假设主要为递延纳税以获得资金的时间价值奠定了基础。

### 四、关于税收筹划环境的假设

税收筹划除了其主体和客体之外，税收筹划的环境是影响税收筹划的重要因素。税收筹划的环境不同，则税收筹划的原则、方法等会有不同。因此，研究税收筹划必须研究税收筹划的环境，必须对税收筹划的环境作出合理的推断。

1. 经济条件不确定性假设。经济条件不确定性假设是关于企业外部经济环境的假设。外部经济条件包括经济周期、经济政策等。经济周期一般包括复苏、繁荣、衰退、萧条等阶段。经济政策一般包括财政政策、货币政策、产业政策、外贸政策、经济体制改革政策等等。经济条件不确定性假设是指影响企业的各种外部经济条件存在着不确定性，致使企业的税收负担和收益也存在着不确定性即存在着风险。

经济条件不确定性假设是风险存在的前提。企业面临着外部经济条件的不确定，应树立风险防范意识，谨慎进行税收筹划，有效控制风险。

2. 税收政策可选择性假设。税收筹划的依据主要是税收法律制度。首先，国际间的税收存在着差别，为跨国公司企业提供了税收筹划的空间；其次，国内地区间税收存在着差别，如经济特区、经济技术开发区、西部开发地区、边境地区、少数民族地区等等都存在着一些特别优惠政策；再次，行业间税收存在着差别，本来税收中性是市场经济条件下税收制度建设所追求的目标，但我国实行市场经济制度的时间比较短，税收制度中还存在着比较多的体现国家经济政策特别是产业政策导向的条款；又次，在同一个税种里，每一个税制要素的法律规定并不是单一而无弹性的，均有不同程度的选择余地，存在着利用税制要素上的政策差别进行税务筹划的可能；最后，税法中广泛存在着各类税收优惠，它引导纳税人事先进行税收筹划满足这些优惠条件以享受这些优惠待遇。此外，税收制度总会存在着一些需要进一步完善的地方，税收制度优化是一个长期的渐进的过程。

3. 法律公正假设。法律公正假设是关于企业外部法律环境的假设。法律公正假设是指法律环境是公正的，违法纳税行为必将受到相应的惩罚并损害企业的价值。国家应致力于改善法律环境，健全法律体系，做到有法可依、有法必依、执法必严、违法必究。如果执法不严、违法不究，那么违法纳税者将会不当得利并受到怂恿，依法纳税者也将产生违法纳税的冲动。一些企业偷逃税收和进行偷逃税筹划与执法不严、违法不究有很大关系。

法律公正假设是依法纳税并进行正常税收筹划的前提。尽管现有法律环境存在着一些缺陷，但是企业不应存有侥幸心理而铤而走险。俗话说“法网恢恢，疏而不漏”。企业只有坚信法律公正，依法理财，才能立于不败之地。当然，如果法律环境缺陷太大，法网疏漏太多，那么，企业偷逃税收和进行偷逃税筹划的可能性就会大量增加。

4. 资本市场有效假设。资本市场有效假设是关于资本市场环境的假设。资本市场有效假设是指企业所面临的资本市场环境、证券市场环境是有效的，证券发行主体的有关经济信息能够及时、全面、准确地反馈到证券市场上，证券价格能够合理地做出相应的反映，即证券价格是合理的。也就是说，企业的纳税信息、税收筹划信息也会反映在资本市场上。

资本市场有效假设是资本能够合理定价，企业价值能够合理确定，企业能够做出正确的财务决策的前提。依法纳税和高水平的税收筹划能够提升企业的价值。

5. 分权制衡假设。分权制衡假设是关于企业内部经营管理环境的假设，是关于企业内部治理结构的假设。分权制衡是指所有权、经营权、监督权等三权分立、相互配合、相互制约、共同维系企业生存与发展的企业管理制度。分权制衡是现代企业制度的重要特征。如果企业缺乏分权制衡，缺乏必要的制约和监督，就很容易导致财务会计的混乱，那么就没有必要进行税收筹划了，可能就直接偷税漏税了。

## 第三节　税收筹划原则

### 一、关于税收筹划原则的主要观点

税收筹划原则是实现税收筹划目标的行为准则，是适应税收筹划假设条件的行为规范。遵循科学、有效的税收筹划原则，有利于税收筹划目标的实现，否则，可能就会南辕北辙。关于税收筹划原则的主要观点如下：

赵秀英在《企业财务管理与税收筹划》一文中认为，税收筹划的原则有守法性原则、时效性原则、经济性原则和综合性原则。

李大明在《论税收筹划的原理及其运用》一文中认为，税收筹划的原则有三个：不违背税收法律规定的原则；事前筹划的原则；效率原则。

高金平在其所著的《税收筹划谋略百篇》一书中认为，税收筹划的原则是不违法原则、保护性原则、时效性原则和整体综合性原则。

黄衍电在其主编的《税收政策与筹划》一书中认为，税收筹划必须遵循四个原则：不触犯税法的原则；事前周密筹划的原则；具体问题具体分析的原则；税收筹划成本最小的原则。

计金标在其主编的《税收筹划》一书中认为，税收筹划的原则可以归纳为四类八项：法律原则（包含合法性原则、合理性原则、规范性原则）；财务原则（包含财务利益最大化原则、稳健性原则、综合性原则）；社会原则；经济原则（包含便利性原则和节约性原则）。

盖地在其主编的《MPAcc 企业税务筹划理论与实务》一书中认为，税收筹划有六个原则：守法原则；自我保护原则；成本效益原则；时效性原则；整体性原则；风险收益均衡原则。

艾华在其所著的《税收筹划研究》一书中认为，税收筹划的原则有三个：依法筹划的原则；效益最大化原则；及时性原则。

上述七种观点都认同依法筹划原则，只是他们的具体表述略有不同，有的表述为不违背税收法律规定的原则或不触犯税法的原则或不违法原则，有的表述为合法性原则，有的表述为守法原则。有五种观点都涉及到效益、效率或收益、成本，如李大朋的效率原则，黄衍电的税收筹划成本最小原则，计金标的财务利益最大化原则和节约原则，盖地的成本效益原则和风险收益均衡原则，艾华的效益最大化原则；但是他们的表述互不相同，有的表述类同于税收筹划目标，有的表述不够清晰明了，相对来说盖地的表述更好一些。赵秀英、高金平、盖地和艾华认同时效性原则或及时性原则。赵秀英、高金平、计金标和盖地认同整体性原则或综合性原则。认同事前筹划或事前周密筹划原则的有两种观点；事前性是税收筹划的内涵，事前筹划不是原则。赵秀英和计金标认同经济原则。其他方面，七种观点再没有共同点。

本书认为，哪些是税收筹划的原则，哪些不是税收筹划的原则，应该首先明确税收筹划原则应具有哪些特性，然后依据其特性展开分析。

## 二、税收筹划原则应具有的特性

1. 以税收筹划目标为导向。税收筹划工作是一种目的性很强的工作。税收筹划目标是税收筹划工作的出发点和归宿。因此，税收筹划原则作为税收筹划工作的行为规范和行动指南，应该有助于引导税收筹划工作实现其税收筹划目标。税收筹划原则的构建应该紧紧围绕实现税收筹划目标而进行。

税收筹划的直接目的是实现税收负担和纳税成本最小化，最终目标是实现公司在未来一定时期内的动态现金净流量最大化，即公司价值最大化。因此，税收筹划原则应该引导公司去实现尽可能大的公司价值。

2. 以税收筹划假设为前提。税收筹划假设是为了实现税收筹划目标，而对影响税收筹划行为的主体、客体（对象）、环境等状况所作出的合理推断。对税收筹划主体、客体、环境等状况作出合理的推断，是税收筹划如何行为的基础。税收筹划原则是税收筹划假设前提下的税收筹划行为规范，不同的假设前提会导致不同的行为规范。因此，税收筹划假设是税收筹划原则的前提条件。

3. 对税收筹划实践活动具有指导意义。税收筹划原则是税收筹划理论的重要组成部分。税收筹划原则是税收筹划实践中所遵循的原则。遵循税收筹划原则是用税收筹划理论去指导税收筹划实践。因此，税收筹划原则既具有一定的理论性，也应该具有一定的实践性。税收筹划原则作为一种理论，它不应该过于笼统和过于抽象，应该贴近实践，便于在实践中应用，否则将失去意义。

4. 源自于实践而指导实践，并会随着税收筹划实践的发展而发展。税收筹划原则对实践具有指导作用，但它来源于实践。因此，税收筹划原则会随着税收筹划实践的发展而发展。

## 三、税收筹划的原则

根据税收筹划原则应具有的特性，以税收筹划的直接目标——减少税收负担和纳税成本——为导向的原则有享受税收优惠的原则、跨国经营利用国际避税地原则、企业集团总体税负最小原则等；以税收筹划的最终目标——企业价值最大化——为导向的原则有时间价值原则、风险价值原则、收益与成本相权衡的原则等；以税收筹划假设为前提的原则有依法筹划原则、遵循和利用会计准则的原则、为企业经营决策服务的原则、信息传递原则等。现将这些原则阐述如下：

1. 享受税收优惠的原则。享受税收优惠是简单、直接的税收筹划方针，是财务控制中减少税负的基本方针。但是，在财务决策中，存在税收优惠的项目不一定是最优项目，必须全面考虑项目的总体收益进行决策。

2. 跨国经营利用国际避税地原则。国际避税地又称“避税港”，是指对收入和财产免税或按很低的税率课税的国家或地区。避税地政府一般是为了吸引外国资本流入，繁荣本国或地区的经济，弥补自身的资本不足和改善国际收支水平，在本国或本地区或其一定区域和范围内，允许和鼓励外国政府和民间组织在此投资及从事各种经营活动，并对在这里从事投资、经营活动的企业和个人给予免纳税或少纳税的优惠待遇。公司在跨国经营中，要积极寻找并利用国际避税地进行避税。利用避税地会直接减轻税负，但还应考虑异地经营自身对环境的适应能力以及非税成本。

3. 企业集团总体税负最小的原则。企业集团是以大企业为核心、以经济技术或经营联系为基础、实行集权与分权相结合的领导体制，规模巨大、多角化经营的企业联合组织或企业群体组织。企业集团之间可以通过收入和费用的转移以及集中纳税可以使企业集团的税负最小化。但需注意，追求集团总体税负最小，更应追求集团总体价值最大。

4. 时间价值原则。资金的时间价值是指资金随着时间的推移，因被运用会创造出新的价值即增值，用利率形式表示即是无风险情况下的社会平均资金利润率。资金的时间价值观念是财务管理的重要观念，它告诉我们现在的 1 元钱比明年的 1 元钱更值钱，这是因为现在的 1 元钱到明年会带来新的增值。以资金的时间价值为税收筹划的原则要求：在衡量税收筹划的收益和成本时应考虑资金的时间价值，递延纳税可以使企业获得资金的时间价值。

5. 风险价值原则。资金的风险价值原则是指在有风险的情况下运用资金，除了应得到资金的时间价值之外，还应得到与风险程度相适应的风险报酬。它要求：一要回避风险，因为风险一般是指收益的不确定性，但更侧重于指损失的可能性或亏损的可能性；虽然说风险是客观存在的，但是“风险反感”是人之常情，况且风险也是可以被控制的。二要进行风险与报酬的权衡，投入资本应获得与其所冒风险相当的风险报酬。资金的风险价值原则体现了企业所应具有的又一重要的价值观念。按照风险价值观念，所冒风险越大，应获得的风险报酬越高，否则就不值得冒风险。税收筹划是有风险的，包括不能获得节税收益、被罚款、被加收滞纳金等。企业在税收筹划活动中，一要趋利避害，回避风险，可以只进行节税筹划而不进行避税筹划，甚至可以不进行税收筹划；二要权衡可能的节税收益与可能遭受的损失。

6. 收益与成本相权衡的原则。企业在特定的经营规模条件下，若想获得超额收益、实现企业价值最大化，必须减少税收负担、纳税成本及隐性税收等非税成本。税收筹划首先要减少税收负担，但无论是公司财务人员自己进行税收筹划并纳税，还是请中介机构进行税收筹划并纳税，都要支付纳税成本。税收负担的减少额属于税收筹划的收益。纳税成本属于税收筹划付出的代价。纳税成本必须至少小于税收负担的减少额，否则还不如不进行税收筹划。不仅要考虑显性税收，还必须要考虑隐性税收等非税成本。

7. 依法筹划原则。它是指企业在税收筹划过程中应遵守有关的法律规定，依法筹划，依法理财。依法筹划原则以法律公正为假设。市场经济应该是法制经济。企业在市场竞争中，在追本逐利中，如果缺乏法制观念，违法乱纪而又可以逃避惩处，那么，必将是经济的混乱和腐败。因此，国家应健全法制，做到有法必依、执法必严、违法必纠，创造一个法律公正的环境。法律不公正，必然是纵容犯罪。从企业角度看，即使法律环境存在着许多缺陷，但只有依法理财才能使企业立于不败之地。因此，每一个企业都应该规范经营，依法筹划。

8. 遵循和利用会计准则的原则。会计准则与国际接轨，实际上主要是学美国。然而，美国的会计准则是由美国财务会计准则委员会（FASB）制定的，属于民间职业团体制定模式；我国的会计准则是由财政部制定的，属于政府管制模式。学习美国的结果，使会计准则与税法的规定差异性较大。本来我国的政府管制模式可以使会计准则与税法有比较好的协调。现在较大的差异性，在我国目前税收征管能力相对不足的情况下，为企业提供了利用它进行税收筹划的机会。

9. 为企业经营决策服务的原则。企业的经营决策分短期决策（即日常经营决策）和长期（经营）决策。无论是短期决策还是长期决策，都要考虑税收的影响，税收是影响决策的重要因素之一。税收筹划的直接目的是减少税收负担和纳税成本，但税收负担和纳税成本最小并不是决策的依据。税收筹划要为企业的经营决策服务，而不是经营决策为税收筹划服务。税收通常以税收负担的大小体现国家的产业政策，但企业不能简单地以税收负担的大小决定投资产业的选择。企业在投资产业的选择过程中，不仅要考虑其显性税收还要考虑其隐性税收，不仅要考虑其全部现金流出量更要考虑其全部现金流入量，以投资的净现值或内部报酬率为依据进行正确决策。

10. 信息传递原则。它是指企业的税收筹划及纳税行为传递着企业的信息，企业必须注意自己的一行一动，必须注意竞争对手和利益相关者的一行一动。信息传递原则以理财主体（股份有限公司）和资本市场有效为假设。股份有限公司的财务行为（包括税收筹划行为和纳税行为）以及企业财务状况能够被企业外部所知悉，资本市场能够对企业的财务行为和财务状况做出恰当的反映。企业应力求正确行动，正确进行税收筹划，向市场传递良好的信息，并对竞争对手和利益相关者所传递出的信息做出准确的判断。

# 第四节 税收筹划的内容和方法

## 一、税收筹划的内容

税收筹划的内容是指围绕可能发生或已经发生的涉税事项，税收筹划主体应做的那些筹划工作。现有文献关于税收筹划内容的概括研究非常少见。本书认为，对税收筹划内容的概括可以分为全面观与重点观，全面观是：首先确定特定涉税事项应缴纳哪一种税或哪几种税，然后根据每一种税的计税依据及其影响因素运筹、谋划、设计、安排自己的经营活动以期实现其税收筹划之目的。重点观是：针对特定涉税事项，紧紧围绕税收筹划的重点税种，运筹、谋划、设计、安排自己的经营活动以期实现其税收筹划之目的。全面观要求税收筹划工作细致、全面，大小税种一个也不放过。重点观要求税收筹划工作突出重点，不在小税种的筹划上耗费精力。全面观与重点观之间并不矛盾，它们主要是粗细的不同。本书认为，如果小税种的纳税额较小，对公司的财务影响不大，那么就既无偷漏之必要，也无筹划之必要；因此，抓住重点税种进行筹划，是讲究效率的表现。

## 二、税收筹划的思路

在研究税收筹划的方法之前，我们先来研究税收筹划的思路。税收筹划的思路，是寻找和确定税收筹划方法的逻辑和规律。税收筹划的方法，是税收筹划思路在实践中的具体体现和应用。关于税收筹划思路的主要观点如下：

马彦玲、王东德在《企业税务筹划的思路》一文中认为，从法律角度看，避税可分为顺法意识避税和逆法意识避税；从税收法规的角度看，可分为利用选择性条文避税、利用不明晰条文避税、利用伸缩性条文避税、利用矛盾或冲突性条文避税；从避税的内容和企业的经营活动过程看，分为筹资过程、投资过程、资金营运过程和利润分配过程的避税；从避税所采用的方式或手段来看，分为税基式、税额式和税率式避税。

刘静在《试论企业税收筹划的基本思路和方法》一文中认为，在市场经济发达国家中，一般地通行从这样四个方面来进行企业税收筹划：缩小课税基础、适用较低税率、延缓纳税期限、合理归属所得年度。

韩晨鹏在《税收筹划新思路》一文中认为，企业涉及的税种主要有增值税、营业税、企业所得税，其余涉及的小税种如房产税、车船税、土地使用税、印花税等由于计算较为单一，税收筹划弹性较小，不易进行税收筹划，因此应把筹划的重点放在增值税、营业税和企业所得税上。并认为增值税的税收筹划可从争取缩小销项税额和争取扩大进项税额两个方面入手；营业税的税收筹划可利用兼营销售和混合销售进行避税筹划，利用减免税项目进行避税筹划等；企业所得税的税收筹划可利用计提固定资产折旧进行避税筹划，利用坏账损失处理进行避税筹划，利用股票投资核算方法（成本法）进行避税筹划，利用亏损弥补进行避税筹划，利用企业所得税减免政策进行避税筹划等。

贺飞跃在《税收筹划思路》一文中认为，税收筹划的总体思路是：悉心研究税法，精心安排经济活动，并将两者有机结合起来，最终实现税收筹划目标；并分为四种具体筹划思路：税种筹划思路、税收要素筹划思路、经济活动筹划思路和地域筹划思路；税种筹划应根据不同税种的特点，采用不同的筹划方法；税收要素筹划应针对不同的税收要素，运用不同的筹划技术；经济活动筹划应全面考虑不同方案的税负差异，并对经济活动进行巧妙安排；地域筹划应充分利用国内不同地域、不同国家（或地区）的税负差别，统筹安排国内或跨国经济活动。

程显荣、郭发明在《浅谈企业税收筹划的四个切入点》一文中认为，进行税收筹划应选择节税空间大的税种切入，从税收优惠切入，从纳税人构成切入，从影响纳税额的几个因素切入。

以上观点中，马彦玲、王东德的观点比较模糊，主要谈的是避税的分类，仅仅是在一定程度上体现了税收筹划的思路。刘静的观点是对西方税收筹划思路的高度概括。韩晨鹏的观点首先强调抓住税收筹划的重点，然后分税种进行筹划。贺飞跃的研究比较系统全面，但没有形成统一思路。程显荣、郭发明谈的是税收筹划的切入点，类似于税收筹划思路的研究，谈了四个切入点，也没有形成统一思路。本书比较赞同韩晨鹏抓住税收筹划重点的观点，从重点税种出发，研究影响应纳税额的因素进行税收筹划，这些影响因素包括税基、税率、税收优惠、纳税期限、纳税地点及纳税人组织形式等，可将各种税收筹划思路统一于一体。

1. 本书研究的是公司财务决策中的税收筹划，是公司的税收筹划，是公司税的筹划，不是个人所得税的筹划。

2. 中国的税收筹划是否与西方国家的税收筹划一样，主要是所得税的筹划。西方国家的税收筹划，主要是对所得税进行筹划，一般不对商品税进行筹划。西方国家一般对商品、劳务一律征收增值税。其增值税往往只对特定的商品实行优惠，而不对特定的企业实行优惠。另外，像美国实行在零售环节课征的销售税模式，生产、批发企业无需缴纳销售税因而也无需进行销售税筹划；零售企业虽然需要缴纳销售税，但因实行价、税分开标示并全部向购买者或消费者收取的办法，而其应纳税额的计算一律以销售额乘以本州统一税率，所以，零售企业基本没有筹划的空间。

所得税成为税收筹划的重点，是因为所得税不容易转嫁，会成为纳税人的实际负担；另外，所得税的筹划空间较大，税法中有着或多或少的漏洞和模糊之处以及林林总总的税收优惠措施。

中国的情况与西方国家有所不同，对商品课税也是税收筹划的重点。中国现行的增值税制度存在着许多的优惠事项，它不是对特定商品优惠，而是对特定的企业优惠，这就导致生产或销售同一商品的企业之间增值税税负的不同，进一步导致增值税纳税人进行增值税的筹划。另外，中国目前实行增值税与营业税并存、每一环节道道征税的商品课税制度，而增值税税负和营业税税负并不相同，在企业存在大量混合销售和兼营的情况下，给企业进行商品课税的筹划提供了空间。

中国的商品课税为主体税，比所得课税更为重要，与所得课税同为税收筹划的重点。商品课税的主体地位，可用税收统计资料加以证明。以下是2001～2007年全国税收收入的统计数据（单位为亿元）（见表3－1、表3－2）：

**表3－1　　2001～2004年全国税收收入统计表**　　单位：亿元

| 项　目 | 2001年 | 2002年 | 2003年 | 2004年 | 合　计 | 百分比 |
|---|---|---|---|---|---|---|
| 一、税收收入合计 | 15 165.5 | 16 996.6 | 20 466.1 | 25 718 | 78 346.2 | |
| 其中：国税 | 10 194.3 | 11 324.3 | 13 688.2 | 17 854.3 | | |
| 地税 | 4 716.3 | 5 308.7 | 6 303.6 | 7 863.7 | | |
| 1. 增值税收入 | 7 090.8 | 8 141.2 | 10 096.3 | 12 588.9 | 37 917.2 | 48.4 |
| 国内增值税 | 5 452.5 | 6 275.4 | 7 341.4 | 8 930.1 | 27 999.4 | 35.7 |
| 进口货物增值税 | 1 638.2 | 1 865.8 | 2 754.9 | 3 658.8 | 9 917.7 | 12.7 |
| 2. 消费税收入 | 946.2 | 1 072.5 | 1 221.7 | 1 550.5 | 4 790.9 | 6.1 |
| 国内消费税 | 931.2 | 1 046.6 | 1 183.2 | 1 503.1 | 4 664.1 | 6 |

续表

| 项　　目 | 2001 年 | 2002 年 | 2003 年 | 2004 年 | 合　计 | 百分比 |
|---|---|---|---|---|---|---|
| 进口消费品消费税 | 15 | 25.9 | 38.5 | 47.4 | 126.8 | 0.2 |
| 3. 营业税 | 2 084.7 | 2 467.6 | 2 868.9 | 3 583.5 | 11 004.7 | 14 |
| 4. 企业所得税 | 2 121.9 | 1 972.6 | 2 342.2 | 3 141.7 | 9 578.4 | 12.2 |
| 5. 外商投资企业和外国企业所得税 | 512.6 | 616 | 705.4 | 932.5 | 2 766.5 | 3.5 |
| 6. 个人所得税 | 996 | 1 211.1 | 1 417.3 | 1 737.1 | 5 361.5 | 6.8 |
| 7. 资源税 | 67.1 | 75.1 | 83.1 | 99.1 | 324.4 | 0.4 |
| 8. 固定资产投资方向调节税 | 15.6 | 8 | 4.8 | 3.4 | 31.8 | |
| 9. 城市维护建设税 | 384.4 | 470.9 | 550 | 674 | 2 079.3 | 2.7 |
| 10. 房产税 | 228.6 | 282.4 | 323.9 | 366.3 | 1 201.2 | 1.5 |
| 11. 印花税 | 337 | 179.4 | 215 | 290.2 | 1 021.6 | 1.3 |
| 12. 城镇土地使用税 | 66.2 | 76.8 | 91.6 | 106.2 | 340.8 | 0.4 |
| 13. 土地增值税 | 10.3 | 20.5 | 37.3 | 75.1 | 143.2 | 0.2 |
| 14. 车船使用税 | 24.6 | 28.9 | 32.2 | 35.6 | 121.3 | 0.2 |
| 15. 车辆购置税 | 254.8 | 363.5 | 474.3 | 533.9 | 1 626.5 | 2.1 |
| 16. 屠宰税 | 24.7 | 9.9 | 2.3 | | | |
| 17. 筵席税 | 0.1 | . | . | | | |
| 18. 工商税收税款滞纳金罚款收入 | . | . | . | | | |
| 二、出口退税合计 | －1 071.5 | －1 259.4 | －2 039 | －2 195.9 | | |
| 1. 出口货物退增值税 | －929.6 | －738.2 | －1 419 | －1 439.8 | | |
| 2. 免抵调减增值税 | －134.6 | －514.5 | －609.1 | －745 | | |
| 3. 出口消费品退消费税 | －7.3 | －6.6 | －10.9 | －11.1 | | |

资料来源：国家税务总局网站（http：//www.chinatax.gov.cn）（合计与百分比系本书作者所加）。

**表 3－2　　2005～2007 年全国税收收入统计表**　　单位：亿元

| 项　　目 | 2005 年 | 2006 年 | 2007 年 | 合　计 | 百分比 |
|---|---|---|---|---|---|
| 一、税收收入合计 | 30 865.8 | 37 636.3 | 49 449.3 | 117 951.4 | |
| 其中：国税 | 21 334.5 | 26 188 | 34 422.6 | | |
| 地税 | 9 531.3 | 11 448.3 | 15 026.7 | | |
| 1. 国内增值税 | 10 698.3 | 12 894.6 | 15 609.9 | 39 202.8 | 33.2 |
| 2. 消费税 | 1 634.3 | 1 885.7 | 2 206.8 | 5 726.8 | 4.9 |
| 3. 海关代征进口环节增值税和消费税 | 4 220.1 | 4 967.1 | 6 153.3 | 15 340.5 | 13 |
| 4. 营业税 | 4 231.4 | 5 128.9 | 6 583 | 15 943.3 | 13.5 |
| 5. 企业所得税 | 4 363.1 | 5 545.9 | 7 723.7 | 17 632.7 | 14.9 |
| 6. 外商投资企业和外国企业所得税 | 1 147.7 | 1 534.8 | 1 951.2 | 4 633.7 | 4 |
| 7. 个人所得税 | 2 093.9 | 2 452.3 | 3 185 | 7 731.2 | 6.6 |
| 8. 资源税 | 142.6 | 207.3 | 261.3 | 611.2 | 0.5 |
| 9. 城市维护建设税 | 796 | 940.2 | 1 156.3 | 2 892.5 | 2.5 |
| 10. 房产税 | 435.9 | 515.2 | 575.1 | 1 526.2 | 1.3 |
| 11. 印花税 | 226.8 | 376.6 | 2 261.7 | 2 861.1 | 2.4 |
| 12. 城镇土地使用税 | 137.3 | 176.9 | 385.5 | 699.7 | 0.6 |
| 13. 土地增值税 | 140 | 231.3 | 403.1 | 774.4 | 0.7 |
| 14. 车船使用税 | 38.9 | 50 | 68.2 | 157.1 | 0.1 |
| 15. 车辆购置税 | 557.6 | 687.5 | 876.8 | 2 121.9 | 1.8 |
| 16. 烟叶税 | 0 | 41.3 | 47.5 | | |
| 17. 其他税收 | 1.9 | 0.7 | 1 | | |
| 二、出口退税合计 | －3 371.6 | －4 284.9 | －5 273.3 | | |

资料来源：国家税务总局网站（http：//www.chinatax.gov.cn）（合计与百分比系本书作者所加）。

根据税收统计资料，2001～2004 年，增值税收入占税收收入的 48.4%，消费税收入占税收收入的 6.1%，营业税收入占税收收入的 14%；与此相比，企业所得税收入（包括外商投资企业和外国企业所得税收入）占税收收入的15.7%，即使加上个人所得税收入，其占税收收入的比重也仅为22.5%。从2005~2007年的统计资料看，商品课税所占比重有所下降，所得课税所占比重有所上升，企业所得税收入（包括外商投资企业和外国企业所得税收入）占税收收入的比重由之前的15.7%上升到18.9%。总而言之，商品课税是中国税收的主体税，与所得课税同为税收筹划的重点。

3. 不论是对商品课税进行筹划，还是对所得课税进行筹划，税收筹划的直接目的都是减少税收负担和纳税成本，而税收负担即纳税额要比纳税成本大得多，所以，首先要减少纳税额（当然也不能忽视纳税成本）。那么，纳税额如何计算，其影响因素有哪些就成为确定税收筹划思路的线索。

需要注意的是，减少税收负担和纳税成本只是税收筹划的直接目的，企业价值最大化才是税收筹划的最终目的。而影响企业价值大小的是企业未来的现金净流量。而税收负担和纳税成本只是企业现金净流量的影响因素之一。税收负担与企业现金净流量的关系如下（纳税成本一般直接计入有关的成本费用）：

年现金净流量 = 年净利润 + 折旧
= 年税前利润 - 企业所得税 + 折旧
= 年收入 - 年成本 - 除所得税之外的各项税金
- 企业所得税 + 折旧
= 年收入 - 年成本 - 各项税金 + 折旧

因此，各项税金以及纳税成本只是影响企业年现金净流量大小的因素之一，谈不上是主要因素；主要因素是企业的年收入和年成本。

### （一）商品课税的筹划思路

商品课税主要指增值税、消费税和营业税。增值税和营业税实行比例税率，消费税实行比例税率和定额税率。商品课税的筹划思路，就是从商品课税的纳税额的影响因素入手，以分析降低纳税额的途径。

纳税额 = 税基 × 税率 − 优惠税额

1. 税基。商品课税的税基是销售额或销售量。可考虑是否依据会计制度推迟确认销售额；在有销售折扣、销售折让、销售退回的情况下准确计算销售额或销售量；在有混合销售、同时缴纳增值税和营业税的情况下，要选择税负较低的核算方式。

2. 税率。首先，增值税的税率因一般纳税人和小规模纳税人而不同，包括销项税的税率和进项税的税率，不可少计销项税额，更不可少计进项税额；其次，一般纳税人适用的增值税税率有17%和13%两档；消费税税率最高45%，最低3%，共有10档之多，并有定额税率；营业税税率有3%、5%、20%等多档；在混业经营的情况下，该分别进行独立核算的要独立核算，力求总体税负最低。

3. 优惠税额。优惠税额是指因享受税收优惠而可以少缴的税额。税收优惠包括减税、免税、延迟纳税、出口退税等。根据优惠条件进行筹划。

另外，可进一步将纳税额放入特定的时间、空间和纳税主体中考虑，合法前提下延期纳税，利用地区差异选择纳税地点，利用纳税主体差异选择企业组织形式等。

### （二）所得课税的筹划思路

所得税即企业所得税是根据企业的应纳税所得额和所得税率以及有否优惠而计算确定的。因此，所得税的筹划思路，就是从所得课税的纳税额的影响因素入手，以分析降低纳税额的途径。

纳税额 = 应纳税所得额 × 所得税税率 − 优惠税额

1. 应纳税所得额。应纳税所得额是按照税法的有关规定计算确定的所得税前利润，又称税务利润。应纳税所得额不同于会计账面利润总额。会计账面利润总额又称会计利润，它是按照会计准则和会计制度的规定计算确定的。一般来说，会计账面利润会小于应纳税所得额，当然也有大于应纳税所得额的时候。将会计账面利润调整为应纳税所得额，是一项比较复杂的工作。一些公司往往借税收征管能力弱而在此寻找筹划空间。另外，因为应纳税所得额等于收入减费用，所以可考虑尽力推迟确认收入和尽力提前确认费用。

2. 所得税税率。自2008年1月1日起施行的新的《中华人民共和国企业所得税法》（以下简称《企业所得税法》）规定的企业所得税税率为25%；《企业所得税法》第三条第三款规定“非居民企业在中国境内未设立机构、场所的，或者虽设立机构、场所但取得的所得与其所设机构、场所没有实际联系的”来源于中国境内的所得适用税率为20%；《企业所得税法》第二十八条和第二十九条规定，符合条件的小型微利企业，减按20%的税率征收企业所得税，国家需要重点扶持的高新技术企业，减按15%的税率征收企业所得税，民族自治地方的自治机关对本民族自治地方的企业应缴纳的企业所得税中属于地方分享的部分，可以决定减征或者免征。自治州、自治县决定减征或者免征的，须报省、自治区、直辖市人民政府批准。

3. 优惠税额。包括减税、免税、延迟纳税、税额抵免及避免重复征税等，根据优惠条件进行筹划。

同样，可进一步将纳税额放入特定的时间、空间和纳税主体中考虑，合法前提下延期纳税，利用地区差异选择纳税地点，利用纳税主体差异选择企业组织形式等。

## 三、税收筹划的方法

关于税收筹划方法的研究比较多，现将主要观点阐述如下：

刘静在《试论企业税收筹划的基本思路和方法》一文中认为，企业税收筹划的具体方法有许多，有分税种筹划的，有分经营环节筹划的，有分国别进行研究的；认为国内企业和跨国企业常用的基本筹划方法包括企业设立的组建形式税收筹划、投资方向税收筹划、注册地点税收筹划，企业筹资与投资的税收筹划，企业内部核算的税收筹划，设立国际控股公司进行国际税收筹划，设立公司的财务中心进行国际税收筹划，设立受控保险公司进行国际税收筹划，通过避税港进行国际税收筹划。

黄董良在《税收筹划的理论界定与实践方法》一文中认为，税收筹划主要在两大领域内展开，一是生产经营与财务管理活动中的税收筹划；二是纳税申报活动中的税收筹划。在生产经营与财务管理活动中开展税收筹划的方法主要有投资选择法、融资选择祛、经营方式选择法、物资采购选择法、资产使用选择法；在纳税申报活动中开展税收筹划的方法主要有缴纳税种选择法、纳税主体选择法、计税依据选择法、税目税率选择法、纳税地点选择法。

张明慧在《企业税收筹划的基本思路与方法》一文中认为，税收筹划的基本方法有缩小课税基础、推迟履行纳税义务期限、争取减税免税待遇、利用政策鼓励性抵免。

高金平在其所著的《税收筹划谋略百篇》一书中阐述了税收筹划的免税、减税、税率差异、分割、扣除、抵免、延期纳税和退税等八大技术，及价格转让法、成本（费用）调整法、筹资法、租赁法、低税区避税法、投资法和规避平台筹划法等七种方法。

黄衍电在其主编的《税收政策与筹划》一书中将税收筹划的基本技术与税收筹划的基本方法作为两个问题，认为税收税收筹划的基本技术包括免税技术、减税技术、税率差异技术、分割技术、扣除技术、抵免税技术、延期纳税技术退税技术；认为税收筹划的基本方法包括价格转让法、成本费用调整法、筹资法、租赁法和低税区避税法。

计金标在其主编的《税收筹划》一书中，在介绍方法的同时进一步讲解了技术，认为税收筹划的基本方法有利用税收优惠政策、纳税期的递延、税负转嫁和选择合理的企业组织形式；认为利用税收优惠政策筹划方法中有免税技术、减税技术、税率差异技术、扣除技术、抵免技术和退税技术。

王国华、张美中在其编著的《纳税筹划理论与实务》一书中阐述了税收筹划的六大平台（税收筹划的操作空间，本书作者注）和六大方法及八大技术手段。六大平台分别是价格平台、优惠平台、漏洞平台、空白平台、弹性平台和规避平台；六大方法分别是价格平台筹划方法、优惠平台筹划方法、漏洞平台筹划方法、空白平台筹划方法、弹性平台筹划方法和规避平台筹划方法；八大技术手段分别是免税技术手段、减税技术手段、税率差异技术手段、分劈技术手段、扣除技术手段、抵免技术手段、延期纳税技术手段和退税技术手段。

盖地在其主编的《MPAcc企业税务筹划理论与实务》一书中，论述了税收筹划的基本技术，认为税收筹划技术分节税筹划技术、避税筹划技术和税负转嫁技术，而其中节税筹划技术有免税技术、减税技术、税率差异技术、分割技术、扣除技术、抵免税技术、延期（缓）纳税技术和退税技术；避税筹划技术有价格转让法、成本（费用）调整法、融资（筹资）法、租赁法、低税区避税法。

张孝光在其《税务筹划方法及其操作研究》一文中，认为税收筹划的方法很多，实务部门常见的方法有转让定价法、成本（费用）调整法、税收庇护法、延迟课税法、租赁法等。

李玉周主编的《实用税收筹划》一书中，阐述了九种常用技术，包括免税技术、减税技术、税率差异技术、分劈技术、扣除技术、抵免技术、延期纳税技术、退税技术和选择有利的生产性投资产业等。

艾华在其所著的《税收筹划研究》一书中将税收筹划的方法分为纳税人筹划法、税率筹划法、税基筹划法、税收优惠筹划法、不同经济业务税负结构筹划法、国际税收管辖权筹划法、不同国家或地区税负状况筹划法、转让定价筹划法、纳税申报活动中的筹划法和避免税收违法行为筹划法。

贾若冰、周长庚在其《论企业税收筹划方法的选择》一文中，将税收筹划的方法分为内部交易法、材料成本高估法、产品结构调整法、费用分配法和利用利润分配法。

以上观点有相同点，也有不同点。首先，我们要弄清方法与技术的关系。根据《辞海》[①] 的解释，"方"字第 12 义（没有方法词条）为方术，道术，即指方法。而技术一般是指操作方法、技能或技巧。可以看出，方法与技术属于近义词，方法是一种技术，技术是一种方法。刘静的观点主要是从经营环节进行方法分类的。黄董良的观点是先将税收筹划分为两大领域，一是生产经营与财务管理活动中的税收筹划；二是纳税申报活动中的税收筹划，类似于本书所讲的财务决策中的税收筹划和财务控制中的税收筹划，然后按两大领域划分筹划方法。张明慧的观点是按应纳税额的影响因素划分筹划方法，但不够全面。高金平与黄衍电既讲税收筹划的技术又讲税收筹划的方法，并没有将二者统一在一起。计金标虽然同样既讲税收筹划的技术又讲税收筹划的方法，但是其所讲的筹划技术是利用税收优惠政策筹划方法中的具体筹划"方法"，保持了税收筹划方法与税收筹划技术的统一与协调。王国华、张美中讲了六大税收筹划平台、六大税收筹划方法及八大技术手段，存在着与黄衍电相同的问题。盖地首先将税收筹划技术分节税筹划技术、避税筹

---

① 《辞海》，上海辞书出版社 1990 年版。

划技术和税负转嫁技术，并进一步分别阐述其筹划方法或技术，比较明显地将筹划方法与筹划技术当作同义语，巧妙地避免了黄衍电所存在的问题。张孝光仅阐述了常见的税收筹划方法，不够系统和全面。李玉周阐述了税收筹划的九种常用技术，保持了系统性和统一性，但没有解释为什么要进行如此划分的逻辑思路。艾华也没有解释其税收筹划方法划分的逻辑思路，分析其逻辑思路，可能主要是按照应纳税额的影响因素进行划分的。贾若冰、周长庚同样没有解释其划分思路，感觉他们是按照经营活动和财务会计处理进行划分的，但不够系统和全面。

根据前面阐述的税收筹划思路，本书认为，税收筹划的方法应以应纳税额的影响因素为主要线索进行确定，即围绕税基、税率和税收优惠，并进一步考虑其三维座标——纳税人类型、纳税时间和纳税地点等进行确定。现分述如下：

（一）减少税基的税收筹划法

减少税基包括减少商品课税的税基和减少所得课税的税基，即减少销售收入额或营业收入额和减少应纳税所得额。减少销售额收入或营业收入额，但销售收入额或营业收入额并不是越少越好。而减少应纳税所得额，一方面要减少收入额；另一方面要扩大费用扣除额。但费用也不是越多越好。因此，减少收入额和扩大费用额是相对的或有条件的，其方法有：

1. 延迟确认收入法。收入包括销售商品收入、提供劳务收入、让渡资产使用权收入、长期股权投资收入、建造合同收入、租赁收入等。以销售商品收入为例，《企业会计准则第 14 号——收入》之第四条规定，销售商品收入须同时满足五项条件的才能予以确认：（1）企业已将商品所有权上的主要风险和报酬转移给购货方；（2）企业既没有保留通常与所有权相联系的继续管理权，也没有对已售出的商品实施有效控制；（3）收入的金额能够可靠地计量；（4）相关的经济利益很可能流入企业；（5）相关的已发生或将发生的成本能够可靠地计量。同时满足五项条件才能确认销售商品收入，为延迟确认收入提供了可能。当然，如果公司处于税收减免期，则无须延迟确认，而且有可能的话还需提前确认收入。

2. 避免收入实现法。收入在很多情况下是资产交易的结果。如果不进行资产交易也就没有收入的实现。比如公司拥有的房地产和持有的股票，尽管可能升值数倍，只要不进行交易就没有收入的实现，就无须缴纳商品课税和所得课税。

3. 利用内部转让价格法。集团公司内部利用转让价格可以减少收入，少交商品课税。而且可以利用转让价格在集团公司内部转移利润，以使集团公司总体的所得课税减少。当然税法有相关的反避税规定，但若税收的征管能力跟不上，公司将会获得税收利益。

4. 充分计提各项资产的减值准备法。这里所说的减值准备包括应收账款的坏账准备、存货的跌价准备、固定资产减值准备、无形资产减值准备、长期股权投资减值准备、持有至到期投资减值准备、投资性房地产减值准备、生物资产减值准备、建造合同形成的资产减值准备等等。提取资产减值准备符合不可高估收益、不可低估损失的谨慎性会计原则。当然，按照税法的规定，只有资产减值损失才能抵减所得税，而资产减值准备不能抵减所得税，但在税收征管能力不足的情况下，公司将会获得税收利益。

5. 尽快确认费用法。此方法与延迟确认收入法相对应。尽管税法有费用扣除的相关规定，但可能与会计准则不完全一致，在税收征管能力不足，公司利用有利的规定可能会获得税收利益。比如缩短固定资产的折旧年限，缩短无形资产的摊销年限，能够费用化的支出尽量作为收益性支出而不是资本性支出。当然，如果公司处于税收减免期则相反。

6. 负债（含租赁）筹资法。在公司具有相应的偿还能力的前提下，在能够使公司获得财务杠杆利益的情况下，可充分利用负债筹资，以便将利息费用在所得税前列支，抵减应纳税所得额，可以少交企业所得税。租赁作为负债筹资方式，经营性租赁的租金可以直接计入当期损益，融资性租赁可通过计提折旧进行所得税前列支，都可获得所得税利益。股权筹资支付的股息则不具有这样的抵税作用，需用所得税后的利润支付。

（二）适用低税率的税收筹划法

企业所得税的税率一般是25%，非居民企业在中国境内未设立机构、场所的，或者虽设立机构、场所但取得的所得与其所设机构、场所没有实际联系的适用20%的税率；小型微利企业，减按20%的税率征收企业所得税；国家需要重点扶持的高新技术企业，减按15%的税率征收企业所得税。增值税的税率一般是17%，还有13%的低税率，小规模纳税人的征收率之工业企业是6%而商业企业是4%。消费税的税率有3%～45%的10档比例税率。营业税有3%、5%、20%三档比例税率。一般来说，税率越低，纳税越少，所得税后利润越多，税后利润率越高。但是，税率的不同，往往是为不同的行业设计的，虽然说充分竞争的结果会使各行业的收益水平均衡，而在竞争不够充分的情况下或在实现均衡的过程中，行业利润水平不同是经常的，投资于哪一个行业不能以税率的高低为标准，而必须以各行业的税后利润率的高低为标准。

1. 低税率及税后利润率比较法。财务决策中，税收筹划为财务决策服务。财务决策是要考虑税负的高低，但公司不能仅以税率档次的高低进行决策，必须考虑隐性税收等非税成本，必须以项目总体的税后现金净流量或税后利润（率）的高低进行决策。

2. 分业核算法。公司在财务决策后实施的财务控制中，若进行多业经营必须分别进行核算才能适用不同的税率，否则会从高适用税率。

（三）利用税收优惠政策的税收筹划法

税收优惠政策有许多，包括免税、减税、税率优惠、扣除优惠、抵免优惠和退税优惠等。这需要税收筹划者仔细研究税法，才能够知道如何享受税收优惠。

1. 享受免税法。免税即免征全部税款，是政府对特定的地区、行业、企业、项目等给予纳税人的鼓励或照顾措施。一般分法定免税、临时免税和特定免税。公司进行税收筹划时，依据税法的规定，使自己符合规定的条件即可享受法定免税。而若欲享受临时免税和特定免税，须经过申请和批准的过程。

2. 享受减税法。减税是指减征部分税款，也是政府对特定的地区、行业、企业、项目等给予纳税人的鼓励或照顾措施。同样也分法定减税、临时减税和特定减税。公司进行税收筹划时，依据税法的规定，使自己符合规定的条件即可享受法定减税。而若欲享受临时减税和特定减税，须经过申请和批准的过程。

3. 享受税率优惠法。与前面的享受低税率筹划方法相比，低税率一般是税法直接规定的，而税率优惠一般是特别规定的；低税率一般是比较公平的，而税率优惠一般是不公平的。

4. 享受扣除优惠法。税法中有一些费用扣除的优惠规定，如研究开发费的加计扣除，安置残疾人员的工资加计扣除等。公司可按照税法的规定，使自己符合规定的条件，即可享受扣除优惠。

5. 享受抵免优惠法。抵免即税收抵免，是指税法中规定的以避免双重征税为主要目的的税收优惠条款。公司可根据规定条件，积极享受抵免，尽力减少重复纳税，使纳税额最低。

6. 享受退税优惠法。退税是指税法中规定的以鼓励产品出口、追加投资等为目的的出口退还税款、投资退还税款、先征后退等条款。公司可根据这些条款，在相应业务中积极享受退税，以使公司的税负直接减少。

（四）企业类型的税收筹划法

商品课税分一般纳税人和小规模纳税人。所得课税分公司制企业、合伙企业和独资企业；所得税率分一般纳税企业与小型微利企业而有区别；所得税的征管方法又区别分公司与子公司而不同。

1. 一般纳税人与小规模纳税人选择法。公司在规模较小时，或考虑新设，或考虑分立时，根据公司实际业务情况，分析研究是否作为小规模纳税人进行纳税，以使公司的税负最轻。

2. 企业组建形式选择法。企业按组建形式分为公司制企业、合伙企业、独资企业。公司制企业需缴纳企业所得税，而合伙企业和独资企业需缴纳个人所得税。新设立企业要根据企业规模大小和未来发展等，分析采用哪种组建形式能够使企业的税收负担最轻。

3. 分公司与子公司选择法。分公司不是独立法人，而子公司是独立法人。公司在设立分支机构时，要全面考虑本公司实际，分析研究是设立分公司有利还是设立子公司有利，以使公司的税负最小化。

（五）纳税时间的税收筹划法

纳税时间的税收筹划方法主要是合法前提下的最迟纳税法。每一种税都有规定的纳税期限，而纳税期限是一个区间。纳税人可以在该区间内早纳税，也可以晚纳税。根据资金的时间价值原则，纳税人应该在该区间内延迟到最后纳税。这与前面讲的延迟确认收入不同。延迟确认收入是延迟纳税义务的发生，而最迟纳税是在纳税义务发生后合法前提下的尽量延迟缴纳税款。

（六）纳税地点的税收筹划法

纳税地点的税收筹划方法主要有回避税收管辖权法和利用低税区避税法。

1. 回避税收管辖权法。税收管辖权，可以按照属地和属人两种原则确立。按属地原则确立的税收管辖权称为地域管辖权或收入来源管辖权，它是指一国政府对来源于本国的所得拥有课税权力。按属人原则确立的税收管辖权称为居民管辖权或公民管辖权，前者是指一国政府对本国居民来源于境内和境外的全部所得拥有课税权力；后者是指一国政府对本国公民来源于境内和境外的全部所得拥有课税权力。世界上只有少数国家按照一种原则确立税收管辖权，而大都按照两种原则确立税收管辖权。回避税收管辖权，就是通过人（包括自然人和法人）和物（包括实物、劳务和资金）的流动，避免成为居民纳税人或避免被征税。

2. 利用低税区避税法。若能够回避税收管辖权而不纳税可能是公司作为经济人最理想的状态；若不能回避税收管辖权，则只能选择低税区进行避税。无论是国内，还是国际，都存在着税收优惠地区或低税地区。公司若想享受低税的好处，在低税区设立机构是比较方便有效的税收筹划方法。

# 第五节 小 结

## 一、税收筹划的理论体系

税收筹划的目标是税收筹划理论的研究起点。税收筹划的原则是实现税收筹划目标的指导方针。而税收筹划的原则受税收筹划假设的影响，不同的假设条件会有不同的原则。因此，税收筹划假设是介于税收筹划目标与税收筹划原则之间的第二层次的理论。税收筹划原则是联系税收筹划理论与税收筹划实践的桥梁，是第三层次的理论。税收筹划的内容是对税收筹划实践活动中筹划什么的概括和反映。税收筹划的方法是对税收筹划实践活动中如何筹划的总结和归纳。

## 二、税收筹划的目标

税收筹划目标具有层次性。减少税收负担是税收筹划的最低目标，企业价值最大化是税收筹划的最终目标。实现涉税零风险不是税收筹划的目标。税收筹划是有风险的。追求涉税零风险，既不符合企业管理的理论，也不符合中国企业的现实。

税收筹划目标还具有相对稳定性和可控性。

## 三、税收筹划的假设

税收筹划假设是关于税收筹划主体、客体、环境等的假设，因此应从税收筹划主体、客体、环境三个方面去思考税收筹划的具体假设，而且每项假设的确立都应为相关的税收筹划原则和方法等奠定基础。

关于税收筹划主体的假设有税收筹划主体假设、持续经营假设和经济人假设。关于税收筹划客体的假设有涉税事项庞杂假设和资本增值假设。关于税收筹划环境的假设有经济条件不确定性假设、税收政策可选择性假设、法律公正假设、资本市场有效假设和分权制衡假设。

## 四、税收筹划的原则

税收筹划的原则应以税收筹划目标为导向，应以税收筹划假设为前提，对税收筹划实践活动具有实际的指导意义，源自于实践而指导实践并会随着税收筹划实践的发展而发展。税收筹划原则既具有一定的理论性，也应该具有一定的实践性。税收筹划原则作为一种理论，它不应该过于笼统和过于抽象，应该贴近实践，便于实践的应用，否则将失去其实际的指导意义。

根据税收筹划原则应具有的特性，以税收筹划的直接目标——减少税收负担和纳税成本——为导向的原则有享受税收优惠的原则、跨国经营利用国际避税地原则、企业集团总体税负最小原则等；以税收筹划的最终目标——企业价值最大化——为导向的原则有时间价值原则、风险价值原则、收益与成本相权衡的原则等；以税收筹划假设为前提的原则有依法筹划原则、遵循和利用会计准则的原则、为企业经营决策服务的原则、信息传递原则等。

## 五、税收筹划的内容

对税收筹划内容的概括可以分为全面观与重点观，全面观是：首先确定特定涉税事项应缴纳哪一种税或哪几种税，然后根据每一种税的计税依据及其影响因素运筹、谋划、设计、安排自己的经营活动以期实现其税收筹划之目的；重点观是：针对特定涉税事项，紧紧围绕税收筹划的重点税种，运筹、谋划、设计、安排自己的经营活动以期实现其税收筹划之目的。

如果小税种的纳税额较小，对公司的财务影响不大，那么就既无偷漏之必要，也无筹划之必要；因此，抓住重点税种进行筹划，是讲究效率的表现。

## 六、税收筹划的思路

商品课税是中国税收的主体税，与所得课税同为税收筹划的重点。

不论是对商品课税进行筹划，还是对所得课税进行筹划，税收筹划的直接目的都是减少税收负担和纳税成本，而税收负担即纳税额要比纳税成本大得多，所以，首先要减少纳税额。那么，纳税额如何计算，其影响因素有哪些就成为确定税收筹划思路的线索。

需要注意的是，减少税收负担和纳税成本只是税收筹划的直接目的，企业价值最大化才是税收筹划的最终目的。而影响企业价值大小的是企业未来的现金净流量。而税收负担和纳税成本只是企业现金净流量的影响因素之一。

年现金净流量 = 年收入 - 年成本 - 各项税金 + 折旧

因此，各项税金以及纳税成本只是影响企业年现金净流量大小的因素之一，谈不上是主要因素；主要因素是企业的年收入和年成本。

## 七、税收筹划的方法

税收筹划的方法应以应纳税额的影响因素为主要线索进行确定，即围绕税基、税率和税收优惠，并进一步考虑其三维座标——纳税人类型、纳税时间和纳税地点等进行确定。

减少税基的税收筹划法有延迟确认收入法、避免收入实现法、利用内部转让价格法、充分计提各项资产的减值准备法、尽快确认费用法和负债（含租赁）筹资法。

适用低税率的税收筹划法有低税率及税后利润率比较法和分业核算法。

利用税收优惠政策的税收筹划法有享受免税法、享受减税法、享受税率优惠法、享受扣除优惠法、享受抵免优惠法和享受退税优惠法。

企业类型的税收筹划法有一般纳税人与小规模纳税人选择法、

企业组建形式选择法和分公司与子公司选择法。

纳税时间的税收筹划方法主要是合法前提下的最迟纳税法。

纳税地点的税收筹划方法主要有回避税收管辖权法和利用低税区避税法。

disizhang

# 第四章 公司投资决策中的税收筹划

本章以投资组合理论与投资决策中的税收筹划研究作为开始，然后按照投资决策的内容分别讨论固定资产投资决策中税收筹划、对外投资决策中的税收筹划、无形资产投资决策中的税收筹划、流动资产投资决策中的税收筹划。

## 第一节 投资组合理论与投资决策中的税收筹划

投资组合理论是投资决策中最主要的理论。投资组合决策是投资决策中最主要的决策。投资决策中的税收筹划为投资决策服务，因此，投资决策中的税收筹划必须遵循投资组合理论及投资组合决策的方法。

马科维茨（Harry Markowiz）1952 年发表论文《投资组合的选

择（Portfolio Selection）》，标志着现代投资组合理论的诞生。1964年，马科维茨的博士生夏普（William F. Sharp）继承和发展了其导师的思想，提出了著名的资本资产定价模型（CAPM）。1970年布伦南（Brennan）提出了考虑税率差异影响的资本资产定价模型。1973年，布莱克（Black）和斯科尔斯（Scholes）提出著名的期权定价公式，莫顿（Merton）对该定价公式进行了发展和深化。1976年斯蒂芬·罗斯（Stephen A. Ross）提出了套利定价理论（APT）。可以看出，现代投资组合理论后期的研究，主要在资产的风险与收益测量方法、资产定价方法上进展较大。资产的风险与收益测量及资产定价是投资组合理论的重要基础。本书展望，将来投资组合理论发展成熟和完善之后，不仅可应用于证券投资组合决策，还可应用于其他各种投资组合决策，成为与筹资决策中的资本结构理论比肩的“资产结构理论”。

## 一、马科维茨的均值—方差分析法

马科维茨现代投资组合理论的基本思想主要是分散投资可以分散风险，而用来说明其思想的数学方法是均值—方差分析法。

### （一）基本假设

1. 假设证券市场是有效的，投资者是理性的，能够获知证券市场上各种证券的收益与风险的变动及其原因，不存在非对称信息，不存在交易成本，资金自由流动，资产无限可分。

2. 假设市场上只有个人和厂商而没有政府，不存在税收。

3. 假设所有证券的收益率为随机变量，服从正态分布，其性质可用期望值和方差来描述，具体地说以证券收益率的期望值代表证券的未来收益，以证券收益率的方差或标准差代表证券的风险。

4. 假设投资者都是风险厌恶者，都希望得到较高的收益率，如果要他们承受较大的风险则必须以得到较高的期望收益作为补偿；换言之，投资者的目标是风险最小化的同时使收益最大化。

5. 假设投资者根据证券的期望收益率和标准差选择证券组合。

6. 假设多种证券的收益率之间是相关的，相关性用协方差表示。

（二）推论

1. 证券投资组合的收益，是各单个证券期望收益的加权平均。

$$\overline{K}=\sum_{i=1}^{n}K_iP_i \tag{1}$$

$$\overline{K}_p=\sum_{i=1}^{n}X_i\overline{K}_i \tag{2}$$

式（1）是单个证券的期望收益，它是其各种可能的收益（$K$）以概率（$P$）为权数的加权平均。式（2）是证券投资组合的期望收益，它是投资组合中各种证券的期望收益以各该种证券在投资组合中的投资份额（$X$）为权数的加权平均。

2. 投资组合的风险，不是各单个证券标准差的加权平均，而是比平均值低，具体值的大小需考虑证券之间的相关性及协方差。

$$\delta=\sqrt{\sum_{i=1}^{n}(K_i-\overline{K})^2P_i} \tag{3}$$

$$\delta_p=\sqrt{\sum_{i=1}^{n}\sum_{j=1}^{n}X_iX_j\delta_{i,j}} \tag{4}$$

式（3）是单个证券的标准差，表示单个证券的风险。式（4）是关于投资组合风险的计算式，其值的大小受各单个证券在投资组合中的投资份额（$X$）和证券之间协方差的影响。

3. 证券之间的关系用相关系数表示；多数证券之间是相关的，包括正相关关系和负相关关系；负相关的证券组合可以抵销风险，其中完全负相关的证券组合可以完全抵销风险；正相关的证券组合可以使风险平均化，其中完全正相关的证券组合完全不能降低风险。

$$r_{AB}=\frac{\text{Cov}\ (AB)}{\delta_A\delta_B} \tag{5}$$

式（5）是证券 $A$ 与证券 $B$ 之间的相关系数，它是证券 $A$ 与证券 $B$ 的协方差与其标准差乘积的商。

4. 因为证券之间存在着相关性，包含足够证券数量的投资组合可以分散风险，但一般不能完全消除风险。

5. 投资风险越大，投资人要求得到的报酬越高；投资组合的风险报酬是投资人因冒风险而要求得到的额外收益。

6. 有效投资组合是在风险相同的情况下有最高期望收益率的投资组合，或者是在期望收益率相同的情况下有最低风险的投资组合。因此，有效投资组合是一个有效投资边界集合，而有效边界集合的方程及其最优解的计算非常复杂，不再赘述。投资者如何选择有效投资边界上的点即如何选择最优的投资组合决定于其对待风险的态度。

### （三）对马科维茨均值—方差分析法的简要评价

该分析法的推论是基本正确的，被公认为现代投资组合理论的开端。但是，该理论是在完美市场、投资者理性、无交易成本、无税等假设条件下得出的，而这些假设不符合客观实际情况。均值—方差分析法特别是其中的有效集和最优解的计算比较复杂，存在着应用上的困难。证券的收益率呈正态分布是值得怀疑的，用方差衡量单个证券的风险、用方差、协方差衡量投资组合的风险是值得探讨的。

从中国的情况看，证券市场的建立时间不长，发育不完善，投资者不理性，基本上是一个投机股市，与马科维茨的假设差距较大。证券投资的利息所得（国债利息和股息、红利所得免税）和资本利得都要缴纳企业所得税（个人获得的股息、红利所得要缴纳个人所得税，个人获得的资本利得不需缴纳个人所得税，但本书的研究对象是公司而非个人）。公司进行证券买卖要缴纳证券交易印花税。无论是企业所得税，还是证券交易印花税，基本与所投资的证券品种没有关系（除证券公司发行的证券之外）。也就是说，公司在进行证券投资和选择证券品种时，主要考虑的不是税收而是税后的收益。当然，证券交易印花税会增加交易的成本，促使公司减少交易的频率。

从马科维茨的均值—方差分析看，其涉及的变量主要有三个：证券投资的各种可能的收益（$K$）、概率（$P$）和各种证券在投资组合中的投资份额（$X$），而与税收有关的主要是 $K$ 值。若取消无税假设，根据中国现行制度，$K$ 值的确定如下：

$K$ = 资本利得收益 + 利息收益

资本利得收益 = 证券卖出收入 − 证券买入成本 − 资本利得所得税

证券卖出收入 = 证券卖出价格 − 交易成本 − 证券交易印花税

证券买入成本 = 证券买入价格 + 交易成本 + 证券交易印花税

利息收益 = 股票利息收入 + 国债利息收入 + 企业债券利息收入 − 企业债券利息所得税

## 二、资本资产定价模型

夏普（Sharpe）、林特（Lintner）和莫森（Mossin）分别于 1964 年、1965 年和 1966 年提出了资本资产定价模型（Capital Asset Pricing Model，缩写为 CAPM）。其基本思想主要是：在证券市场均衡的条件下，证券投资组合只能分散公司特有风险，而不能分散市场共有风险，因此，只能对所承担的市场共有风险要求得到风险报酬；证券的均衡价格决定于其未来所能带来的报酬（率），它是无风险报酬率与风险报酬率的和，即必要报酬率，此时它与其期望报酬率相等；在证券市场非均衡的条件下，投资者应选择投资于期望报酬率大于其必要报酬率的投资组合。

（一）基本假设

除与马科维茨的均值—方差分析法具有基本相同的假设之外，还假设市场上存在无风险资产，所有投资者均可以按无风险利率无数额限制地借入或贷出资金；投资者有着相同的预期；任何资产都没有卖空限制，只要存在着套利机会就会存在着卖空，而套利的结果必将消除套利的机会使市场实现均衡。

（二）基本模型

市场上存在着无风险资产，投资者可以按无风险利率无数额限制地借入或贷出资金。无风险资产风险低但其收益率也低。因此，投资者要进行无风险资产与有风险资产的投资组合。

无风险资产是指未来收益能够事先确定的资产，是指收益的标准差等于0的资产；如偿还期限在一年以内的国库券。严格地讲，国库券只是名义利率确定而实际利率并不确定，它要受通货膨胀的影响，所以并不是真正意义的无风险资产。

无风险资产与有风险资产组合的收益是各单项资产期望收益的加权平均：

$$\overline{K}_p = XR_F + (1-X)\overline{K}_B$$

无风险资产与有风险资产组合的风险用下式计算：

$$\delta_p = \sqrt{X^2\delta_{RF}^2 + (1-X)^2\delta_B^2 + 2X(1-X)r_{RFB}\delta_{RF}\delta_B}$$

因式中无风险资产的标准差和无风险资产与风险资产 $B$ 的协方差皆为0，则：

$$\delta_p = \sqrt{(1-X)^2\delta_B^2} = (1-X)\ \delta_B \tag{6}$$

式（6）中：$\delta$ 代表标准差，$X$ 代表无风险资产的投资比重，$(1-X)$ 代表有风险资产的投资比重，$\overline{K}_B$ 代表风险资产 $B$ 的期望收益率，$RF$ 代表无风险资产的期望收益率，下角标 $RF$ 代表无风险（Risk Free）资产，下角标 $P$ 代表投资组合（portfolio）。

根据式（6）可知，无风险资产与有风险资产投资组合的标准差与有风险资产的标准差呈线性关系，其斜率为 $(1-X)$。有风险资产的标准差越大，则组合的标准差就越大。斜率的大小取决于无风险资产与有风险资产的投资比重。另外，可知无风险资产与风险资产投资组合的收益与有风险资产的收益之间也呈线性关系，其斜率也为 $(1-X)$，只是有截距为无风险资产的投资比重与无风险收益率的乘积。

现假设有风险资产不是单项资产而是一个有风险资产的投资组合，是资本市场上所有股票的投资组合，则上述公式中的下角标$_B$替换为$_M$（market）：

$$\overline{K}_p = XR_F + (1-X)\ \overline{K}_M$$

$$\delta_p = (1-X)\ \delta_M$$

将 $(1-X) = \dfrac{\delta_p}{\delta_M}$，$X = 1-\dfrac{\delta_p}{\delta_M}$代入前式得：

$$\overline{K}_p = R_F + \frac{\overline{K}_M - R_F}{\delta_M}\delta_p \tag{7}$$

式（7）代表的是一条直线，这条线就是著名的资本市场线。

资本市场线中的$\dfrac{\delta_p}{\delta_M}$被定义为投资组合的培塔系数（$\beta$），则：

$$\overline{K}_p = R_F + \beta_p\ (K_M - R_F) \tag{8}$$

式（8）反映的是证券投资组合的必要报酬率，即投资组合的必要报酬率等于无风险报酬率加上投资组合的风险报酬率。公司在进行投资组合决策时，只有投资组合的期望收益率高于其必要报酬率，投资组合才是可行的。若用式（8）反映单个证券的必要报酬率，则式（8）改写为：

$$\overline{K}_i = R_F + \beta_i (K_M - R_F) \tag{9}$$

式（9）被称为资本资产定价模型，它代表的是一条直线，这条线即是著名的证券市场线。式中（$K_M - R_F$）表示股票市场平均的风险报酬率，乘以某个股票的贝他系数后为某个股票的风险报酬率。它告诉我们，投资者进行股票投资时，首先要求得到无风险报酬，然后根据股票投资的风险大小相应要求得到风险报酬，无风险报酬率与风险报酬率的和是投资该股票的必要报酬率。之所以将必要报酬率的计算模型称为定价模型，是因为利率就是资本的价格，资本性资产的价格即长期资本的价格就是其必要报酬率。

（三）资本资产定价模型的发展及评述

1970 年布伦南（Brennan）提出了考虑税率对证券投资报酬影响的资本资产定价模型；韦斯克（Vasicek）和布莱克（Black）分别于 1971 年和 1972 年研究了不存在无风险借贷时的资本资产定价模型；迈耶斯（Mayers）于 1972 年提出了考虑存在退休金、社会保险等非市场化资产情况下的资产定价模型；1973 年莫顿（Merton）拓展了 CAPM 只考虑单期的最优资产选择情况，提出了多因素的 ICAPM（Intertemporal CAPM）模型；1978 年卢卡斯（Lucas）、1979 年布利登（Breeden）、1981 年克劳斯曼（Grossman）和希勒（Shiller）分别提出了基于消费的 CAPM 模型，简称为 CCAPM，他们假设投资者在整个生命期追求消费效用最大化来研究消费与资产的持有选择问题。下面主要介绍一下布伦南考虑税率差异影响的资本资产定价模型。

1. 布伦南考虑税率差异影响的资本资产定价模型的基本假设。

前述资本资产定价模型的假设条件，除无税假设外，其他假设继续成立。布伦南假设存在税收，投资者分别适用不同的比例个人所得税率，且股息所得税率与资本利得的所得税率不同，资本利得的所得税率较低。

2. 布伦南的资本资产定价模型。

$$\overline{K}_j - R_F = \beta_j[\overline{K}_M - R_F - T\ (D_M - R_F)] + T\ (D_j - R_F) \qquad (10)$$

式（10）中，$\overline{K}_j$ 代表证券 $J$ 的税前收益率；下角标 $J$ 代表证券 $J$；$T$ 代表市场均衡时综合的税率差异，且 $T=\dfrac{T_D - T_G}{1 - T_G}$，$T_D$ 与 $T_G$ 分别代表投资者的股息所得和资本利得的边际税率的加权平均，权重为投资者期望收益与方差的边际替代率；$D_M$ 代表股票市场平均的期望股息收益率；$D_j$ 代表证券 $J$ 的期望股息收益率。

3. 对资本资产定价模型包括布伦南模型的简要评价。资本资产定价模型基于严格的假设条件，如资本市场有效、投资者理性、不存在非对称信息、不存在交易成本、不存在税收等，许多的假设条件是不符合客观实际的；只考虑了系统性风险这一单一因素，这些使其在应用中存在着一定的局限性。有人认为，资本资产定价模型是无法得到检验和证明的。

布伦南第一次将税收引入资本资产定价模型，考虑了税率差异对资本市场均衡的影响。布伦南的资本资产定价模型中的 $T$ 是税率差异，说明是税率差异而不是税收本身对资本市场均衡产生影响。也就是说，如果税收是中性的，不存在税率差异，税收的存在不会打破资本市场均衡的态势。由此可以推论，夏普的资本资产定价模型可以看作是以税收中性即不存在税率差异为假设条件的。

由布伦南模型可知，在不确定条件下，当资本市场达到均衡时，证券的风险报酬既是该证券贝他系数的函数，也是该证券期望股息收益率的函数；若股息的所得税率高于资本利得的所得税率，发放股息将使投资者损失税收利益（主要指个人投资者），因此，期望股息收益率高的证券应该得到更高的风险报酬。

布伦南模型考虑了税率差异对证券市场均衡的影响和对证券定价的影响，为公司在进行资本结构决策和股利决策时考虑税率差异奠定了理论基础。

当然，布伦南模型也存在着一定的局限性，第一，未考虑股息所得税与利息所得税的差异，股息是公司用所得税后的利润发放的，而利息是在公司缴纳所得税前支付的；第二，未考虑股息收益的风险，股息是预计的，它与实际股息可能存在着较大的差异；第三，税率差异 $T$ 的值难以测定，因此，该模型的实证检验很难。另外，布伦南模型不符合中国的情况，从税收差异看，公司税与个人税就不同；布伦南考虑的主要是个人税，但中国目前不存在个人的资本利得所得税。

## 三、期权定价模型

1997 年，美国哈佛大学的罗伯特·莫顿（Robert C. Merton）教授和斯坦福大学的麦伦·斯科尔斯（Myron Scholes）教授，因为他们和已故的布莱克先生在估价衍生金融商品价值方面所作出的突出贡献，而荣获诺贝尔经济学奖。前已述及，期权定价模型（Option Pricing Model，OPM）最早由布莱克和斯科尔斯提出，莫顿等进行了深化和发展。

### （一）基本假设

1. 假设基础资产是有风险资产，基础资产市场是有效的，不存在交易成本和税收。

2. 假设没有卖空限制。

3. 假设基础资产如股票在期权有效期内没有任何股利支付或

其他支付。

4. 假设无风险利率保持不变。

5. 假设期权属于欧式期权，即只能在到期日执行。

6. 假设基础资产是无限可分的，交易是连续的，交易者可不断调整股票与期权的头寸状况以得到无风险组合。

7. 假设各个期间基础资产收益率遵循固定的随机过程，即各个期间内资产收益率概率分布的期望值和方差均相同，服从对数正态分布。

8. 假设不存在套利机会。

（二）Black－Scholes 期权定价模型

布莱克教授和斯科尔斯教授基于上述一系列假设，认为股票期权与标的股票之间可以形成一个无风险投资组合如购入一定数量的股票并相应购入一定数量的卖出期权，从而消除该投资组合的系统性风险（非系统性风险通过股票分散化予以消除），以获得无风险收益率。期权的价值即是在实现无风险投资组合以获得无风险收益率时期权的均衡价格。他们推导出的买入期权的价值为：

$$C = S_0 N(d_1) - \frac{E}{e^{RfT}} N(d_2) \tag{11}$$

$$d_1 = [\ln(S_0/E) + (Rf + 0.5\delta_s^2)T] / (\delta_s/\sqrt{T}) \tag{12}$$

$$d_2 = d_1 - (\delta_s \sqrt{T}) \tag{13}$$

式（11）、式（12）、式（13）中，$C$ 代表买入期权的价值；$S_0$ 代表股票的现行价格；$N$ 代表标准正态分布自 $-\infty$ 到 $d_i$ 的累计概率，$N(d_1)$和 $N(d_2)$ 代表各自在标准正态分布函数下的面积；$E$ 代表期权的执行价格；$Rf$ 代表无风险利率；$\delta_s$ 代表股票收益率的标准差；$T$ 代表时间，可能是年的整数倍，也可能是分数倍；$e \approx 2.71828\cdots$，是自然对数的底；$\ln(S_0/E)$ 即是指 $(S_0/E)$ 的自然对数。

通过买入期权定价模型可知，期权价值会随着基础资产价格的上升而上升，会随着利率的上升而上升，会随着股票收益率标准差的上升而上升，会随着到期时间的延长而上升，会随着执行价格的降低而上升。

根据期权的内在特点，同一基础资产的同期限、同执行价格的买入期权与卖出期权之间存在着平价关系：

$$P = C + PV_T[E] - S_0$$

经过整理得：

$$P = \frac{E}{e^{R/T}} N(-d_2) - S_0 N(-d_1) \qquad (14)$$

式（14）中 $P$ 代表卖出期权的价格；$PV_T[E]$ 代表未来 $T$ 时执行价格 $E$ 的现值；其他字母代表意思与式（11）相同。

通过卖出期权定价模型可知，决定其价格的因素与买入期权是相同的，只是变化方向不尽相同，卖出期权的价格与执行价格、到期时间、股票收益率的标准差呈正向关系，而与基础资产价格和利率呈反向关系。

（三）期权定价模型的发展与评述

布莱克－斯科尔斯的期权定价模型建立在与实际相差较大的“完美市场”基础上，许多假设条件与现实不符，因此，后来的研究者们试图在“放松”其假设条件下，寻求更符合客观实际的期权定价模型，取得了许多优秀成果，如 1973 年索普（Thorpe）检验了卖空限制条件；1973 年默顿（Merton）推广了考虑股利和随机利率的模型；1976 年英格索尔（Ingersoll）、斯科尔斯（Scholes）考虑了资本收益和股利的不同税率效果；1976 年布莱克（Black 年）研究了商品期权；1985 年考克斯（Cox）、英格索尔（Ingersoll）及罗斯（Ross）年）考察了利率期权；1985 年利兰（Leland）考虑了交易成本。

另外，有许多研究者包括布莱克和斯科尔斯采用实证检验的方法，利用上市公司资料对期权定价模型进行了测试，综合起来，有以下看法：一是比较适合于对平值期权的估价，而会高估减值期权和低估增值期权；二是对临近到期日期权的估价偏差较大；三是会高估高离散度的买入期权，会低估低离散度的买入期权。

期权对于许多的中国人可能还比较陌生，但它已经确实存在着，如认股权、高管或高级雇员的股票购买期权、可转换债券所附带的期权等。期权是有价值的，其价值是可以估计的。期权与税收之间的关系比较复杂，因为期权的标的资产种类繁多，不同种类的标的资产涉及的税收种类可能不同。公司中存在的期权问题也比较多，许多问题是值得研究的，比如公司向雇员发放奖金与授予雇员股票期权的税收效果有什么不同，奖金税与期权收益税孰高孰低，雇员更愿意获得奖金还是股票期权等等。从我国的现行税制看，奖金税需缴纳个人所得税，而获得股票期权若将来取得资本利得可不用缴纳个人所得税。

总体来说，期权定价模型对于衍生金融商品的定价还是具有相当准确性的，而且许多资产都具有期权的特征可使用该定价模型，因此，该模型是具有较强实用价值的定价模型。

## 四、套利定价理论

套利定价理论（Arbitrage Pricing Theory，APT），1976 年首先由罗斯（Ross）提出。套利是指利用无效的市场价格即相同资产存在着不相同的价格，通过低价买入并以高价卖出，或通过卖空即借入一项资产并卖出，然后再买入该项资产归还其出借者，以几乎不付出代价而获取收益的过程。投资包括证券投资就是要寻求套利组合。套利组合可以消除所有的风险，可以在无风险的情况下获取收益。然而，套利的结果会使市场实现均衡，会消除套利机会，不可能实现无风险套利收益（套利组合的收益为0），投资的风险是不可避免的。套利定价理论是在消除了套利机会的市场均衡条件下，关于投资报酬与风险之间关系的一种理论。在市场均衡的条件下，资产的价值等于无风险报酬加上其风险溢价。

（一）基本假设

1. 卖空不受限制。

2. 市场是完全有效的，无交易成本，不存在套利机会。

3. 投资者是风险厌恶者，有着相同的预期，都追求效用最大化。

4. 市场上的资产数量远远大于对所有资产有普遍影响的共有风险因素的个数。

（二）套利定价模型

某种资产或某一资产组合在某一时期的收益率为：

$$R_{s,t}=E(R_s)+\beta_{s,1}F_{1,t}+\beta_{s,2}F_{2,t}+\cdots+\beta_{s,n}F_{n,t}+e_{s,t} \quad (15)$$

式（15）中，$E(R_s)$代表资产$s$的期望收益率；$\beta_{s,n}$代表资产$s$对共有风险因素$n$的敏感程度；$F_{n,t}$代表某一时期的共有风险因素$n$对其期望值的随机偏差，其期望值为0；$e_{s,t}$代表资产$s$的随机干扰项，其期望值为0；并且共有风险因素与公司特有风险因素之间相互独立，不同公司的特有风险因素之间相互独立，不同风险因素的影响之间相互独立，相互独立即是指不相关、其协方差为0。

罗斯认为如果上式中的关系成立，并且套利机会已被消除，则一项资产的期望收益率为：

$$E(R_s)=R_f+[E(R_1)-R_f]\beta_{s,1}+[E(R_2)-R_f]\beta_{s,2}+\cdots+[E(R_n)-R_f]\beta_{s,n} \quad (16)$$

式（16）中，$R_f$ 代表无风险收益率；$E(R_n)$ 代表对风险因素 $n$ 具有单位敏感性（其贝他系数为1）而对其他风险因素零敏感性的投资组合的期望收益率；其他字母意义与上相同。

（三）对套利定价理论的简要评价

套利定价理论与资本资产定价模型相比，假设条件大为减少，虽然其资产定价的基本思想仍然是无风险报酬加上风险报酬，但其所考虑的风险因素不再只是单一的市场风险而是还包括了人均收入水平、通货膨胀、汇率变动、经济增长等等多个因素，提高了套利定价理论的适应性，而资本资产定价模型可以看作是套利定价理论的特殊形式。

套利定价理论并没有假设无税。前已述及，其实资本资产定价模型也可以不假设无税，只要假设税收中性就可以了。套利肯定存在着税收问题，有套利收益就需要纳税。然而，每一种资产都可能存在着套利机会，每一种资产套利所涉及的税收种类可能存在着不同，同一种资产套利还可能存在着不同的税收负担。因此，套利定价模型是统一的，但套利定价模型的具体应用是有差别的，起码在税收方面是有差别的。存在着利益差别，存在着税收利益差别，就意味着存在着套利机会。税收筹划有时也是一种套利。斯科尔斯（Scholes）在其与他人合著的《税收与企业战略》中将税收套利分为两种类型，一是组织形式套利；二是顾客基础套利。组织形式套利是指通过一种享有税收优惠的组织形式投资持有资产或进行生产经营（享有税收优惠，且不负担资本的成本），而同时通过一种没有税收优惠的组织形式借款持有资产或进行生产经营（不能享有税收优惠，但负担资本的成本）。顾客基础套利是指边际税率高的纳税人投资一项优惠资产同时借款投资一项非税收优惠资产，而边际税率低的纳税人则相反。

## 五、对投资组合理论的总结和展望

1. 资产分无风险资产和有风险资产。无风险资产实际只是接近无风险的资产，如短期国债、大额可转让银行存单、商业票据等，它们都还受通货膨胀的影响。除无风险资产之外，皆为有风险资产。

2. 有风险资产的风险有大小，风险大收益高，风险小收益低。风险通过标准差、方差、协方差、方差与期望值之比、敏感系数等衡量。收益通过税前利润、税后利润、现金净流量、期望报酬率、必要报酬率、净现值、内涵报酬率、获利指数等衡量。

3. 公司的资产组合包括无风险资产与有风险资产的组合、有风险资产的组合、证券资产的组合、集团公司内部的行业组合等。

4. 无风险资产虽然基本没有风险，但也基本没有收益。因此，要增加收益，就要增加有风险资产。敢于冒险的公司决策者可以适当增加公司有风险资产的比重，相对保守的公司决策者可以适当增加公司无风险资产的比重。

5. 有风险资产（包括证券资产）通过组合分散风险，其组合风险的大小由资产的品种数量及其比重等决定。资产或投资越分散一般越能够分散风险，且主要是分散掉公司特有风险。在市场非均衡的条件下，可积极寻找套利机会，进行套利组合，力求在无风险情况下获取套利收益。

6. 公司的所有资产可以被视为一个资产组合，而最优的资产组合，是一个能够使企业价值最大而同时使风险最小的组合。降低风险的方法，一是增加无风险资产的比重；二是通过增加有风险资产的品种消除公司特有风险；三是进行套利组合实现无风险套利。

7. 集团公司可以多行业投资、分散经营，实现集团公司的最优资产组合，以使集团公司整体的价值最大而同时使风险最小。控制行业风险的方法主要是掌握分散程度、调整各行业在总投资中的份额比重。

8. 公司价值是公司全部资产组合的价值，可通过资本资产定价模型、期权定价模型、套利定价模型以及市盈率模型、贴现现金流量模型等确定。

9. 筹资的风险可以通过不借债而消除，而资产运用的风险可通过套利组合予以消除。但在市场均衡的条件下，公司只能获得必要报酬率即无风险报酬率与风险报酬率的和，而不能获得套利收益，即这时若进行套利，则套利组合的收益是零。

10. 税收是公司的一项费用，是影响公司收益的一个因素。不同资产或不同投资的税收负担不同，必定会促使公司在财务决策中进行税收筹划，而税收筹划时不应仅考虑税收负担的不同，应考虑总体的收入、费用情况即考虑税后净收益的不同。另外，税收也是影响市场均衡的一个因素。非中性的税收会打破市场的均衡，但随着时间的推移，市场会重新实现均衡。税收筹划往往是具体的和个性的，是针对具体企业的，而投资组合理论是比较抽象的和共性的，是适应于所有企业的。因此，投资组合理论的研究中往往假设市场均衡和税收中性，往往忽略税收的差异性。

## 第二节　固定资产投资决策中的税收筹划

固定资产投资的特点有投资收益较高、投资风险较高、投资数额较大、投资周期较长、投资次数较少等。固定资产投资决定公司的经营行业，决定公司的经营规模，决定公司的技术装备水平，决定公司的经济效益，对公司财务影响较大。固定资产投资管理重在决策。固定资产投资的决策成功是最大的成功。固定资产投资的决策失败是最大的失败。这里所讲的固定资产投资决策是指固定资产投资项目在财务、经济上是否可行的决策，是以该项目在市场、技术等方面可行为假设前提的决策。固定资产投资项目在财务、经济上是否可行，决定于该项目投资所导致的增量现金流量。而税收筹划所能够影响的就是现金流量。税收对于公司来说属于现金流出量（或者说属于成本费用）。所以，进行税收筹划并不影响项目决策的方法，它只是力图尽可能地减少税金的流出，以帮助公司作出科学合理的投资决策。

固定资产投资决策是以全投资假设为前提，不用考虑资金如何筹集，不用考虑需要借入多少资金，因为不论资金来自哪里都会考虑其时间价值和风险价值。

公司进行固定资产投资有时很简单、投资额也不大，如购置工具、器具；而有时很复杂、投资额巨大，如大型工程项目建设。我们进行分析时尽量将固定资产投资想得复杂一些、决策事项全面一些，以使我们的分析更具应用价值。固定资产投资的决策事项首先是投资行业决策，即先要选择将要从事的经营活动内容；其次是投资地域决策，即在哪里从事相应的经营活动；最后是经营活动所需的固定资产取得决策，即如何获得经营活动所需要的固定资产。现按照决策事项依次进行税收筹划分析。

## 一、投资行业决策中的税收筹划

进行固定资产投资，首先应进行投资行业决策。按照税收中性原则，税收不应是公司行业决策的影响因素。但是，中国目前的税收还不是完全中性，不同的行业之间还存在着税收差别（不仅存在着商品课税的差别，也存在着所得课税的优惠差别）。现以商品课税和所得课税为筹划重点，阐述不同行业的纳税种类及可以享受的税收优惠如下。

（一）缴纳增值税的行业与可获优惠的业务

1. 缴纳增值税的行业。整个商品货物销售业、加工劳务的提供业、修理修配业、进口货物销售业等。

2. 可获增值税优惠的业务。

（1）可获低税率优惠（13%）的业务。根据《中华人民共和国增值税暂行条例》的规定，可获低税率优惠的业务包括销售和进口以下货物：粮食、食用植物油；自来水、暖气、冷气、热水、煤气、石油液化气、天然气、沼气、居民用煤炭制品；图书、报纸、杂志；饲料、化肥、农药、农机、农膜等。

（2）可免征增值税的项目。根据《中华人民共和国增值税暂行条例》的规定，可免征增值税的项目包括：农业生产者销售的自产农业产品；避孕药品和用具；古旧图书；直接用于科学研究、科学试验和教学的进口仪器、设备；外国政府、国际组织无偿援助的进口物资和设备；来料加工、来件装配和补偿贸易所需进口的设备；由残疾人组织直接进口供残疾人专用的物品；销售的自己使用过的物品。

（3）另行规定的免税项目。根据财政部、税务总局的有关规定，可以免税的项目还有：纳税人生产经营的饲料；国家储备的粮油；农膜；废旧物资；部分资源综合利用产品；批发、零售的化肥、种子、种苗、农药、农机；利用废液（渣）生产的黄金、白银；残疾人专用的假肢、轮椅、矫形器等；来料加工复出口的货物；校办企业生产的产品（用于本校教学科研的）等。

此外，根据财政部、税务总局的有关规定，可以享受一定减免税待遇的项目有：福利企业；软件和集成电路产品；工业环节的部分资源综合利用产品；利用煤矸石、煤泥、油母页岩和风力生产的电力；部分新型墙体材料产品；宣传文化单位的出版物、电影拷贝；县以下新华书店销售的出版物；销售旧货等。

（4）出口退税。纳税人出口适用税率为零的货物，向海关办理出口手续后，凭出口报关单等有关凭证，可以按月向税务机关申报办理该项出口货物的退税。

（5）销售额未达起征点的免征增值税。根据《中华人民共和国增值税暂行条例实施细则》的规定，起征点的适用范围仅限于个人，不适用于公司。

公司兼营减、免税项目的，必须单独核算，否则不能享受减免。

### （二）缴纳消费税的行业与可获优惠的业务

1. 缴纳消费税的行业。根据《中华人民共和国消费税暂行条例》的规定，缴纳消费税的行业有：境内生产、委托加工、进口烟、酒（含酒精）、化妆品、护肤护发品、贵重首饰及珠宝玉石、鞭炮、焰火、汽油、柴油、汽车轮胎、摩托车、小汽车等的行业。

2. 可获消费税优惠的业务。出口应税消费品可免征消费税。

消费税的税率档次多、差别大，公司兼营不同税率的消费品要分别单独核算，否则将从高适用税率。

### （三）缴纳营业税的行业与可获优惠的业务

1. 缴纳营业税的行业。根据《中华人民共和国营业税暂行条例》的规定，缴纳营业税的行业有：交通运输业、建筑业、金融保险业、邮电通信业、文化体育业、娱乐业、服务业、转让无形资产和销售不动产的企业。

2. 可获营业税优惠的业务。

(1) 免征营业税的项目。根据《中华人民共和国营业税暂行条例》的规定，免征营业的项目有：托儿所、幼儿园、养老院、残疾人福利机构提供的育养服务，婚姻介绍，殡葬服务；残疾人员个人提供的劳务；医院、诊所和其他医疗机构提供的医疗服务；学校和其他教育机构提供的教育劳务，学生勤工俭学提供的劳务；农业机耕、排灌、病虫害防治、植保、农牧保险以及相关技术培训业务，家禽、牲畜、水生动物的配种和疾病防治；纪念馆、博物馆、文化馆、美术馆、展览馆、书画院、图书馆、文物保护单位举办文化活动的门票收入，宗教场所举办文化、宗教活动的门票收入。

(2) 其他免征营业税的项目。根据财政部、税务总局的有关规定，免征营业税的项目还有：将土地使用权转让给农业生产者用于农业生产的；单位（包括外商投资企业、外商投资设立的研究开发中心、外国企业）从事技术转让、技术开发业务和与之相关的技术咨询、技术服务业务取得的收入。

(3) 营业额未达起征点的免税。根据《中华人民共和国营业税暂行条例实施细则》的规定，按期纳税的起征点为月营业额200元～800元；按次纳税的起征点为每次（日）营业额50元。各省、自治区、直辖市的具体起征点可能有所不同，因为各地人民政府所属税务机关可在规定的幅度内，根据实际情况确定本地区适用的起征点，当然具体起征点须报国家税务总局备案。

营业税的税率一般为3%或5%，娱乐业为5%～20%。分业经营要分业、分项单独核算，否则从高适用税率，且不能享受减免税优惠。

### (四) 可获所得税优惠的行业

原则上不论什么行业所有公司制企业都要缴纳企业所得税。但一些行业存在着优惠。

1. 从事农、林、牧、渔业项目的所得免征、减征企业所得税。

（1）免征企业所得税的项目。根据《中华人民共和国企业所得税法实施条例》的规定，免征企业所得税的项目有：蔬菜、谷物、薯类、油料、豆类、棉花、麻类、糖料、水果、坚果的种植；农作物新品种的选育；中药材的种植；林木的培育和种植；牲畜、家禽的饲养；林产品的采集；灌溉、农产品初加工、兽医、农技推广、农机作业和维修等农、林、牧、渔服务业项目；远洋捕捞。

（2）减半征收企业所得税的项目。根据《中华人民共和国企业所得税法实施条例》的规定，减半征收企业所得税的项目有：花卉、茶以及其他饮料作物和香料作物的种植；海水养殖、内陆养殖。

2. 从事国家重点扶持的公共基础设施项目投资经营的所得免征、减征企业所得税。国家重点扶持的公共基础设施项目，是指《公共基础设施项目企业所得税优惠目录》规定的港口码头、机场、铁路、公路、城市公共交通、电力、水利等项目。

根据《中华人民共和国企业所得税法实施条例》的规定，企业从事国家重点扶持的公共基础设施项目的投资经营的所得，自项目取得第一笔生产经营收入所属纳税年度起，第一年至第三年免征企业所得税，第四年至第六年减半征收企业所得税。但企业承包经营、承包建设和内部自建自用规定的项目，不享受企业所得税优惠。

项目在减免税期限内转让的，受让方自受让之日起，可以在剩余期限内享受规定的减免税优惠；减免税期限届满后转让的，受让方不得就该项目重复享受减免税优惠。

3. 从事符合条件的环境保护、节能节水项目的所得免征、减征企业所得税。环境保护、节能节水项目，包括公共污水处理、公共垃圾处理、沼气综合开发利用、节能减排技术改造、海水淡化等。项目的具体条件和范围由国务院财政、税务主管部门商国务院有关部门制订，报国务院批准后公布施行。

根据《中华人民共和国企业所得税实施条例》的规定，企业从事符合条件的环境保护、节能节水项目的所得，自项目取得第一笔生产经营收入所属纳税年度起，第一年至第三年免征企业所得税，第四年至第六年减半征收企业所得税。

项目在减免税期限内转让的，受让方自受让之日起，可以在剩余期限内享受规定的减免税优惠；减免税期限届满后转让的，受让方不得就该项目重复享受减免税优惠。

4. 符合条件的技术转让所得免征、减征企业所得税。根据《中华人民共和国企业所得税实施条例》的规定，在一个纳税年度内，居民企业技术转让所得不超过500万元的部分，免征企业所得税；超过500万元的部分，减半征收企业所得税。

5. 国家需要重点扶持的高新技术企业，减按15%的税率征收企业所得税。

6. 创业投资企业从事国家需要重点扶持和鼓励的创业投资，可以按投资额的一定比例抵扣应纳税所得额。

根据《中华人民共和国企业所得税法实施条例》的规定，创业投资企业采取股权投资方式投资于未上市的中小高新技术企业2年以上的，可以按照其投资额的70%在股权持有满2年的当年抵扣该创业投资企业的应纳税所得额；当年不足抵扣的，可以在以后纳税年度结转抵扣。

企业同时从事适用不同企业所得税待遇的项目的，其优惠项目应当单独计算所得，并合理分摊企业的期间费用；没有单独计算的，不得享受企业所得税优惠。

需要注意的是，公司在进行投资行业决策时，千万不能只考虑显性税收负担的轻重。因为中国的市场经济还不是充分竞争的市场经济，不同的行业之间还存在着收益差别；当然，即使市场经济是充分竞争的，依然还会存在隐性税收。显性税收负担轻的可能收益较低，而显性税收负担重的可能收益较高。因此，公司在进行税收筹划时，不要只想着减少显性税收负担，而必须综合考虑收益水平（现金净流量）的高低。另外，公司在进行多业经营和行业选择时，要根据投资组合理论，根据公司的比较优势，在控制投资风险的情况下谋求公司整体的价值最大。税收筹划要为投资决策服务，而不是投资决策依赖于税收筹划。

## 二、投资地域决策中的税收筹划

当固定资产投资项目不是单纯的设备、工具、器具等的采购，而是需要增加经营场所并可在将来独立开展经营活动时，客观上就存在着投资地域选择问题。按新增经营场所与公司的地域关系分为两种情况，一是与公司一体；二是异地分设。而异地分设又分为三种情况，一是设立为分公司；二是设立为子公司，三是设立为控股合伙企业。而设立为子公司和控股合伙企业都属于对外投资，将在下一节中讨论。因此，这里要讨论的仅包括投资地与公司一体和异地设立分公司两种情况。

异地设立分公司，按规定要在投资地进行工商登记和税务登记，领取营业执照和税务登记证。根据规定，异地分公司的商品课税可以在当地申报纳税，也可以在总公司所在地汇总申报纳税，而对于所得课税应当由总公司统一核算应纳税所得额汇总申报纳税。因此，如果异地存在着商品课税的税收优惠，将会刺激异地设立分公司。当然异地设立分公司不能只考虑税收优惠，还要考虑远离总公司所增加的管理费用、所增加或减少的交易费用等非税成本。

## 三、固定资产取得方式决策中的税收筹划

公司进行固定资产投资，不是用固定资产进行投资，而是通过投入资金增加固定资产。不论是异地设立分公司还是与公司一体经营，都需要增加固定资产，包括房屋、设备、工具、器具、机动车辆等。如何取得固定资产，会影响公司的财务会计处理，进而影响到公司的纳税。公司取得固定资产的方式有自制（或自建）、购置、接受捐赠、非货币性资产交换等，其中接受捐赠无疑是最经济的（此处假设接受捐赠是单纯的接受捐赠），因此，接受捐赠是公司首选的取得固定资产的方式（当然接受捐赠不是一厢情愿的，是不能主动选择的）。另外，租赁、接受投资等，虽然也是取得固定资产的方式，但是它们是以筹资决策为前提的，此处不予考虑。现将自制、购置和非货币性资产交换对公司纳税及收益的影响分析如下。

### （一）自制还是购置固定资产

毫无疑问，自制固定资产的最大优势是投资成本低。自制固定资产的投资是成本价，而购置固定资产的投资是市场价。市场价中不仅含有成本，还含有利润。

自制固定资产较之于购置固定资产存在着税收利益。除房屋不动产外，购置固定资产的进项税额，不得从货物销售的销项税额中抵扣。而自制固定资产的购进货物之进项税额可以从货物销售的销项税额中抵扣。因此，自制固定资产由于相应的进项税额可以抵扣，其增值税负担就轻。但如果自制固定资产属于本公司产品，会被认定为自产自用而视同销售并纳税，其增值税负担轻的好处就没有了。

自制固定资产的最大问题是需要时间，特别是自建房屋、建筑

物需要更长的时间。投资往往是有时效性的，耽误时间将会产生机会成本。

（二）购置还是通过非货币性资产交换取得固定资产

非货币性资产交换是指交易双方主要以存货、固定资产、无形资产和长期股权投资等非货币性资产进行的交换。该交换不涉及或只涉及少量的货币性资产（即补价），补价占换入资产公允价值的比例低于25%。简单地说，非货币性资产交换就是指以非货币性资产交换非货币性资产，在这里是指以非货币性资产换入固定资产。

根据有关税收法规的规定，非货币性资产交换被认为是既购又销的双重交易行为。那么，通过非货币性资产换入固定资产就是既购置固定资产又销售其非货币性资产的双重交易行为。因此，它与单纯的购置固定资产相比，捆绑了一个销售非货币性资产的交易。而该销售非货币性资产的交易须照章纳税，销售其商品货物的缴纳增值税（有的还需缴纳消费税），销售其固定资产、无形资产的缴纳营业税，产生销售利润或投资收益将缴纳企业所得税。也就是说，非货币性资产交换较之于购置固定资产实际并无税收利益。但是，因为非货币性资产交换之会计准则与税法规定存在着一定的差异，以及非货币性资产交换之会计处理比较复杂，这可能促使一些公司有意利用这些差异和复杂，甚至进行关联方交易及非商业性质的非货币性资产交换，去挑战征税人员之征税能力，以期杂乱之中获得税收利益。

购置固定资产需要动用大量货币资金，而非货币性资产交换则基本不需动用货币资金。因此，采用哪种方式首先要看公司的货币资金余缺以及筹集货币资金的能力。公司可以借款购置固定资产，然后将借款费用资本化；也可以将经营用货币资金去购置固定资产，然后再借款用于经营活动，而经营活动的借款费用可以作为收益性支出直接计入当期损益。根据税法的规定，企业在生产经营活动中发生的合理的不需要资本化的借款费用，准予扣除。因此，借款费用是作为资本性支出还是作为收益性支出，存在着税收筹划的空间。

## 四、投资规模决策中的税收筹划

### （一）投资规模的确定

投资规模一般是指投资项目建设和运营所需要的资金总量。进行投资规模决策，首先要进行市场研究，分析确定投资项目所提供的商品或服务的市场需求总量、竞争情况、本公司未来可能的市场占有率及销售量；其次进行生产经营研究，根据本公司未来可能的市场占有率、销售量以及资源等的保证情况，规划设计生产经营的方法和能力；最后进行财务研究，计算设计生产经营能力所需要的资金总量，根据资金来源情况确定项目的投资规模，并对项目进行投资效益的评价。

如果将投资项目看作是公司投资组合中的组成部分，则要根据项目的风险与收益情况以及公司的资金总量，确定项目投资份额在投资总量中的比重，以实现公司投资组合的收益最大化和风险最小化。

投资是有风险的。投资项目往往具有不可逆性。因此，可考虑先将投资规模确定得小一些，若未来发展较好再考虑追加投资扩大规模。如此，可将该投资看作是附带扩展期权的投资，可根据期权定价理论确定最优的投资规模。

### （二）如何在投资规模决策中进行税收筹划

投资规模决策中如何进行税收筹划，这需要研究投资规模与税收筹划之间的关系。从总体上看，无论是商品课税还是所得课税都是比例税率，边际税率不变，因此税收对投资规模的影响没有差异。具体分析，增值税存在着小规模纳税人与一般纳税人之区别；企业所得税存在着小型微利企业的优惠税率。如果根据公司确定的投资规模，预计未来独立注册有可能作为小规模纳税人，应根据项目未来的收益状况分析是作为小规模纳税人还是作为一般纳税人的税负更低，以适当调整投资规模从而适应更低的税负；如果投资规模较小，预计未来独立注册有可能作为小型微利企业，当然作为小型微利企业的税负更低，可适当调整投资规模使其未来能够享受小型微利企业的优惠税率。但是，如果公司投资要独立注册新的企业，则已超出了固定资产投资的范畴，属于对外投资，将在下一节中讨论。

## 第三节 对外投资决策中的税收筹划

对外投资包括对外直接投资和对外间接投资。对外直接投资是指公司以现有的各类资产包括实物资产、货币资产和无形资产等作为出资，独家投入或与其他单位和个人合资投入另外一家企业，以期望在未来获得投资收益的行为。对外间接投资又称证券投资，是指公司在金融市场上以货币资金买入或通过非货币性资产交换取得其他企业发行的股票、债券、投资基金等金融资产，以期望在未来领取股息、到期收回本息或转让从而获得投资收益的行为。决策是管理的核心。对外投资决策的方法与固定资产投资决策的方法基本相同。税收筹划影响对外投资所引起的现金流量。

## 一、对外直接投资决策中的税收筹划

（一）对外还是对内投资的比较选择

公司进行对外直接投资，从享有的权益来看，分为参股、控股和独资。为了进行对外投资还是对内投资比较的方便，我们假设对外直接投资的对象是异地设立的独资子公司，这样问题就演变为是异地设立子公司还是异地设立分公司的比较分析。

1. 分公司与子公司的特点比较。

（1）分公司不具有法人资格，不能独立承担民事责任；而子公司具有法人资格，可以独立承担民事责任。

（2）分公司没有自己独立的财产，没有独立的财务，其实际占有、使用的财产反映在总公司的资产负债表中；子公司拥有自己独立的财产，拥有独立的财务，其财产反映在自己的资产负债表中。

（3）分公司的设立程序比较简单，没有公司章程，没有董事会和监事会，无需注册资本；而子公司的设立程序比较复杂，有公司章程，有董事会和监事会，必须拥有注册资本。

（4）分公司的名称中要有总公司的名称，一般在总公司名后加上某某分公司即可；而子公司的名称可与总公司名称无关。

2. 分公司与子公司的税收差异。异地设立的分公司，一般可独立缴纳商品课税，与总公司统一缴纳所得课税。异地设立的子公司，一般要独立缴纳商品课税和所得课税。也就是说，无论是异地设立分公司还是子公司都可独立缴纳商品课税，即在商品课税上无差别；而异地设立分公司是统一缴纳所得税，异地设立子公司是分别缴纳所得课税。因此，异地设立分公司还是子公司，决定于统一缴纳所得税有利还是分别缴纳所得税有利。

（1）如果公司盈利而附属机构在最初几年会发生亏损，则统一缴纳所得税有利，因此应异地设立为分公司；等分公司转为盈利时可考虑再改建为子公司。但是，如果异地在境外，根据规定，境外营业机构的亏损不得抵减境内营业机构的盈利，则设立为分公司和子公司没有区别。

（2）如果公司盈利，附属机构一开始即盈利，则可考虑异地设立子公司分别缴纳所得税，以使子公司有可能享受当地的所得税优惠。

（3）如果公司亏损而附属机构一开始就盈利，是统一缴纳所得税有利还是分别缴纳所得税有利，则要视盈亏程度和附属机构所在地优惠税率的高低而定。若附属机构可获得的税收优惠额大于公司亏损抵税额，则异地设立子公司，否则异地设立分公司。

（4）如果公司亏损，且附属机构在最初几年也会发生亏损，则无论异地设立分公司还是子公司都无所谓，可先设立为分公司，等过几年视公司和分公司扭亏为盈的情况再决定是否有必要将分公司改建为子公司。

### （二）独资还是合资的比较选择

合资子公司与独资子公司在税收上并无差别。过去，中外合资企业在税收上存在着诸多优惠，但在中外企业所得税统一之后，诸多优惠已不复存在。

### （三）有限还是合伙的比较选择

有限责任公司和合伙企业在商品课税上基本无差别，但在所得课税上存在着较大差别。有限责任公司须上缴企业所得税；而合伙企业却上缴个人所得税，比照个人所得税法的“个体工商户的生产经营所得”应税项目，适用5%～35%的五级超额累进税率，计算征收个人所得税。也就是说，公司在合伙企业应缴纳的个人所得税可能低于企业所得税25%的税率，也可能高于企业所得税25%的税率。根据规定，公司分得的股息、红利等投资性收益属免税收入。我们可以推算一下，公司在合伙企业分享的应纳税所得额在多少元以上，其实际税率会高于25%。根据规定，所得在50 000元以上，其适用税率为35%，其速算扣除数为6 750元，假设能够使实际税率等于25%的应纳税所得额为$X$，则：

$35\%X-6\ 750=25\%X$

$10\%X=6\ 750$

$X=67\ 500$（元）

即如果公司在合伙企业分享的应纳税所得额在67 500元以上，其实际税率会高于25%。也就是说，如果公司在附属企业分享的应纳税所得额在67 500元以上，附属企业注册为合伙企业不如注册为有限责任公司。而且，根据规定，符合条件的小型微利企业（企业年度应纳税所得额不超过30万元），按20%的税率征收企业所得税；国家需要重点扶持的高新技术企业，按15%的税率征收企业所得税。

$35\%X-6\ 750=20\%X$

$15\%X=6\ 750$

$X=45\ 000$（元）

即如果公司在附属企业分享的应纳税所得额在45 000元以上，且附属企业能够符合小型微利的标准，则附属企业注册为合伙企业不如注册为有限责任公司。

$35\%X-6\ 750=15\%X$

$20\%X=6\ 750$

$X=33\ 750$（元）

即如果公司在附属企业分享的应纳税所得额在33 750元以上，且附属企业属于国家需要重点扶持的高新技术企业，则附属企业注册为合伙企业不如注册为有限责任公司。

（四）投资地区的比较选择

公司进行对外投资时，因存在着地区性税收差别，应选择税收负担轻、收益高的地区进行投资。存在税收优惠的国内地区有：经济特区、沿海港口开放城市、沿海经济开放地区、沿江开放地区、沿边开放地区、内陆开放城市、国家旅游度假区、经济技术开发区、工业园区、出口加工区、保税区等。需要说明的是，原存在税收优惠的国内地区，许多税收优惠政策是针对外商投资企业的，在新的企业所得税法于2008年1月1日起施行即中外资企业所得税法统一之后，存在税收优惠的国内地区将按规定实施企业所得税过渡优惠政策。公司在进行对外投资时，投资对象可能是执行新企业所得税法的新企业，也可能是需要实施企业所得税过渡优惠政策的“老”企业，因此，国内地区原来存在的税收优惠政策本书不作一一介绍，将主要介绍过渡性优惠政策。存在税收优惠的国际地区主要是指国际避税地。

1. 各地区原享受低税率优惠的“老”企业享受过渡税收优惠政策。各地区原享受低税率优惠的“老”企业，是指2007年3月16日以前经工商等登记管理机关登记设立的企业。根据国发（2007）39号文《国务院关于实施企业所得税过渡优惠政策的通知》的规定，“老”企业享受的过渡优惠政策如下：

自2008年1月1日起，“老”企业，在新税法施行后5年内逐步过渡到法定税率。其中：享受企业所得税15%税率的企业，2008年按18%税率执行，2009年按20%税率执行，2010年按22%税率执行，2011年按24%税率执行，2012年按25%税率执行；原执行24%税率的企业，2008年起按25%税率执行。

自2008年1月1日起，原享受企业所得税“两免三减半”、

“五免五减半”等定期减免税优惠的企业，新税法施行后继续按原税收法律、行政法规及相关文件规定的优惠办法及年限享受至期满为止，但因未获利而尚未享受税收优惠的，其优惠期限从2008年度起计算。

上述规定根据文件精神可进一步解释如下：

原享受企业所得税15%税率的企业，是指按照原税收法律、行政法规和具有行政法规效力文件规定享受企业所得税15%低税率优惠政策的企业。具体范围包括以下原税收法律、法规所规定的企业：(1) 原《中华人民共和国外商投资企业和外国企业所得税法》第七条第一款：设在经济特区的外商投资企业、在经济特区设立机构、场所从事生产、经营的外国企业和设在经济技术开发区的生产性外商投资企业，减按15%的税率征收企业所得税。(2) 原《中华人民共和国外商投资企业和外国企业所得税法》第七条第三款：设在沿海经济开放区和经济特区、经济技术开发区所在城市的老市区或者设在国务院规定的其他地区的外商投资企业，属于能源、交通、港口、码头或者国家鼓励的其他项目的，可以减按15%的税率征收企业所得税。(3) 原《中华人民共和国外商投资企业和外国企业所得税法实施细则》第七十三条第一款第一项：在沿海经济开放区和经济特区、经济技术开发区所在城市的老市区设立的从事下列项目的生产性外资企业，可以减按15%的税率征收企业所得税：技术密集、知识密集型的项目；外商投资在3 000万美元以上，回收投资时间长的项目；能源、交通、港口建设的项目。(4) 原《中华人民共和国外商投资企业和外国企业所得税法实施细则》第七十三条第一款第二项：从事港口、码头建设的中外合资经营企业，可以减按15%的税率征收企业所得税。(5) 原《中华人民共和国外商投资企业和外国企业所得税法实施细则》第七十三条第一款第四项：在上海浦东新区设立的生产性外商投资企业，以及从事机场、港口、铁路、公路、电站等能源、交通建设项目的外商投资企业，可以减按 15% 的税率征收企业所得税。(6) 国务院关于上海外高桥、天津港、深圳福田、深圳沙头角、大连、广州、厦门象屿、张家港、海口、青岛、宁波、福州、汕头、珠海、深圳盐田保税区的批复［国函〔1991〕26 号、国函〔1991〕32 号、国函〔1992〕43 号、国函〔1992〕44 号、国函〔1992〕148 号、国函〔1992〕150 号、国函〔1992〕159 号、国函〔1992〕179 号、国函〔1992〕180 号、国函〔1992〕181 号、国函〔1993〕3 号等］中所规定的：生产性外商投资企业，减按 15% 的税率征收企业所得税。(7)《国务院关于在福建省沿海地区设立台商投资区的批复》［国函〔1989〕35 号］中所规定的：厦门台商投资区内设立的台商投资企业，减按 15% 税率征收企业所得税；福州台商投资区内设立的生产性台商投资企业，减按 15% 税率征收企业所得税。(8) 国务院关于进一步对外开放南宁、重庆、黄石、长江三峡经济开放区、北京等城市的通知［国函〔1992〕62 号、国函〔1992〕93 号、国函〔1993〕19 号、国函〔1994〕92 号、国函〔1995〕16 号］中所规定的：省会（首府）城市及沿江开放城市从事下列项目的生产性外资企业，减按 15% 的税率征收企业所得税：技术密集、知识密集型的项目；外商投资在 3000 万美元以上，回收投资时间长的项目；能源、交通、港口建设的项目。(9)《国务院关于开发建设苏州工业园区有关问题的批复》［国函〔1994〕9 号］中所规定的：在苏州工业园区设立的生产性外商投资企业，减按 15% 税率征收企业所得税。(10)《国务院关于扩大外商投资企业从事能源交通基础设施项目税收优惠规定适用范围的通知》［国发（1999）13 号］中所规定的：自 1999 年 1 月 1 日起，将外资税法实施细则第七十三条第一款第（一）项第 3 目关于从事能源、交通基础设施建设的生产性外商投资企业，减按15%征收企业所得税的规定扩大到全国。（11）《广东省经济特区条例》（1980年8月26日第五届全国人民代表大会常务委员会第十五次会议批准施行）所规定的：广东省深圳、珠海、汕头经济特区的企业所得税率为15%。（12）《对福建省关于建设厦门经济特区的批复》[〔80〕国函字88号] 厦门经济特区所得税率按15%执行。（13）《国务院关于鼓励投资开发海南岛的规定》[国发〔1988〕26号]：在海南岛举办的企业（国家银行和保险公司除外），从事生产、经营所得和其他所得，均按15%的税率征收企业所得税。享受企业所得税15%税率的企业，2008年按18%税率执行，2009年按20%税率执行，2010年按22%税率执行，2011年按24%税率执行，2012年按25%税率执行。

原享受企业所得税24%税率的企业，是指按照原税收法律、行政法规和具有行政法规效力文件规定享受企业所得税24%低税率优惠政策的企业。具体范围包括以下原税收法律、法规所规定的企业：（1）《国务院关于在福建省沿海地区设立台商投资区的批复》[国函〔1989〕35号] 中所规定的：福州台商投资区内设立的非生产性台资企业，减按24%税率征收企业所得税。（2）原《中华人民共和国外商投资企业和外国企业所得税法》第七条第二款：设在沿海经济开放区和经济特区、经济技术开发区所在城市的老市区的生产性外商投资企业，减按24%的税率征收企业所得税。（3）《国务院关于试办国家旅游度假区有关问题的通知》[国发〔1992〕46号] 中所规定的：国家旅游度假区内的外商投资企业，减按24%税率征收企业所得税。（4）国务院关于进一步对外开放黑河、伊宁、凭祥、二连浩特市等边境城市的通知 [国函〔1992〕21号、国函〔1992〕61号、国函〔1992〕62号、国函〔1992〕94号] 中所规定的：沿边开放城市的生产性外商投资企业，减按24%税率征收企业所得税。（5）《国务院关于进一步对外开放南宁、昆明市及凭祥等五个边境城镇的通知［国函〔1992〕62 号］中所规定的：允许凭祥、东兴、畹町、瑞丽、河口五市（县、镇）在具备条件的市（县、镇）兴办边境经济合作区，对边境经济合作区内以出口为主的生产性内联企业，减按 24% 的税率征收。（6）国务院关于进一步对外开放南宁、重庆、黄石、长江三峡经济开放区、北京等城市的通知［国函〔1992〕62 号、国函〔1992〕93 号、国函〔1993〕19 号、国函〔1994〕92 号、国函〔1995〕16 号］中所规定的：省会（首府）城市及沿江开放城市的生产性外商投资企业，减按 24% 税率征收企业所得税。原执行 24% 税率的企业，2008 年起按 25% 税率执行。

原享受企业所得税“两免三减半”定期减免税优惠的企业，是指按照原税收法律、行政法规和具有行政法规效力文件规定享受企业所得税“前两年免征，后三年减半征收”优惠政策的企业。具体范围包括以下原税收法律、法规所规定的企业：（1）原《中华人民共和国外商投资企业和外国企业所得税法》第八条第一款：对生产性外商投资企业，经营期在十年以上的，从开始获利的年度起，第一年和第二年免征企业所得税，第三年至第五年减半征收企业所得税。（2）《国务院关于鼓励投资开发海南岛的规定》［国发〔1988〕26 号］：在海南岛举办的企业（国家银行和保险公司除外），从事工业、交通运输业等生产性行业的企业经营期限在十年以上的，从开始获利的年度起，第一年和第二年免征所得税，第三年至第五年减半征收所得税。

原享受企业所得税“五免五减半”定期减免税优惠的企业，是指按照原税收法律、行政法规和具有行政法规效力文件规定享受企业所得税“前五年免征，后五年减半征收”优惠政策的企业。具体范围包括以下原税收法律、法规所规定的企业：（1）原《中华人民共和国外商投资企业和外国企业所得税法》第七十五条第一款第一项：从事港口码头建设的中外合资经营企业，经营期在15年以上的，经企业申请，所在地的省、自治区、直辖市税务机关批准，从开始获利的年度起，第一年至第五年免征企业所得税，第六年至第十年减半征收企业所得税。（2）原《中华人民共和国外商投资企业和外国企业所得税法实施细则》第七十五条第一款第二项：在海南经济特区设立的从事机场、港口、码头、铁路、公路、电站、煤矿、水利等基础设施项目的外商投资企业和从事农业开发经营的外商投资企业，经营期在15年以上的，经企业申请，海南省税务机关批准，从开始获利的年度起，第一年至第五年免征企业所得税，第六年至第十年减半征收企业所得税。（3）原《中华人民共和国外商投资企业和外国企业所得税法实施细则》第七十五条第一款第三项：在上海浦东新区设立的从事机场、港口、铁路、公路、电站等能源、交通建设项目的外商投资企业，经营期在15年以上的，经企业申请，上海市税务机关批准，从开始获利的年度起，第一年至第五年免征企业所得税，第六年至第十年减半征收企业所得税。（4）《国务院关于鼓励投资开发海南岛的规定》[国发〔1988〕26号]：在海南岛举办的企业（国家银行和保险公司除外），从事港口、码头、机场、公路、铁路、电站、煤矿、水利等基础设施开发经营的企业和从事农业开发经营的企业，经营期限在十五年以上的，从开始获利的年度起，第一年至第五年免征所得税，第六年至第十年减半征收所得税。

原享受其他定期减免的企业，具体范围包括以下原税收法律、法规所规定的企业：（1）原《中华人民共和国外商投资企业和外国企业所得税法实施细则》第七十五条第一款第四项：在经济特区设立的从事服务性行业的外商投资企业，外商投资超过500万美元，经营期在十年以上的，经企业申请，经济特区税务机关批准，从开始获利的年度起，第一年免征企业所得税，第二年和第三年减半征收企业所得税。属于“一免两减半”。(2) 原《中华人民共和国外商投资企业和外国企业所得税法实施细则》第七十五条第一款第六项：在国务院确定的国家高新技术产业开发区设立的被认定为高新技术企业的中外合资经营企业，经营期在十年以上的，经企业申请，当地税务机关批准，从开始获利的年度起，第一年和第二年免征企业所得税。属于“两免”。(3) 原《中华人民共和国外商投资企业和外国企业所得税法实施细则》第七十五条第一款第六项和《国务院关于〈北京市新技术产业开发试验区暂行条例〉的批复》[国函〔1988〕74 号] 中所规定的：设在北京市新技术产业开发试验区的外商投资企业，依照北京市新技术产业开发试验区的税收优惠规定执行。对试验区的新技术企业自开办之日起，三年内免征所得税。经北京市人民政府指定的部门批准，第四至六年可按 15% 或 10% 的税率，减半征收所得税。(4)《国务院关于鼓励投资开发海南岛的规定》[国发〔1988〕26 号]：在海南岛举办的企业（国家银行和保险公司除外），从事服务性行业的企业，投资总额超过 500 万美元或者 2 000 万人民币，经营期限在十年以上的，从开始获利的年度起，第一年免征所得税，第二年和第三年减半征收所得税。也属于“一免两减半”。(5)《国务院关于实施〈国家中长期科学和技术发展规划纲要（2006～2020 年）若干配套政策的通知〉》[国发〔2006〕6 号] 中规定的：国家高新技术产业开发区内新创办的高新技术企业经严格认定后，自获利年度起两年内免征所得税。也属于“两免”。(6) 原《中华人民共和国企业所得税暂行条例》第八条第一款：民族自治地方的企业，需要照顾和鼓励的，经省级人民政府批准，可以实行定期减税或者免税。

原享受企业所得税定期减免税优惠的企业，新税法施行后继续按原税收法律、行政法规及相关文件规定的优惠办法及年限享受至期满为止，但因未获利而尚未享受税收优惠的，其优惠期限从

2008 年度起计算。减半征税的皆以新税法规定的 25% 的税率为计算基础。民族自治地方的企业，经省级人民政府批准，已经实行定期减免税的，自 2008 年 1 月 1 日起计算，对减免税期限在 5 年以内（含 5 年）的，继续执行至期满后停止；对减免税期限超过 5 年的，从第六年起按新税法第二十九条规定执行，即对民族自治地方的企业减免企业所得税，仅限于减免企业所得税中属于地方分享的部分，不得减免属于中央分享的部分。

原享受企业所得税 15% 的税率并享受企业所得税定期减半优惠过渡的企业，2008 年按 18% 税率计算的应纳税额实行减半征税，2009 年按 20% 税率计算的应纳税额实行减半征税，2010 年按 22% 税率计算的应纳税额实行减半征税，2011 年按 24% 税率计算的应纳税额实行减半征税，2012 年及以后年度按 25% 税率计算的应纳税额实行减半征税。

原享受 24% 或 33% 企业所得税率并享受企业所得税定期减半优惠过渡的企业，2008 年及以后年度一律按 25% 税率计算的应纳税额实行减半征税。

2. 经济特区和上海浦东新区新设立高新技术企业实行过渡性税收优惠。根据国发（2007）40 号文《关于经济特区和上海浦东新区新设立高新技术企业实行过渡性税收优惠的通知》，对经济特区和上海浦东新区内在 2008 年 1 月 1 日（含）之后完成登记注册的国家需要重点扶持的高新技术企业（以下简称新设高新技术企业），在经济特区和上海浦东新区内取得的所得，自取得第一笔生产经营收入所属纳税年度起，第一年至第二年免征企业所得税，第三年至第五年按照 25% 的法定税率减半征收企业所得税。经济特区和上海浦东新区内新设高新技术企业同时在经济特区和上海浦东新区以外的地区从事生产经营的，应当单独计算其在经济特区和上海浦东新区内取得的所得，并合理分摊企业的期间费用；没有单独计算的，不得享受企业所得税优惠。

也就是说，经济特区和上海浦东新区新设立的高新技术企业享受“两免三减半”的企业所得税优惠。较之于其他地区的“国家需要重点扶持的高新技术企业”15%的税率更加优惠。

3. 原税收优惠地区的新企业执行新企业所得税法。原税收优惠地区的新企业与“老”企业相对称，是指在2007年3月16日之后登记注册、不享受过渡优惠政策的企业。新企业直接执行新的企业所得税法。而新的企业所得税法几乎不存在地区性税收优惠，仅存在着民族自治地方企业所得税优惠的可能。根据企业所得税法第二十九条的规定，民族自治地方的自治机关对本民族自治地方的企业应缴纳的企业所得税中属于地方分享的部分，可以决定减征或者免征。自治州、自治县决定减征或者免征的，须报省、自治区、直辖市人民政府批准。因此，公司在进行对外投资选择投资地区时，可先了解民族自治地方是否存在企业所得税优惠政策，再了解优惠的幅度，根据现金流入和流出的情况，采用恰当的投资决策方法以选择投资的地区。关于优惠的幅度，根据企业所得税之中央与地方按四六分成，如果地方分享的企业所得税全免，则公司的所得税实际负担率为15%；如果地方分享的企业所得税减半，则公司的所得税实际负担率为20%。

4. 西部大开发税收优惠政策。根据国发（2007）39号文《国务院关于实施企业所得税过渡优惠政策的通知》的规定，《财政部、国家税务总局、海关总署关于西部大开发税收优惠政策问题的通知》（财税〔2001〕202号）中规定的西部大开发企业所得税优惠政策继续执行。

（1）西部大开发税收优惠政策的适用范围。根据《财政部、国家税务总局、海关总署关于西部大开发税收优惠政策问题的通知》（财税〔2001〕202号）中的规定，包括重庆市、四川省、贵州省、云南省、西藏自治区、陕西省、甘肃省、宁夏回族自治区、青海省、新疆维吾尔自治区、新疆生产建设兵团、内蒙古自治区和广西壮族自治区（上述地区以下统称“西部地区”）。湖南省湘西土家族苗族自治州、湖北省恩施土家族苗族自治州、吉林省延边朝鲜族自治州，可以比照西部地区的税收优惠政策执行。

（2）税收优惠政策的具体内容。①对设在西部地区国家鼓励类产业的内资企业和外商投资企业，在2001年至2010年期间，减按15%的税率征收企业所得税。国家鼓励类产业的内资企业是指以《当前国家重点鼓励发展的产业、产品和技术目录（2000年修订）》中规定的产业项目为主营业务，其主营业务收入占企业总收入70%以上的企业。国家鼓励类的外商投资企业是指以《外商投资产业指导目录》中规定的鼓励类项目和由国家经济贸易委员会、国家发展计划委员会和对外经济贸易合作部联合发布的《中西部地区外商投资优势产业目录》（第18号令）中规定的产业项目为主营业务，其主营业务收入占企业总收入70%以上的企业。②经省级人民政府批准，民族自治地方的内资企业可以定期减征或免征企业所得税，外商投资企业可以减征或免征地方所得税。中央企业所得税减免的审批权限和程序按现行有关规定执行。③对在西部地区新办交通、电力、水利、邮政、广播电视企业，上述项目业务收入占企业总收入70%以上的，可以享受企业所得税如下优惠政策：内资企业自开始生产经营之日起，第一年至第二年免征企业所得税，第三年至第五年减半征收企业所得税；外商投资企业经营期在10年以上的，自获利年度起，第一年至第二年免征企业所得税，第三年至第五年减半征收企业所得税。新办交通企业是指投资新办从事公路、铁路、航空、港口、码头运营和管道运输的企业。新办电力企业是指投资新办从事电力运营的企业。新办水利企业是指投资新办从事江河湖泊综合治理、防洪除涝、灌溉、供水、水资源保护、水力发电、水土保持、河道疏浚、河海堤防建设等开发水利、防治水害的企业。新办邮政企业是指投资新办从事邮政运营的企业。新办广播电视企业是指投资新办从事广播电视运营的企业。④对为保护生态环境，退耕还林（生态林应在80%以上）、草产出的农业特产收入，自取得收入年份起10年内免征农业特产税。⑤对西部地区公路国道、省道建设用地，比照铁路、民航建设用地免征耕地占用税。享受免征耕地占用税的建设用地具体范围限于公路线路、公路线路两侧边沟所占用的耕地，公路沿线的堆货场、养路道班、检查站、工程队、洗车场等所占用的耕地不在免税之列。西部地区公路国道、省道以外其他公路建设用地是否免征耕地占用税，由省、自治区和直辖市人民政府决定。上述免税用地，凡改变用途，不再属于免税范围的，应当自改变用途之日起补缴耕地占用税。⑥对西部地区内资鼓励类产业、外商投资鼓励类产业及优势产业的项目在投资总额内进口的自用设备，除《国内投资项目不予免税的进口商品目录（2000年修订）》和《外商投资项目不予免税的进口商品目录》所列商品外，免征关税和进口环节增值税。外资优势产业按国家经济贸易委员会、国家发展计划委员会和对外经济贸易合作部联合发布的《中西部地区外商投资优势产业目录》（第18号令）执行。上述免税政策按照《国务院关于调整进口设备税收政策的通知》（国发〔1997〕37号）的有关规定执行。

5. 国际税收优惠地区的税收筹划。

（1）选择国际避税地。避税地（Tax heaven），英文称避税天堂，是指对所得和财产免税或按很低的税率课税的国家或地区。可分为纯粹的国际避税地和普通的国际避税地。

①纯粹的国际避税地。纯粹的国际避税地没有公司和个人的所得税、财产税、遗产税或赠与税，主要包括百慕大群岛、开曼群岛、巴哈马、瑙鲁、新赫布里底群岛、特克斯群岛、凯科斯群岛、

格陵兰岛、新喀里多尼亚、索马里、瓦努阿图、安道尔、圣皮尔和密克隆等，大都是“岛屿型”的避税地。

②普通的国际避税地。普通的国际避税地是完全放弃居民（公民）税收管辖权，只行使地域管辖权的国家和地区，征收某些直接税，但税率低，税基窄，因而税负轻，主要包括安哥拉、安提瓜、巴林、巴巴多斯、以色列、英属维尔京群岛、列支敦士登、荷属安德列斯、蒙特塞拉特群岛、圣海伦娜、斯瓦尔巴群岛、瑞士、澳门、新加坡、香港、马来西亚、利比里亚、巴拿马和哥斯达黎加等。

③特别的国际避税地。特别的国际避税地实行正常课税，但提供某些税收优惠的国家和地区，主要包括加拿大、希腊、英国、卢森堡、爱尔兰、荷兰、菲律宾等。这些国家税制完备，税率也不低，之所以称之为避税地，是因为它们对某些行业或特定的经营形式提供了极大的税收优惠条件。例如，希腊以海运业和制造业、英国以国际金融业、卢森堡以控股公司、荷兰以不动产投资公司而成为特定经营形式的著名的国际避税地。

（2）建立基地公司。利用国际避税地的手段主要是建立基地公司。一个对其本国法人来源于国外的收入只征收少量的所得税或财产税甚至免税的国家或地区，常被跨国公司作为“基地国”，用于建立基地公司，而其实际的经营活动不在基地国而在第三国，其基地公司可能仅仅是租用的一间办公室或一张办公桌甚至仅仅是一个悬挂的招牌，因此又被称为“招牌公司”、“信箱公司”或“纸面公司”。

基地公司的避税形式有以下几种：

①把基地公司作为虚假的中转销售公司。

②以基地公司为控股公司。它要求子公司将所获得的利润以股息形式汇回基地公司，以达到避税的目的。基地公司常常是介于最

终控股母公司与子公司、孙公司之间的中继站。基地公司利用自己有利的免税条件，可以发挥一种转盘作用，将汇入的股息进行再投资，以赚取新的免税收入。

③以基地公司作为收付代理。基地公司作为收付代理来收取利息、特许权使用费、劳务费和贷款。而实际上，款项的借出、许可证的发放、劳务的提供与货物的出售均在别处。

④以基地公司作为海运公司。海运公司的所有权与经营权无需在同一国内，注册地又可以是第三国。从减轻负税的角度考虑，许多船舶悬挂方便旗帜（Flags of Convenience）。所谓方便旗帜是指那些可由非居民船东悬挂的国旗，旗帜国政府除了收取一部分注册费外，对悬挂本国国旗的船东不实行财政性或其他控制。巴拿马是拥有注册船舶量和总吨位最多的国家。

⑤以基地公司作为信托公司。在许多国家信托公司不具有独立的法人地位，并且对信托法律关系的存在有一定的时间限制。然而，在一些避税地信托公司可以作为法人存在，并允许一项信托法律关系长期存在，如列支敦士登。还有一些避税地，允许建立信托公司，但无信托法规，因而一项信托法律关系也可以无限期存在。

高税国的纳税人可将其资产委托给避税地的一家信托公司经营管理。跨国纳税人利用信托不但可以在一定程度上避免财产所得和资产转让所得的税负，而且由于信托资产的保密性，还可通过信托资产的分割将其财产转移到继承人或受赠人的名下，借此规避有关国家的遗产税或赠与税。

另外，还可以使基地公司采取以下公司形式：①投资公司。以从事有价证券投资为目的，主要持有其他公司优先股、债券或其他证券的公司。②金融公司。为跨国公司内部的借贷充当中介人或向第三方提供贷款和投资。③专利持有公司。主要经营内容是提供和转让各种专利权。④贸易公司。专门从事货物或劳务贸易以及租赁业务的实体。⑤受控保险公司。在跨国公司内部为公司成员提供保险业务。⑥离岸银行。离岸银行是由高税国居民在避税地建立的以海外投资为目的的具有独立法人地位的离岸基金和以所在国非居民为业务对象的银行。

公司在进行投资地区选择时，除了要考虑税收因素外，还要考虑增加的管理成本、交通成本以及对当地环境的适应能力等，在综合考虑各种因素以后，根据项目的税后现金流量状况进行投资决策。

### （五）投资规模的比较选择

公司进行对外直接投资，其投资规模首先是指公司进行对外投资的额度，其次是指被投资企业的总体投资额度。

1. 被投资企业总体投资额度的确定。关于被投资企业总体投资额度的决策，主要决定于被投资企业预计的经营规模状况，包括预计的被投资企业所在行业的市场需求情况和竞争的激烈程度、被投资企业投产后可能的市场占有份额、根据市场占有份额确定的设计生产能力、拟采用的生产工艺或经营模式、对本行业的熟悉程度和经营管理能力等；另外，还应考虑是否作为增值税的小规模纳税人；考虑是否符合小型微利企业的标准以享受所得税优惠税率。

根据增值税暂行条例和细则的规定，划分一般纳税人和小规模纳税人的基本依据是纳税人的会计核算是否健全、是否能够提供准确的税务资料以及企业规模的大小。凡年应税销售额在 180 万元以下的商业企业及以从事货物批发或零售为主、兼营货物生产或提供应税劳务的企业，无论会计核算是否健全，均作为小规模纳税人征收增值税；从事货物生产或提供应税劳务的纳税人及以从事货物生产或提供应税劳务为主、兼营货物批发或零售的纳税人，年应税销售额在100万元以下的，可作为小规模纳税人，若会计核算健全、能够提供准确税务资料的，经主管税务机关批准可以作为一般纳税人计算纳税。一般纳税人增值税应纳税额的计算如下：

应纳税额=当期销项税额-当期进项税额

假设销项税和进项税的税率相同皆为17%，则：

应纳税额=（销货总价-进货总价）×17%

小规模纳税人增值税应纳税额的计算如下：

应纳税额=销售额×征收率

商业企业的小规模纳税人的增值税征收率为4%，其他企业的小规模纳税人的增值率征收率为6%。如果是商业企业，小规模纳税人与一般纳税人的税负平衡点为：

（销货总价-进货总价）×17%=销售额×4%

$$\frac{\text{销货总价}-\text{进货总价}}{\text{销售额}}=\frac{4\%}{17\%}=23.53\%$$

即：销售毛利率=23.53%。说明当销售毛利率为23.53%时，无论作为小规模纳税人还是作为一般纳税人，其增值税的税负是相同的；若销售毛利率高于23.53%，作为小规模纳税人税负较轻；若销售毛利率低于23.53%，作为一般纳税人税负较轻。

如果是非商业企业，小规模纳税人与一般纳税人的税负平衡点为：

（销货总价-进货总价）×17%=销售额×6%

$$\frac{\text{销货总价}-\text{进货总价}}{\text{销售额}}=\frac{6\%}{17\%}=35.29\%$$

即：销售毛利率=35.29%。说明当销售毛利率为35.29%时，无论作为小规模纳税人还是作为一般纳税人，其增值税的税负是相同的；若销售毛利率高于35.29%，作为小规模纳税人税负较轻；若销售毛利率低于35.29%，作为一般纳税人税负较轻。

需要注意的是，根据税法的规定，小规模纳税人一经认定为一般纳税人的，不得再转为小规模纳税人。

考虑是否作为小型微利企业以享受低税率的所得税优惠。根据企业所得税法实施条例的规定，从事国家非限制和禁止行业的小型微利企业，符合下列条件：①工业企业，年度应纳税所得额不超过30万元，从业人数不超过100人，资产总额不超过3 000万元的；②其他企业，年度应纳税所得额不超过30万元，从业人数不超过80人，资产总额不超过1 000万元的；减按20%的税率征收企业所得税。

2. 对外投资的额度确定。在确定了被投资企业的总体投资额度之后，接下来确定本公司在被投资企业的投资份额，公司的选择有独资、控股、参股，但它与税收筹划基本无关。

## 二、对外间接投资决策中的税收筹划

对外间接投资即证券投资，包括股票投资、债券投资、投资基金投资等。根据现行税法的规定，买卖股票、债券需缴纳证券交易印花税；获取的国债利息收入，股息、红利等权益性投资收益属于免税收入，也就是说，除企业债券利息收入之外，不用缴纳企业所得税；买卖证券的资本利得收益（价差收益）需要缴纳企业所得税。

公司进行证券投资决策，主要考虑的是投资收益及风险，税收只是影响投资收益的一个因素而已。公司进行证券投资，应实施组合投资以分散风险。本章第一节已经介绍了证券投资组合理论和方法，此处仅考虑采用内部报酬率法。公司可分析确定证券投资的必要报酬率或要求得到的最低报酬率作为评价标准，只有当证券投资的内部报酬率大于或等于评价标准时，才能说明投资方案是可行的。

1. 债券投资内部报酬率的计算：

$$PV=\frac{c\times(1-t)/f}{(1+r/f)^{\frac{d}{TS}}}+\frac{c\times(1-t)/f}{(1+r/f)^{\frac{d}{TS}+1}}+\cdots+\frac{c\times(1-t)/f}{(1+r/f)^{\frac{d}{TS}+n-1}}+\frac{M+(M-PV)\times(1-t)}{(1+r/f)^{\frac{d}{TS}+n-1}} \tag{17}$$

式（17）中：$PV$ 代表证券的购入价格 + 交易费用 + 交易税；$c$ 代表证券的年利息或年股息；$t$ 代表企业所得税率，$c\times(1-t)$ 为所得税后的利息收入，若债券是国债则不用乘以 $(1-t)$；$f$ 代表每年付息次数；$r$ 代表证券的年投资内部报酬率；$d$ 代表证券购入日至下一个付息日的天数；$TS$ 代表付息周期的实际天数；$n$ 代表持有期间的付息次数；$M$ 代表债券票面额或证券的转让价格 + 交易费用 + 交易税。

[例 1] A 公司买入 B 公司面值 10 000 元、票面利率 6%、期限为三年的债券，支付购入价格 10 500 元、交易费用 30 元、交易税 10 元。该债券每年付息一次，企业所得税税率为 25%，请计算该债券持有到期的内部报酬率。

解：$PV=10\ 000+30+10=10\ 040$（元）

$C=10\ 000\times6\%=600$（元）

$$(M-PV)\times(1-t)=(10\ 000-10\ 040)\times(1-25\%)=-30\text{（元）}$$

$$10\ 040=\frac{600\times(1-25\%)}{(1+r)^1}+\frac{600\times(1-25\%)}{(1+r)^2}+\frac{600\times(1-25\%)}{(1+r)^3}+\frac{10\ 000-30}{(1+r)^3}$$

经过试算得：

$r=5\%$ 时，净现值 $=-200.57$

$r=4\%$ 时，净现值 $=72.53$

采用插值法得：

内部报酬率 =4% +72.53 ×1%/（200.57 +72.53） =4.27%

2. 股票投资内部报酬率的计算：

$$PV=\frac{c/f}{(1+r/f)^{\frac{d}{TS}}}+\frac{c/f}{(1+r/f)^{\frac{d}{TS}+1}}+\cdots+\frac{c/f}{(1+r/f)^{\frac{d}{TS}+n-1}}+\frac{M+(M-PV)\times(1-t)}{(1+r/f)^{\frac{d}{TS}+n-1}} \qquad (18)$$

式（18）中字母代表的意思与前式基本相同。$C$ 在前式代表利息，在此式代表股息，而股息属免税收入不用乘以（$1-t$）。

以上计算公式的创新之处主要是考虑了税收的影响，包括证券交易环节所缴纳的证券交易印花税以及投资收益应缴纳的所得税等。

## 第四节　无形资产投资决策中的税收筹划

无形资产是企业拥有或者控制的没有实物形态的非货币性资产，包括专利权、非专利技术、商标权、著作权、土地使用权、特许权、商誉等。无形资产具有无实体性、非货币性、独特性及价值的不确定性等。无形资产对于现代企业具有非常重要的意义。在市场竞争比较激烈的情况下，一个企业要想比其他企业多赚钱，在很大程度上决定于企业的创新能力，决定于企业拥有的无形资产数量和质量。无形资产投资是指企业通过无形资产的自创、购入而增强企业的营销能力以期望在未来无形资产的一定使用期内获得超额收益的经济行为或经济活动。

## 一、自创无形资产投资决策中的税收筹划

自创无形资产并能够影响纳税的主要有自创专利、自创非专利技术等。自创专利技术或非专利技术将产生研究开发支出。根据《企业会计准则第 6 号——无形资产》第七条的规定，企业内部研究开发项目的支出，应当区分研究阶段支出与开发阶段支出。研究是指为获取并理解新的科学或技术知识而进行的独创性的有计划调查。研究阶段的特点是计划性和探索性。开发是指在进行商业性生产或使用前，将研究成果或其他知识应用于某项计划或设计，以生产出新的或具有实质性改进的材料、装置、产品等。开发阶段的特点是具有针对性和形成成果的可能性较大。该准则第八条规定：企业内部研究开发项目研究阶段的支出，应当于发生时计入损益；第九条规定：企业内部研究开发项目开发阶段的支出，同时满足下列条件的，才能确认为无形资产：（1）完成该无形资产以使其能够使用或出售在技术上具有可行性；（2）具有完成该无形资产并使用或出售的意图；（3）无形资产生产经济利益的方式，包括能够证明运用该无形资产生产的产品存在市场或无形资产自身存在市场，无形资产将在内部使用的，应当证明其有用性；（4）有足够的技术、财务资源和其他资源支持，以完成该无形资产的开发，并有能力使用或出售该无形资产；（5）归属于该无形资产开发阶段的支出能够可靠地计量。也就是说，研究阶段的支出直接计入当期损益，而开发阶段的支出在开发成功时或之后无疑应作为资本性支出计入无形资产的价值，但在开发成功之前若具备上述五个条件才可作为资本性支出，否则应计入当期损益。因此，开发阶段的支出是作为资本性支出还是作为收益性支出，存在着人为调控的可能。一般来说，将开发支出作为收益性支出直接计入当期损益，可以使公司少交所得税，获得更大的税收利益。但是，如果公司当期本来

亏损或想提高本期利润水平则另当别论，不如作为资本性支出。

根据税法的规定，企业为开发新技术、新产品、新工艺发生的研究开发费用，未形成无形资产计入当期损益的，在按照规定据实扣除的基础上，按照研究开发费用的50%加计扣除；形成无形资产的，按照无形资产成本的150%摊销。这是国家为鼓励企业进行技术创新而给予企业的税收优惠。

## 二、购入无形资产投资决策中的税收筹划

可以通过购买取得的无形资产主要有专利权、商标权、著作权、土地使用权等。而购入商誉不是单独进行的，是企业合并中购入的，不属于主动性的无形资产投资行为；且购入商誉的支出按规定只有在企业整体转让或清算时才允许扣除。购入无形资产的投资决策，主要在于准确评估无形资产的价值，选择那些成交价格低于其估计价值的无形资产。购入无形资产的税收筹划，主要是如何计量无形资产的投资成本，以帮助公司作出正确的决策。

1. 决策中不能低估无形资产的投资成本，但实际会计处理中可以尽量减少无形资产投资的资本化的支出。根据税法和会计准则的相关规定，外购的无形资产，以购买价款和支付的相关税费以及直接归属于使该资产达到预定用途发生的其他支出为计税基础。可以看出，税收筹划的空间很小，购买价款和支付的相关税费没有税收筹划的空间；只有直接归属于使该资产达到预定用途发生的其他支出才有税收筹划的空间，可尽量将该项支出费用化而不是资本化，以直接抵减当期的应纳税所得额。但是，投资决策中，不应低估无形资产的投资成本，该资本化的支出都要予以资本化，以防止作出错误的投资决策。

2. 在购入无形资产时，如果是与其他资产一并购入的，不论是否单独计价，可以整体估价的应进行整体估价。若无形资产是与

原拥有企业一并购入的，毫无疑问，应进行企业的整体估价。若无形资产是与固定资产一并购入的，应进行资产的整体估价。但是，一并购入的无形资产是单独计价核算还是并入固定资产进行核算，则需要根据具体情况进行具体分析，这主要看单独计价核算的无形资产之摊销年限与并入固定资产核算后的折旧年限孰短，摊销或折旧年限越短，所获得的税收利益越大。

## 第五节 流动资产投资决策中的税收筹划

流动资产投资是公司的经常性投资，主要包括现金投资、存货投资、应收账款投资等。其特点有投资收益低、投资风险低、投资数额低、投资周期短、投资频率高、投资对象多等。其投资决策的思路是：通过分析流动资产投资的原因说明其必要性，通过分析流动资产投资的相关成本以说明流动资产投资的数量又不能过多，因此研究确定最佳的流动资产投资额度，以使其投资总成本最低。而流动资产投资决策中的税收筹划，应配合这一管理思路，控制各项成本费用，以使公司获得尽可能大的税收利益及经济利益。

### 一、现金投资决策中的税收筹划

#### （一）分析持有现金的原因进行税收筹划

持有现金（即货币资金，包括公司的库存现金和存在银行的现金等）的原因，一是满足公司正常经营活动中支付现金的需求；二是预防突发事件造成的对现金的额外需求；三是投机谋利需要更多地持有一部分现金。

1. 满足公司正常经营活动中支付现金的需求。公司购进存货需要支付现金，发放工资需要支付现金，偿还债务需要支付现金，分红付息需要支付现金，缴纳税金需要支付现金，等等。如果现金短缺，将会影响公司的正常经营活动。

购进存货可考虑赊购，但在有现金折扣的情况下需要决策是享受折扣还是放弃折扣。发放工资，一要定岗定编；二既要注意调动职工的工作积极性又要注意控制人工费用；三通过银行发放工资，并根据职工领取工资的情况分析，与银行协商分批将资金存入公司的工资账户；四是考虑安置一定数量的残疾人员及国家鼓励安置的其他就业人员以享受加计扣除其所支付的工资的税收优惠。偿还债务时尽量延迟到信用期末，并考虑采用支票结算，最好有较长的支票流通时间，以利用现金“浮游量”。分红付息可考虑采用股票股利形式。

2. 预防突发事件造成的对现金的额外需求。公司在经营活动中，有时会发生一些非正常的事件，如存货市场的暂时性短缺、存货运输途中发生故障延期到货、存货存储过程中发生意外毁损、突然接到大笔订单、货物销路一时不畅、出乎意料的债务或赔偿，等等，都要求公司多持有一部分现金以应付这些突发事件所增加的现金需求。

突发事件不是公司能够主动控制的，但可以事先制定好应对方案。对于某些突发事件，可考虑采用购买各种财产保险和人身保险的方式，以尽量避免或降低公司的损失。根据所得税法的规定，企业参加财产保险，按照规定缴纳的保险费，准予在所得税前扣除；企业依照国务院有关主管部门或者省级人民政府规定的范围和标准为职工缴纳的基本养老保险费、基本医疗保险费、失业保险费、工伤保险费、生育保险费等基本社会保险费和住房公积金，准予扣除。因此，参加财产保险和上述的人身保险，其费用可以在税前扣除，且获得保险赔付时又可减少现金流出。若一旦发生突发事件而造成损失的，要及时核销列入有关费用，以抵减应纳税所得额。

3. 投机谋利的需求。一些投资机会往往是稍纵即逝的，要想能够及时抓住这些投资的机会，就要求更多地持有现金。投机的对象一般有证券、房地产、紧俏商品等。一旦“偷鸡不成蚀把米”，要及时核销列入有关费用。

（二）分析持有现金的成本进行税收筹划

持有现金的理论成本有机会成本、管理成本、筹资费用、短缺成本等，而实际成本主要有管理成本、筹资费用、利息费用等。机会成本和短缺成本都不是实际的成本，而属于丧失的收益。管理成本包括为保证现金安全而支付的费用、现金管理人员费用、现金的账务处理费用等，基本属于固定性成本费用。筹资费用是筹集现金过程中发生的费用，费用形式决定于筹集现金的方式，一般数额不大。管理成本和筹资费用基本没有税收筹划的空间。有税收筹划空间的主要是利息费用。

根据税法的规定，企业在生产经营活动中发生的合理的不需要资本化的借款费用，准予扣除。因此，为筹集现金而发生的借款利息费用可以直接计入当期损益而不用予以资本化，以抵减应纳税所得额，获得税收利益。

## 二、存货投资决策中的税收筹划

（一）分析存货储备的原因进行税收筹划

存货储备的原因，一是储备一定数量的原材料和在产品以维持正常的生产经营状态；二是为防止生产经营活动中非正常情况的发生而多储备一定数量的原材料和在产品；三是出于市场和价格原因再适当增加储备原材料的数量以降低成本费用；四是为维持全年的生产活动处于均衡状态，产成品相应增减。

1. 储备一定数量的原材料和在产品以维持正常的生产经营状态。生产企业必须储备一定数量的原材料，否则将发生停工待料，造成生产经营活动的中断。企业可以采用一定的决策方法确定经济订货批量、订货周期和再订货点。在产品是处于加工过程中的未完工产品，也需要有一定的数量，否则也会造成有关车间的生产中断。原材料、在产品乃至产成品属于企业的资产，需占用一定数量的资金，在产成品被销售取得收入时才能收回被销售存货的资产价值，相应的资产价值才能转化为材料费用，抵减应纳税所得额。因此，企业应尽量缩短生产加工时间，并积极推销自己的产品，保证产品质量，尽可能地减少存货在储备和生产加工中的损失，尽快让存货变成货币，让资产变成费用。

2. 为防止生产经营活动中非正常情况的发生而多储备一定数量的原材料和在产品。企业在生产经营活动中，会遇到存货采购不及时、存货运输途中故障、储存期间变质、加工过程中毁损、接受紧急订货等。只有多储备适当数量的存货，才能应付非正常情况的发生。企业一定要购买财产保险，并在发生损失的情况下及时核销列入相关费用，抵减应纳税所得额。

3. 出于市场和价格原因再适当增加储备原材料的数量以降低成本费用。有些存货的市场供给有着明显的季节性，并因此其供给价格也有着明显的季节性，应季采购价格较低，而过季采购价格较高。企业应根据季节性价差大小、自己的存储能力等确定采购量。许多存货的销售都存在着商业折扣或者说其价格都有一定的弹性，采购批量越大其价格越低，采购批量越小其价格越高。因此，企业应根据商业折扣情况，调整存货的经济订货批量。

4. 为维持全年的生产活动处于均衡状态，产成品相应增减。企业的产品供求可能有着比较强的季节性，但企业往往不能按照季节性来安排其生产活动。在这种情况下，企业要想维持均衡生产状态，其产成品存货必然会季节性增减。企业一定要加强存货特别是产成品存货的储存管理，一旦发现存货成本高于其可变现净值的，应当计提存货跌价准备，并计入当期损益。

（二）分析存货储备的成本进行税收筹划

存货投资决策主要是把好材料或商品的进货关，在产品和产成品都是由材料演化的。存货投资决策考虑的成本有采购成本、订货成本、储存成本（含机会成本）和缺货成本。而机会成本和缺货成本不是实际发生的成本。实际发生的成本一般包括材料或商品的采购成本及其向在产品和产成品的结转成本、订货成本、储存成本（不含机会成本）、产成品或商品的销售费用，以及生产性企业的产品加工成本等。采购成本包括存货的购买价款、相关税费、运输费、装卸费、保险费以及其他可归属于存货采购成本的费用，是未来销售成本的重要组成部分。企业一定要按计划、按经济批量要求进行采购，并保证质量、压低价格，索要增值税专用发票为抵扣进项税额作好准备。根据规定，企业应当采用先进先出法、加权平均法或者个别计价法确定发出存货的实际成本。企业要根据实际情况，选择恰当的方法确定发出存货的实际成本，预计未来会跌价的存货可采用先进先出法，预计未来会涨价的存货不要采用先进先出法，以尽快、尽早摊销存货成本和抵减应纳税所得额，获得尽可能大的税收利益。对于购进的低值易耗品存货包装物存货，根据规定应当采用一次转销法或者五五摊销法计入相关资产的成本或者当期损益，从纳税角度看，可采用一次转销法直接计入当期损益。

订货成本是指在订货过程中发生的管理性成本。企业应选择方便、快捷、费用低廉的订货方式以控制订货成本。储存成本是指存货在储存过程中发生的仓储费用，包括库房设施费用、库管人员的工资费用和办公费用、财产保险费用等。订货成本和储存成本可直接计入当期损益，抵减应纳税所得额。

销售费用是企业在销售商品和材料、提供劳务的过程中发生的各种费用，包括保险费、包装费、展览费和广告费、商品维修费、预计产品质量保证损失、运输费、装卸费等以及为销售本企业商品而专设的销售机构（含销售网点、售后服务网点等）的职工薪酬、业务费、折旧费等经营费用。销售费用可直接计入当期损益，抵减应纳税所得额。存在税收筹划空间的主要有包装费、广告费、预计产品质量保证损失、运输费等。包装费中的包装物，如有可能最好由购货方提供，这样销售额中就不含包装物价值以减少商品课税；若包装物由销货方提供并可周转使用，可考虑先收取押金再按期收回，并将押金单独计价核算，按规定不并入销售额，可以减少商品课税。根据税法的规定，企业发生的符合条件的广告费和业务宣传费支出，除国务院财政、税务主管部门另有规定外，不超过当年销售（营业）收入15%的部分，准予扣除；超过部分，准予在以后纳税年度结转扣除。因此，企业要制定适当的广告策略，积极宣传推广本企业产品，使广告费用及时得到全额扣除，以抵减应纳税所得额。预计产品质量保证损失是企业根据经验估计的当期可能因产品质量未达到承诺要求而付出的代价，估计时作为预计负债，实际发生时转为有关资产或费用科目。从纳税角度看，预计产品质量保证损失可适当高估，不可低估，高估可实际少交所得税。运输费最好由购货方直接承担，因为运输费若由销货方支付再向购货方收取，将会增加销售额，相应增加商品课税。

业务招待费虽然按照规定列入了管理费用，但其发生原因有相当一部分与存货购销、招待客户有关。根据税法的规定，企业发生的与生产经营活动有关的业务招待费支出，按照发生额的60%扣除，但最高不得超过当年销售（营业）收入的5‰。可以看出，业务招待费不能全额扣除，因此企业应节约开支，尽量减少该项费用。

产品加工成本包括人工成本和间接费用，可直接计入当期损益，抵减应纳税所得额。

## 三、应收账款投资决策中的税收筹划

### （一）分析应收账款投资的原因进行税收筹划

应收账款是商业信用条件下的产物，是应收而未收到的销售货款，它相当于在对购货方提供商品货物的同时，又向购货方提供了一笔贷款。应收账款投资的原因，一是为了扩大销售；二是为了减少存货及其有关费用。

1. 扩大销售。在市场竞争比较激烈的情况下，从商品到货币是市场经济中的惊人的一跳，跳过去企业就能生存和发展，跳不过去企业应得关门破产。因此，销售、扩大销售非常重要，而赊销即是扩大销售的一种手段，并由此产生了应收账款。销售增加，将直接增加毛利，但利润能否转化为现金，则存在着一定的风险。因此，企业不能见谁赊谁，一定要加强对客户或潜在客户的信用调查和信用评估，制定良好的信用标准政策、信用条件政策和收账政策。

企业若有适用不同纳税的产品，一定要分开销售、单独核算，否则混合销售将会就高不就低而增加税收负担。

2. 减少存货及其有关费用。扩大销售，进行应收账款投资会减少存货库存，并相应减少库存费用。一些存货有保质期，若不能及时销货，将会给企业造成经济损失。企业可以事先计算好保本储存期和保利储存期。长期储存要计提存货跌价准备，造成损失要及时核销。

### （二）分析应收账款投资的成本进行税收筹划

进行应收账款投资决策的成本有机会成本、管理成本、坏账成本、现金折扣成本等。其中，机会成本不是实际的成本，其他各项成本都可以直接计入当期损益，抵减应纳税所得额。

管理成本包括对客户的信用调查费用和信用评估费用、收账费用以及账务处理费用等。管理成本是必要的开支，但也要知道企业花费的管理成本再多，也不能够完全避免坏账。因此，企业要分析确定适当的管理成本额度，以发挥管理成本的最大效益。

坏账成本是应收账款不能收回而给企业造成的损失。计提坏账准备时，借记资产减值损失，贷记坏账准备；确认发生坏账时，借记坏账准备，贷记应收账款；期末将资产减值损失转入本年利润，直接冲减应纳税所得额。从纳税的角度看，企业在确认坏账时，不能保守，宁可多确认，不可少确认。根据税法的规定，应纳税所得额的确认采用的是权责发生制原则。因此，企业在确认应收账款而未实际取得现金收入时就须缴纳所得税，已属提前纳税。那么，多确认坏账，等已转销的应收账款又收回时，再缴纳所得税也不算迟。

现金折扣成本是企业规定有现金折扣条件而客户享受现金折扣时而损失的销售额。根据规定，实际发生的现金折扣直接冲减销售额。企业要注意的是，现金折扣率的确定要恰到好处，既要对客户有一定的吸引力，又不要过高，经过计算的丧失该项折扣的成本率比同期的银行贷款利率略高即可。

## 第六节 小 结

### 一、投资组合理论与决策中的税收筹划

现代投资组合理论始于马科维茨的均值—方差分析，其基本思

想是分散投资可以分散风险，投资组合的风险与报酬可采用均值—方差分析法确定。夏普等在此基础上提出了资本资产定价模型，其基本思想是投资应首先获得资金的时间价值，还应获得与所冒风险相当的风险价值，即投资应获得必要报酬率，只有投资方案的期望报酬率大于必要报酬率才能说明投资方案是可行的。后来布莱克和斯科尔斯提出了期权定价模型，罗斯提出了套利定价理论；布莱克和斯科尔斯认为期权可以与标的股票构成一个无风险投资组合并实现无风险投资收益率，期权的价值即是在期权与标的股票构成无风险投资组合实现无风险收益率时的期权的均衡价格；罗斯认为套利的结果会消除套利机会，而不可能获得无风险套利收益，投资存在风险不可避免；套利定价理论是在消除了套利机会的市场均衡条件下，关于投资报酬与风险之间关系的一种理论；在市场均衡的条件下，资产的价值等于无风险报酬加上其风险溢价。

税收是影响投资及公司收益的一个重要因素。不同投资的税收负担不同，必定会促使公司在投资决策中进行税收筹划。投资组合理论的研究中往往假设市场均衡和税收中性，往往忽略税收的差异性。这是因为投资组合理论是比较抽象的和共性的，是适应于所有企业的。理论上的抽象是正常的和合理的，但在实际的投资决策中必须充分考虑税收的影响，投资决策中的税收筹划必须是具体的和个性的，是针对特定企业的，不仅应考虑税收负担的不同，而且应考虑投资项目总体的收入、费用情况即考虑税后净收益的不同。

## 二、固定资产投资之行业决策中的税收筹划

1. 考虑各行业税收负担的轻重，每一行业缴纳什么税，哪一行业存在着税收优惠。

2. 企业在多业经营的情况下，要想获得行业税收优惠，必须实行分业单独核算，否则将不能享受税收优惠。

3. 企业进行多业经营，选择进入新的经营领域，不能只考虑行业的税收负担轻重，必须充分考虑行业总体收益水平的高低；行业之间存在着收益水平的高低差别是客观的，企业必须考虑自己的比较优势，在控制投资风险的情况下谋求公司整体的价值最大。税收筹划要为投资决策服务，而不是投资决策依赖于税收筹划。

## 三、固定资产投资之投资地域决策中的税收筹划

作为内部投资，投资地域的决策主要是指投资地与公司一体还是异地设立分公司的决策。

根据规定，异地分公司的商品课税可以在当地申报纳税，也可以在总公司所在地汇总申报纳税，而对于所得课税应当由总公司统一核算应纳税所得额汇总申报纳税。因此，投资地与公司一体还是异地设立分公司，在缴纳所得税方面没有差别，有可能存在着差别的是商品课税。但是，即使异地设立分公司存在着税收优惠，还须考虑远离总公司所增加的管理费用、所增加或减少的交易费用等非税成本。

## 四、固定资产取得方式决策中的税收筹划

自制固定资产的最大优势是投资成本低。自制固定资产较之于购置固定资产存在着税收利益。自制固定资产的最大问题是需要时间。投资往往是有时效性的，耽误时间将会产生机会成本。

非货币性资产交换较之于购置固定资产实际并无税收利益。但是，因为非货币性资产交换之会计准则与税法规定存在着一定的差异，以及非货币性资产交换之会计处理比较复杂，这可能促使一些公司有意利用这些差异和复杂，甚至进行关联方交易及非商业性质的非货币性资产交换，去挑战征税人员之征税能力，以期杂乱之中获得税收利益。

购置固定资产需要动用大量货币资金。公司可以借款购置固定资产，然后将借款费用资本化；也可以将经营用货币资金去购置固定资产，然后再借款用于经营活动，而经营活动的借款费用可以作为收益性支出直接计入当期损益。根据税法的规定，企业在生产经营活动中发生的合理的不需要资本化的借款费用，准予扣除。因此，借款费用是作为资本性支出还是作为收益性支出，存在着税收筹划的空间。

## 五、固定资产投资规模决策中的税收筹划

投资规模决策中如何进行税收筹划，这需要研究投资规模与税收筹划之间的关系。从总体上看，无论是商品课税还是所得课税都是比例税率，边际税率不变，因此税收对投资规模的影响没有差异。具体分析，增值税存在着小规模纳税人与一般纳税人之区别；企业所得税存在着小型微利企业的优惠税率；如果企业投资后的规模处于小规模纳税人和小型微利企业附近，就需要考虑确定恰当的投资规模以减少税收负担。

## 六、对外投资异地设立独资子公司还是对内投资异地设立分公司决策中的税收筹划

无论是异地设立分公司还是子公司都可独立缴纳商品课税，即在商品课税上无差别；而异地设立分公司是统一缴纳所得税，异地设立子公司是分别缴纳所得课税。因此，异地设立分公司还是子公司，决定于统一缴纳所得税有利还是分别缴纳所得税有利。

## 七、对外投资设立有限公司还是设立合伙企业决策中的税收筹划

有限责任公司和合伙企业在商品课税上基本无差别，但在所得

课税上存在着较大差别。有限责任公司须上缴企业所得税；而合伙企业却上缴个人所得税。

如果公司在附属企业分享的应纳税所得额在 67 500 元以上，附属企业注册为合伙企业不如注册为有限责任公司。

如果公司在附属企业分享的应纳税所得额在 45 000 元以上，且附属企业能够符合小型微利的标准，则附属企业注册为合伙企业不如注册为有限责任公司。

如果公司在附属企业分享的应纳税所得额在 33 750 元以上，且附属企业属于国家需要重点扶持的高新技术企业，则附属企业注册为合伙企业不如注册为有限责任公司。

## 八、对外投资地区选择中的税收筹划

新的企业所得税法于 2008 年 1 月 1 日起施行即中外资企业所得税法统一之后，存在税收优惠的国内地区将按规定实施企业所得税过渡优惠政策。公司在进行对外投资时，投资对象可能是执行新企业所得税法的新企业，也可能是需要实施企业所得税过渡优惠政策的“老”企业。执行新企业所得税法的新企业的地区性税收优惠已经很少，主要有：经济特区和上海浦东新区新设立的高新技术企业享受“两免三减半”的企业所得税优惠；较之于其他地区的“国家需要重点扶持的高新技术企业”15%的税率更加优惠；西部大开发企业所得税优惠政策继续执行。实施企业所得税过渡优惠政策的“老”企业所享受的税收优惠终将失去。

公司在进行投资地区选择时，除了要考虑税收因素外，还要考虑增加的管理成本、交通成本以及对当地环境的适应能力等，在综合考虑各种因素以后，根据项目的税后现金流量状况进行投资决策。

## 九、对外投资规模决策中的税收筹划

小规模纳税人与一般纳税人的税负平衡点商业企业为销售毛利率＝23.53%；非商业企业的税负平衡点为销售毛利率＝35.29%。若销售毛利率高于税负平衡点，作为小规模纳税人税负较轻；若销售毛利率低于税负平衡点，作为一般纳税人税负较轻。

## 十、对外间接投资决策中的税收筹划

根据现行税法的规定，买卖股票、债券需缴纳证券交易印花税；获取的国债利息收入，股息、红利等权益性投资收益属于免税收入，也就是说，除企业债券利息收入之外，不用缴纳企业所得税；买卖证券的资本利得收益（价差收益）需要缴纳企业所得税。

公司可分析确定证券投资的必要报酬率或要求得到的最低报酬率作为评价标准，只有当证券投资的内部报酬率大于或等于评价标准时，才能说明投资方案是可行的。

## 十一、自创无形资产投资决策中的税收筹划

自创专利技术或非专利技术将产生研究开发支出。研究阶段的支出直接计入当期损益，而开发阶段的支出在开发成功时或之后无疑应作为资本性支出计入无形资产的价值，但在开发成功之前若具备规定条件才可作为资本性支出，否则应计入当期损益。因此，开发阶段的支出是作为资本性支出还是作为收益性支出，存在着人为调控的可能。一般来说，将开发支出作为收益性支出直接计入当期损益，可以使公司少缴所得税，获得更大的税收利益。但是，如果公司当期本来亏损或想提高本期利润水平则另当别论，不如作为资本性支出。

## 十二、流动资产投资决策中的税收筹划

流动资产投资决策的思路是：通过分析流动资产投资的原因说明其必要性，通过分析流动资产投资的相关成本以说明流动资产投资的数量又不能过多，因此研究确定最佳的流动资产投资额度，以使其投资总成本最低。而流动资产投资决策中的税收筹划，应配合这一管理思路，控制各项成本费用，以使公司获得尽可能大的税收利益及经济利益。

diwuzhang

# 第五章 公司筹资决策中的税收筹划

本章以资本结构理论和资本结构决策中的税收筹划研究作为开始，然后按照筹资决策的内容分别讨论了股权筹资决策中的税收筹划、长期负债筹资决策中的税收筹划和流动负债筹资决策中的税收筹划。

## 第一节 资本结构理论中的税收筹划

公司筹资决策中的税收筹划，不能一味地追求减轻税收负担，必须以优化资本结构、提高公司价值为目标。资本结构一般是指企业的长期资本中长期负债与股权资本的构成，通常用长期负债占长期资本的比重来反映；有时是指企业全部资本的构成，包括长短期资本构成、内外部资本构成、权益负债构成等，通常用资产负债率来反映。西方财务管理学家进行资本结构的研究由来已久。美国经济学家大卫·杜兰德（David Durand）1952年的研究成果是早期资本结构理论研究的开端之一，它表达了这样的思想：优化资本结构的意义在于使企业的资本成本最低、企业价值最大。它的研究报告提出了三种见解：一是净收益理论；二是净经营收益理论；三是处于前两者之间的传统理论。三者的不同在于投资者确定负债和权益价值的假设条件不同。美国经济学家莫迪格利尼（France Modigliani）和米勒（Mertor Miller），于1958年在《美国经济评论》上发表论文《资本成本、公司财务与投资管理》，提出了MM理论，开创了现代资本结构理论的先河。MM理论的发展分为最初的无所得税的MM理论、修正的有公司所得税的MM理论和既有公司所得税又有个人所得税的米勒模型M理论。在MM理论的基础上还发展出了权衡理论（Trade - off Theory）等。下面我们分别介绍早期的资本结构理论、现代的MM理论和权衡理论，并在分析中考察资本结构理论中的税收筹划。

## 一、净收益（NI）理论

### （一）基本假设

1. 企业的税后净收益（Net Income）每年固定不变，净收益全部用于发放股利。

2. 长期负债的利息率（$K_b$）固定不变。

### （二）推论

1. 长期负债的成本不变。根据假设，长期负债的利息率（$K_b$）固定不变，则长期负债的成本不变。长期负债的利息率即是未扣除所得税因素的长期负债的成本。

长期负债的价值为 $B$，则长期负债的年利息为 $BK_b$，未扣除所得税因素的长期负债的成本为：

$K_b = BK_b / B = K_b$

扣除所得税因素后的长期负债成本为：

长期负债成本 $= BK_b\ (1-T)\ / B = K_b\ (1-T)$

2. 股权资本的成本不变。根据假设，企业的税后净收益（Net Income）每年固定不变，净收益全部用于发放股利。因而，股东每年获得的股利和股利率是固定不变的。所以，股权资本的成本（$K_s$）不变。

若息税前利润为 $EBIT$，企业所得税税率为 $T$，则税后净收益（$NI$）为：

$NI = (EBIT - BK_b)\ (1-T)$

因税后净收益全部用于发放股利，则股东获得的股利为永续年金。所以，股权资本的价值（$S$）为永续年金的现值：

$S = NI/K_s = (EBIT - BK_b)\ (1-T)\ /K_s$

股权资本的成本为：

$K_s = NI/S = (EBIT - BK_b)\ (1-T)\ /S$

3. 长期负债比重越高，企业的综合资本成本越低。长期负债的成本固定不变，股权资本的成本不变，而长期负债的成本低于股权资本的成本，所以，长期负债的比重（$W_b$）越高，股权资本的比重（$W_s$）越低，企业的综合资本成本（$K_w$）越低。

$K_W = W_b K_b\ (1-T) + W_s K_s$

4. 长期负债比重越高，企业价值越大，100%的长期负债是最佳资本结构。企业价值是股权价值与长期负债价值之和，即 $V = S + B$。$W_b = B/V$，$W_s = S/V$，代入综合资本成本公式有：

$K_W = (B/V)\ Kb\ (1-T) + (S/V)\ K_s$

推导得：

$$V=\frac{BK_b\ (1-T)\ +SK_s}{K_W}$$

将 $S=\ (EBIT-BK_b)\ (1-T)\ /K_s$ 代入上式得：

$$V=\frac{EBIT\ (1-T)}{K_W}$$

随着长期负债比重的升高，利息增加，息税前利润增加，则支付利息之前的税后净收益（称“净经营收益”，the Net Operating Income）$EBIT\ (1-T)$ 增加，即上式中分子增加；而随着长期负债比重的升高，综合资本成本即上式中的分母降低。也就是说，上式中的分子与分母呈反比变化，随着长期负债比重的升高，其分子升高而分母下降，因此企业价值（$V$）越大。

（三）对该理论的简要评价

该理论在其特定假设条件下，只考虑了企业所得税，没有考虑个人所得税，强调了长期负债利息的抵税作用，没有考虑长期负债的风险，得出了长期负债比重越高企业价值越大的不恰当结论（见图 5－1）。

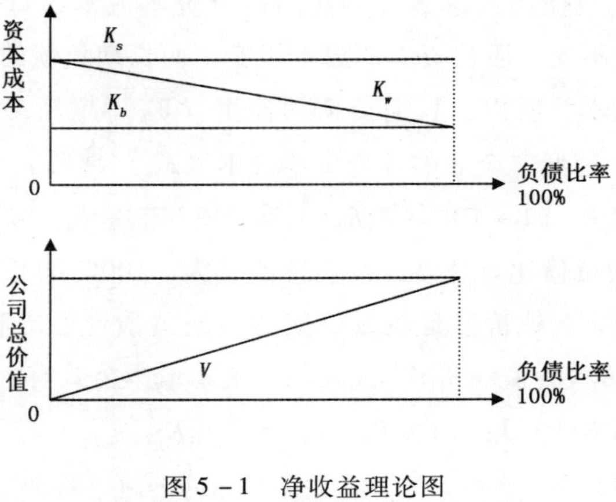


图 5－1　净收益理论图

## 二、净经营收益（NOI）理论

（一）基本假设

1. 企业的净经营收益［$EBIT（1-T）$］每年不变。

2. 长期负债的利息率固定不变。

3. 股东认为长期负债比重的上升会增加股东收益的风险。

（二）推论

1. 长期负债的成本固定不变。长期负债的利息率（$K_b$）固定不变，所以，长期负债的成本［$K_b（1-T）$］固定不变。

2. 股权资本的成本会随着长期负债比重的上升而上升。因为股东认为长期负债比重的上升会增加股东收益的风险，所以随着长期负债比重的上升，股东会要求得到更高的报酬或者说股权资本的价值（$S$）会下降，因而股权资本的成本（$K_s$）会随着长期负债比重的上升而上升。

$$K_s = (EBIT - BK_b)(1-T)/S$$

$$= [EBIT(1-T) - BK_b(1-T)]/S$$

$$K_W = W_bK_b(1-T) + W_sK_s$$

$$K_W = (B/V)K_b(1-T) + (S/V)K_s$$

$$K_s = (V/S)K_W - (B/V)(V/S)K_b(1-T)$$

$$= (V/S)K_W - (B/S)K_b(1-T)$$

$$= (1+B/S)K_W - (B/S)K_b(1-T)$$

$$= K_W + (B/S)[K_W - K_b(1-T)] \quad (1)$$

在式（1）中，当 $K_W$ 和 $K_b$ 为常数时，随着长期负债比重的上升，$B/S$ 上升，股权资本成本 $K_s$ 一定会上升。

3. 综合资本成本固定不变，企业价值不变，不存在最佳资本结构。随着长期负债比重的上升，综合资本成本并没有因此而下降，因为股权资本的成本上升了，也就是说，长期负债比重上升带来的低成本优势被股权资本成本的上升抵减掉了，所以综合资本成本不变。

$$K_W = W_b K_b (1-T) + W_s K_s = (B/V) K_b (1-T) + (S/V) K_s$$

将 $K_s = [EBIT(1-T) - BK_b(1-T)]/S$ 代入上式得：

$$K_W = \frac{BK_b(1-T)}{V} + \frac{EBIT(1-T) - BK_b(1-T)}{V}$$

$$K_W = \frac{EBIT(1-T)}{V}$$

$$V = \frac{EBIT(1-T)}{K_W} \qquad (2)$$

根据假设条件，企业的净经营收益 $EBIT(1-T)$ 每年不变，而净经营收益是企业价值（长期资本的市场总额）与综合资本成本率（长期资本的收益率）的乘积，那么，我们只能得出结论认为：无论长期负债的比重大小，企业的综合资本成本率固定不变，企业价值不变。

（三）对该理论的简要评价

该理论在其特定假设条件下，只考虑了企业所得税，没有考虑个人所得税，虽然考虑了长期负债的风险，但将风险完全让股权资本承担，实际上随着长期负债的增加，新增长期负债也会承担更大的风险，由此得出了无论长期负债比重如何变化其综合资本成本不变、企业价值不变的不恰当结论（见图 5-2）。

## 三、传统资本结构理论

（一）基本假设

1. 在一定限度负债时，股权资本和长期负债的成本都不会显著增加。

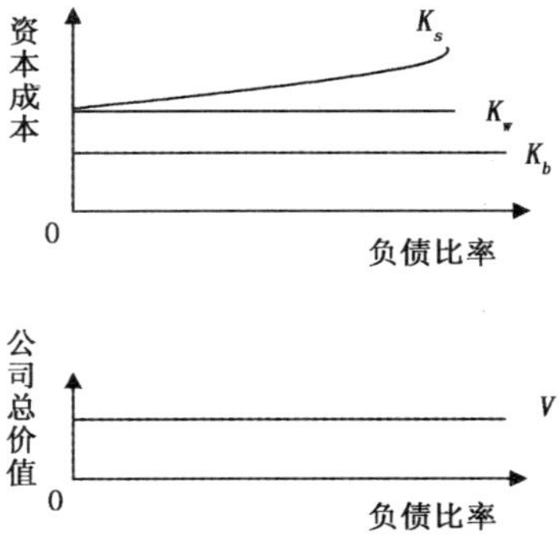


图 5-2 净经营收益理论图

2. 当负债超过某限度时，股权资本成本和长期负债的成本会显著增加。

（二）推论

1. 在一定限度负债时，综合资本成本是下降的。根据假设条件，在一定限度负债时，股权资本和长期负债的成本都不会显著增加。也就是说，在一定限度内，随着长期负债比重的上升，因为长期负债的风险，使股权资本的成本和长期负债的成本都有一定的增加，但不会显著增加。这时，综合资本成本会因为长期负债成本较低而随着长期负债的增加而下降。

综合资本成本是股权资本成本和长期负债成本的加权平均数。在长期负债比重为零的时候，股权资本成本即是综合资本成本。随着长期负债比重的增加，因为长期负债成本较低，综合资本成本无疑会存在着下降的过程。

2. 当负债超过某限度时，综合资本资本是上升的。根据假设条件，当负债超过某限度时，股权资本成本和长期负债的成本会显著增加。也就是说，当负债超过一定限度时，综合资本成本不会永远呈下降趋势，它会因为长期负债风险的累积及股权资本成本和长期负债成本的显著增加而出现拐点转而呈上升趋势。

3. 综合资本成本线是一条凹形曲线，其最低点对应的资本结构最佳。结合上述两点结论，综合资本成本一开始呈下降趋势，后出现拐点转而呈上升趋势，因此，它是一条凹形曲线，其最低点即拐点是综合资本成本的最低点，最低点对应的资本结构是最佳资本结构。

（三）对该理论的简要评价

如果说净收益理论和净经营收益理论是两个极端的话，那么传统理论是两个极端的折中。传统理论在其特定假设条件下，虽然只考虑了企业所得税，并没有考虑个人所得税，但目前仍然被广大的财务管理理论研究者和实践者所认可。根据此理论，负债筹资具有资本成本低、有抵减企业所得税的作用，适度举债有利于降低企业的综合资本成本，但不能过度举债，否则会导致企业综合资本成本的上升（见图5-3）。

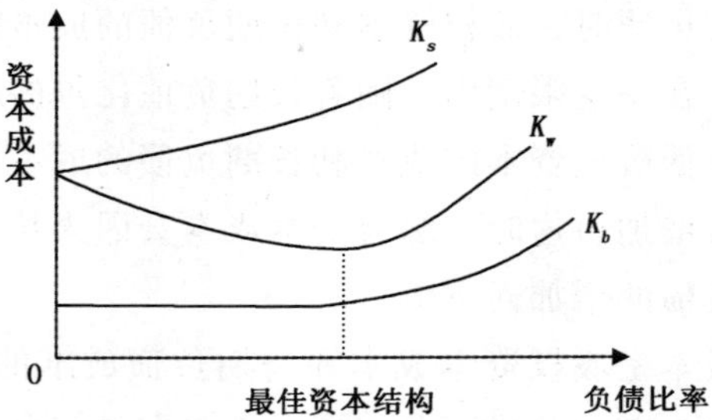


图5-3　传统资本结构理论图

## 四、无所得税的MM理论

（一）基本假设

1. 资本市场有效，资本自由流动，无交易成本。

2. 长期负债无风险，其利率为无风险利率。

3. 经营风险可用息税前利润（*EBIT*）的标准差衡量。

4. 公司未来的息税前利润（*EBIT*）及其风险能被投资者合理预计。

5. 公司未来的现金流量或息税前利润（*EBIT*）是永续年金。

6. 无企业所得税。

（二）推论

1. 不同的公司在风险相同时，不管资本结构是否相同，其公司价值相等。根据假设，公司未来的现金流量或息税前利润（*EBIT*）是永续年金。在风险相同的情况下，贴现率相等，因此，永续年金的现值相等，即公司价值（有负债公司价值 $V_L$ 和无负债公司价值 $V_U$）相等。

根据前面推出的公式：$V=\frac{EBIT\ (1-T)}{K_W}$，在无企业所得税和 *EBIT* 为永续年金的情况下，因有负债公司与无负债公司的经营风险相同，所以：

$$V_L=\frac{EBIT}{K}=\frac{EBIT}{K}=V_U \tag{3}$$

$$EBIT=KV \tag{4}$$

2. 有负债公司的权益资本成本（$K_{SL}$）等于相同风险的无负债公司的权益资本成本（$K_{SU}$）加风险补偿。也就是说，低廉的债务资本给公司带来的收益，会因为权益资本成本的上升而抵消。

有负债情况下，股权资本的市场价值为：

$$S=\frac{EBIT-K_bB}{K_{SL}}$$

$$K_{SL}\frac{EBIT-K_bB}{S}$$

根据上一个推论的结果，$EBIT=KV=K_{SU}\ (S+B)$，代入上式得：

$$K_{SL}=\frac{K_{SU}\ (S+B)\ -K_bB}{S}=K_{SU}+\frac{B}{S}\ (K_{SU}-K_b) \qquad (5)$$

式（5）中 $B/S\ (K_{SU}-K_b)$ 为风险补偿。

3. 投资的内涵报酬率应高于综合资本成本，是投资决策的基本前提。

4. 资本结构与企业价值和综合资本成本无关，不存在最佳资本结构。

（三）对该理论的简要评价

该理论假设无企业所得税是不符合事实的，在此前提下推出的结论是靠不住的。

## 五、有公司所得税的 MM 理论

（一）基本假设

1. 资本市场有效，资本自由流动，无交易成本。

2. 长期负债无风险，其利率为无风险利率。

3. 经营风险可用息税前利润（*EBIT*）的标准差衡量。

4. 公司未来的息税前利润（*EBIT*）及其风险能被投资者合理预计。

5. 公司未来的现金流量或息税前利润（*EBIT*）是永续年金。

6. 有企业所得税。

与最初的无所得税的 MM 理论相比，只有第六个假设不同，原假设无企业所得税，现假设有企业所得税。

（二）推论

1. 由于负债利息的抵税作用，有负债公司的价值（$V_L$）等于相同风险的无负债公司的价值（$V_U$），加上节税收益（$TB$）。

无负债公司的年现金流量为：

$$CF_U = EBIT\ (1 - T)$$

有负债公司的年现金流量为：

$$CF_L = (EBIT - K_b B)(1 - T) + K_b B = EBIT\ (1 - T) + TK_b B$$

所以，有负债公司的年现金流量是无负债公司的年现金流量与负债利息抵税额的和。

根据假设，公司未来的现金流量或息税前利润（$EBIT$）是永续年金。因此，公司价值是永续年金的现值。无负债公司的价值为：

$$V_U = \frac{CF_U}{K_{SU}} = \frac{EBIT\ (1 - T)}{K_{SU}}$$

由于有负债公司与无负债公司的经营风险相同，则其贴现率相同。原假设长期负债是无风险的，我们进一步假设负债利息的抵税额也是无风险的，故仍以原无风险负债利息率作为贴现率。有负债公司的价值为：

$$V_L = \frac{EBIT\ (1 - T)}{K_{SU}} + \frac{TK_b B}{K_b} = V_U + TB \qquad (6)$$

2. 有负债公司的权益资本成本，等于相同风险的无负债公司的权益资本成本加上税后风险补偿。

有负债情况下，股权资本的市场价值为：

$$S = \frac{(EBIT - K_b B)(1 - T)}{K_{SL}}$$

$$K_{SL}=\frac{(EBIT-K_bB)(1-T)}{S}$$

根据上一个推论的结果得：

$$V_U=\frac{EBIT(1-T)}{K_{SU}}=V_L-TB=S+B-TB$$

则：$EBIT(1-T)=K_{SU}(S+B-TB)$

$EBIT=KSU(S+B-TB)/(1-T)$，代入前式得：

$$K_{SL}=\frac{[K_{SU}(S+B-TB)\div(1-T)-K_bB](1-T)}{S}$$

$$=K_{SU}+\frac{B}{S}(K_{SU}-K_b)(1-T) \qquad (7)$$

式（7）中 $B/S(K_{SU}-K_b)(1-T)$ 为税后风险补偿。

3. 投资的报酬率应等于或大于负债经营下的综合资本成本。

4. 负债可以降低综合资本成本，提高公司的价值。

（三）对该理论的简要评价

修正的 MM 理论，较之最初的 MM 理论考虑了企业所得税，但只考虑了负债的节税优势，而没有全面考虑负债所存在的弊端，得出了与最初的 MM 理论截然相反的结论。

## 六、既有公司所得税又有个人所得税的米勒模型 M 理论

（一）基本假设

1. 资本市场有效，资本自由流动，无交易成本。

2. 长期负债无风险，其利率为无风险利率。

3. 经营风险可用息税前利润（*EBIT*）的标准差衡量。

4. 公司未来的息税前利润（*EBIT*）及其风险能被投资者合理预计。

5. 公司未来的现金流量或息税前利润（*EBIT*）是永续年金。

6. 有公司所得税（$T_c$ 为公司所得税税率）。

7. 有个人所得税（$T_s$ 为股票收益之个人所得税税率，$T_b$ 为债券收益之个人所得税税率）。

（二）推论

米勒认为，修正的MM理论过高地估计了负债经营对公司价值的作用，实际上个人所得税在某种程度上抵减了负债利息的节税收益，并得出如下模型：

$$V_L = V_U + \left[1 - \frac{(1 - T_C)(1 - T_s)}{1 - T_b}\right] \times B \quad (8)$$

（三）对该理论的简要评价

米勒模型较之修正的MM理论，不仅考虑了企业所得税，还考虑了个人所得税，但仍然没有充分估计负债所引起的风险。

## 七、权衡理论

（一）基本假设

1. 负债是有风险的。公司不仅有经营风险，而且因为负债还存在着财务风险。

2. 资本有交易成本，清算时更是会发生多种费用。

3. 资本市场并非完全有效，存在着信息不对称，存在着代理成本。

（二）推论

1. 有负债企业的价值，等于无负债企业的价值加上节税收益的现值，减去破产成本和代理成本的现值。

有负债企业的价值 = 无负债企业的价值 + 节税收益的现值

TB - 破产成本和代理成本的现值 FA

2. 企业价值线是一条凸型曲线，随着负债比例的增加而进行上升、下降的变化，在其最高点上边际节税收益等于边际破产成本和代理成本，最高点所对应的资本结构为最佳资本结构。

（三）对该理论的简要评价

权衡理论是在 MM 理论基础上发展起来的，其假设条件更符合现实，不仅考虑了企业的经营风险，而且考虑了企业的财务风险，对负债的利弊评价更为恰当和全面。该理论目前被广大的财务管理理论研究者和实践者所认同。

根据权衡理论，公司应适度举债。举债的突出优势是存在着节税收益，但同时还存在着弊端，存在着破产成本和代理成本。随着负债比例的增加，破产的可能性越来越大，可能导致的破产成本越来越大；公司作为代理人所承担的债权人的监督成本会越来越大。在一定限度内举债，利大于弊，节税收益的现值大于破产成本和代理成本的现值；但若超过一定的限度，则弊大于利，节税收益的现值小于破产成本和代理成本的现值。公司应研究确定适合于本公司的最佳资本结构，恰当利用负债的节税优势，以提高公司的价值（见图 5－4）。

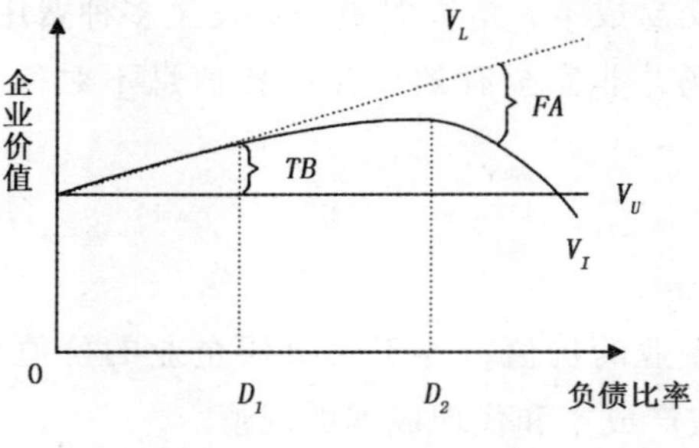


图 5－4 权衡理论图

# 第二节　资本结构决策中的税收筹划

目前被普遍认可的资本结构理论，一是传统理论；二是权衡理论。两种理论都认为存在着最佳资本结构。但是，在财务管理实践中，我们无法通过资本结构理论确定最佳资本结构点，因为不同行业的公司、不同规模的公司、不同历史时期的公司、不同宏观政策条件下的公司等，其最佳资本结构点是不同的。实践中，资本结构决策的方法有比较资本成本法、比较企业价值法、财务杠杆程度分析法、每股利润无差别点分析法等。下面我们通过对资本结构决策方法的分析，考察如何进行税收筹划。

## 一、比较资本成本法

### （一）比较资本成本法的理论依据

根据资本结构的传统理论，综合资本成本线是一条凹形曲线，凹形曲线的最低点所对应的资本结构是最佳资本结构，即综合资本成本最低时的资本结构是最佳资本结构。

### （二）比较资本成本法的决策思路

拟定几个资本结构方案，分别计算每一个资本结构方案的综合资本成本，哪一个资本结构方案的综合资本成本最低，则相应的资本结构就是最佳资本结构。

（三）资本成本计算中的税收筹划

通过比较资本成本法的决策思路可以看出，资本成本的计算是资本结构决策的关键。而在资本成本的计算中，除要充分考虑筹资方式所引起的各项成本费用之外，还必须要充分考虑税收的影响。资本成本作为筹集资金所付出的代价，其内容主要有两部分，一部分是资金使用费，如利息、股息等；另一部分是筹资费用，即筹资过程中发生的费用，如审计费、验资费、评估费、律师费、投资咨询费、证券印刷费、委托发行费等。税收的影响主要是所得税负担的不同。负债筹资其资金使用费在所得税前列支，而股权筹资其资金使用费在所得税后支付。两者比较起来，负债筹资获得了节税收益，相当于少付了利息，实际降低了资本成本。资本成本因通常以相对数指标利率形式表示，故又称资本成本率。资本成本的计算主要包括个别资本成本的计算和综合资本成本的计算，并分为考虑资金时间价值的计算方法和不考虑资金时间价值的计算方法，而考虑资金时间价值的计算方法符合现代公司理财的观念是主要的计算方法。

1. 长期借款的资本成本。长期借款的资本成本主要是借款利息支出，而基本无筹资费用。根据税法的规定，借款资金用于长期资产的购建以及用于建造期在一年以上的存货购建时，其利息应当资本化；在生产经营活动中发生的合理的不需要资本化的借款利息费用才可以直接计入当期损益。若利息直接计入当期损益，则即时起到抵减所得税的作用；若利息予以了资本化，将来能够通过折旧或摊销抵减所得税，其抵减所得税的作用有所削弱。所以，从税收筹划的角度看，应尽量将利息费用作为收益性支出，以获得尽可能大的节税收益。其资本成本（率）的计算如下：

（1）不考虑资金时间价值的计算方法：

$$\text{长期借款的资本成本（率）}=\frac{\text{借款额}\times\text{借款年利率}\times(1-\text{所得税率})}{\text{借款筹资额}-\text{借款手续费}\times(1-\text{所得税率})}$$

$$=\text{借款年利率}\times(1-\text{所得税率})$$

在进行资本成本计算时，一般不将资金使用费和筹资费用累加在一起作为总的费用与筹资额进行对比，而是将筹资费用作为筹资额的抵减项，这是因为资金使用费是后付的且有时是分次支付的，而筹资费用是先付的，先付的筹资费用直接减少了筹集资金的额度。

式中借款手续费作为借款的筹资费用通常为零，而借款额与借款筹资额相等，所以计算式得到简化。式中乘（1－所得税率），是因为利息和借款手续费在所得税前列支，具有抵减所得税的作用，较之于股息或红利在所得税后支付获得了节税收益，相当于少付了费用，所以其实际费用应在现有计算额度的基础上扣除抵税额。筹资费用抵税是本书的一个创新。现有的计算公式筹资费用不乘（1－所得税率）。本书认为，既然利息费用考虑了抵税作用，而具有同样作用的筹资费用也应考虑其抵税作用。

这种方法计算简便，但没有考虑资金的时间价值，不符合现代公司理财的观念。这种方法在利息不按年度支付、每年利率不同、分期还本时存在着应用困难。

（2）考虑资金时间价值的计算方法：

$$\text{借款额}=\sum_{i=1}^{n}\frac{\text{第 }i\text{ 期支付的利息}+\text{第 }i\text{ 期的还本额}}{(1+r)^{i}}$$

假设一年支付 $m$ 次利息，则借款的税前年资本成本（率）为 $mr$。

借款的税后年资本成本（率）$=mr\times$（1－所得税率）

式中 $n$ 为借款期；如果利息到期一次性支付，则看作是第 $n$ 期支付利息，而第 1 至（$n-1$）期的利息看作是零；如果到期一次性还本，则看作是第 $n$ 期还本，而第 1 至 $(n-1)$ 期的还本额看作是零。

这种方法考虑了资金时间价值。所使用的贴现率即是税前资本成本。这个公式是本书的一个研究成果，比现有的公式有更强的适用性，不论利息是否按年度支付、是否每年利率相同、是一次性还本还是分期还本都可使用。

2. 长期债券的资本成本。长期债券的资本成本由债券利息和债券筹资费用组成。根据税法的规定，债券利息和债券筹资费用都可以直接计入当期损益。而按照会计准则的规定，借款费用包括债券利息和辅助费用需根据情况或计入当期损益或计入长期资产的价值。从税收筹划的角度看，直接计入当期损益更为有利。其资本成本（率）的计算如下：

(1) 不考虑资金时间价值的计算方法：

$$\text{长期债券的资本成本（率）}=\frac{\text{债券票面额}\times\text{票面年利率}\times(1-\text{所得税率})}{\text{债券筹资额}-\text{债券筹资费用}\times(1-\text{所得税率})}$$

这种方法计算简便，但没有考虑资金的时间价值，不符合现代公司理财的观念。这种方法在债券利息不按年度支付、每年利率不同、分期还本时存在着应用困难。

(2) 考虑资金时间价值的计算方法：

$$\text{长期债券筹资额}-\text{筹资费用}=\sum_{i=1}^{n}\frac{\text{第 }i\text{ 期支付的利息}+\text{第 }i\text{ 期的还本额}}{(1+r)^{i}}$$

假设一年支付 $m$ 次利息，则长期债券的税前年资本成本（率）为 $mr$。

长期债券的税后年资本成本（率）$=mr\times(1-\text{所得税率})$

式中 $n$ 为债券期限；如果利息到期一次性支付，则看作是第 $n$ 期支付利息，而第 1 至 $(n-1)$ 期的利息看作是零；如果到期一次性还本，则看作是第 $n$ 期还本，而第 1 至 $(n-1)$ 期的还本额看作是零。

3. 融资租赁的资本成本。融资租赁是实质上转移了与资产所有权有关的全部风险和报酬的租赁。根据税法的规定，融资租入的固定资产，以租赁合同约定的付款总额和承租人在签订租赁合同过程中发生的相关费用为计税基础，租赁合同未约定付款总额的，以该资产的公允价值和承租人在签订租赁合同过程中发生的相关费用为计税基础。该计税基础即是融资租入固定资产的入账价值，并将通过计提折旧转化为费用抵减企业所得税。融资租赁的资金使用费和筹资费用已经包含在计税基础中。承租人在签订租赁合同过程中发生的相关费用即是融资租赁的筹资费用。融资租赁的资金使用费是多少呢？假设进行融资租赁时能够预计付款总额并在租赁期末获得租赁资产的所有权，则资金使用费为预计付款总额减去租赁资产的公允价值。

会计准则的规定与税法的规定略有区别。会计准则规定，在租赁期开始日，承租人应当将租赁开始日租赁资产的公允价值与最低租赁付款额现值两者中较低者作为租入资产的入账价值，将最低租赁付款额作为长期应付款的入账价值，其差额作为未确认融资费用。承租人在租赁谈判和签订租赁合同过程中发生的，可归属于租赁项目的手续费、律师费、差旅费、印花税等初始直接费用，应当计入租入资产价值。并规定，承租人在计算最低租赁付款额的现值时，能够取得出租人租赁内涵利率的，应当采用租赁内涵利率作为折现率；否则，应当采用租赁合同规定的利率作为折现率。承租人无法取得出租人的租赁内涵利率且租赁合同没有规定利率的，应当采用同期银行贷款利率作为折现率。

关于融资租赁资本成本（率）的计算，目前比较少见。现试计算如下：

（1）不考虑资金时间价值的计算方法：

$$\text{融资租凭的资本成本(率)}=\frac{\left(\text{预计付款总额}-\text{租赁资产的公允价值}\right)\div\text{租赁年限}\times(1-\text{所得税率})}{\text{租赁资产的公允价值}-\text{筹资费用}\times(1-\text{所得税率})}$$

租赁资产的公允价值按照该项资产的市场购买价款加上运杂费、安装费等确定。

（2）考虑资金时间价值的计算方法：

$$\text{租赁资产的公允价值}-\text{筹资费用}=\sum_{i=1}^{n}\frac{\text{预计第}\,i\,\text{期的租金}-\text{按租赁资产公允价值换算的}\,n\,\text{期年金}}{(1+r)^{i}}+\frac{\text{租赁期末获得资产所有权需支付的款项}}{(1+r)^{n}}$$

假设租金一年支付 $m$ 次，则融资租赁的税前资本成本（率）$=mr$

融资租赁的税后资本成本（率）$=mr\times$（$1-$所得税率）

式中按租赁资产公允价值换算的 $n$ 期年金的计算方法如下：

按租赁资产公允价值换算的 $n$ 期年金 $=$ 租赁资产的公允价值/$n$ 期普通年金现值系数

或 $=$ 租赁资产的公允价值/$n$ 期预付年金现值系数

年金现值系数是按普通年金计算还是按预付年金计算，需根据租金的支付方式确定，即根据租金是后付还是先付来确定。

年金现值系数所使用的折现率，可参照上述会计准则的相关规定来确定，即可使用租赁内涵利率、租赁合同规定的利率、同期银行贷款利率等。租赁内涵利率是指在租赁开始日，使最低租赁收款额的现值与未担保余值的现值之和等于租赁资产公允价值与出租人的初始直接费用之和的折现率。即：

$$\sum_{i=1}^{n}=\frac{\text{预计第}\,i\,\text{期的租金}}{(1+R)^{i}}+\frac{\text{担保的资产余值}}{(1+R)^{n}}+\frac{\text{未担保的资产余值}}{(1+R)^{n}}$$

$$=\text{租赁资产的公允价值}+\text{出租人的初始直接费用}$$

假设租金需一年支付 $m$ 次，则租赁内涵利率 $= mR$

4. 优先股的资本成本。优先股的资本成本由优先股的股息或股利和优先股筹资费用组成。优先股股利用所得税后利润支付，没有抵减所得税的作用。优先股筹资费用直接计入当期损益。其资本成本（率）的计算如下：

（1）不考虑资金时间价值的计算方法：

$$\text{优先股资本成本（率）} = \frac{\text{优先股年股利总额}}{\text{优先股筹资总额} - \text{优先股筹资费用} \times (1 - \text{所得税率})}$$

$$\text{或} = \frac{\text{优先股年每股股利}}{\text{优先股每股发行价} - \text{优先股每股筹资费用} \times (1 - \text{所得税率})}$$

这种方法计算简便，但没有考虑资金的时间价值，不符合现代公司理财的观念。这种方法在优先股股利一年支付多次、每年股利率不同时存在着应用困难。

（2）考虑资金时间价值的计算方法：

$$\text{优先股每股筹资额} - \text{优先股每股筹资费用} \times (1 - \text{所得税率})$$

$$= \sum_{i=1}^{n} = \frac{\text{第 } i \text{ 期的优先股每股股利}}{(1+r)^i} + \frac{\text{第 } n \text{ 期的优先股每股转让价值}}{(1+r)^n}$$

假设每年支付 $m$ 期股利，则优先股的年资本成本（率）为 $mr$。

如果优先股每年的每股股利相等，公司能够持续经营，那么，每年支付等额的股利构成永续年金，而扣除筹资费用的每股筹资额即是永续年金的现值，则其资金成本（率）为：

$$\text{优先股资金成本（率）} = \frac{\text{优先股每年的每股股利}}{\text{优先股每股筹资额} - \text{每股筹资费用} \times (1 - \text{所得税率})}$$

其公式形式与前面不考虑资金时间价值的方法基本相同。

5. 普通股资本成本的计算。普通股的资本成本包括普通股股利和筹资费用。普通股股利用所得税后利润支付，没有抵减所得税的作用。普通股筹资费用可直接计入当期损益。其资金成本的计算如下：

(1) 不考虑资金时间价值的计算方法。因普通股不事先约定利率，所以其资金成本的计算需在估计普通股股利的基础上进行。假设普通股的股利每年固定不变，则其资金成本为：

$$\text{普通股资本成本（率）}=\frac{\text{预计普通股每年每股股利}}{\text{普通股每股筹资额}-\text{每股筹资费用}\times(1-\text{所得税率})}$$

假设普通股的股利每年呈递增趋势，则其资金成本为：

$$\text{普通股资本成本（率）}=\frac{\text{预计普通股第一年每股股利}}{\text{普通股每股筹资额}-\text{每股筹资费用}\times(1-\text{所得税率})}+\text{股利年递增率}$$

这种方法没有考虑资金的时间价值，不符合现代公司理财的观念；计算看似简便，但预计普通股的股利率是比较困难的。在普通股股利一年支付多次、每期股利率不同时使用这种方法比较困难。

(2) 考虑资金时间价值的计算方法：

$$\text{普通股每股筹资额}-\text{普通股每股筹资费用}\times(1-\text{所得税率})$$

$$=\sum_{i=1}^{n}=\frac{\text{预计第}i\text{期的普通股每股股利}}{(1+r)^{i}}+\frac{\text{第}n\text{期的普通股每股转让价值}}{(1+r)^{n}}$$

假设普通股每年支付 $m$ 期股利，则普通股的年资本成本（率）为 $mr$。

6. 留用利润的资本成本。留用利润是公司内部筹资方式，是将公司的税后净利润留在公司使用而不是用于发放股利，具体项目包括盈余公积金和未分配利润。留用利润属于普通股股东权益，是普通股股东的资金。同样是普通股股东资金的普通股股票所筹集的资本有资本成本，那么留用利润也应该有资本成本。留用利润的资本成本计算与普通股的资本成本计算基本相同，不同点主要是普通股筹资有筹资费用而留用利润筹资没有筹资费用，因此，留用利润的资本成本比普通股的资本成本略低。

（1）不考虑资金时间价值的计算方法。因普通股资本成本的计算需要在估计普通股股利的基础上进行，则留用利润资本成本的计算也同样需要在估计普通股股利的基础上进行。假设普通股的股利每年固定不变，则留用利润的资金成本为：

$$\text{留用利润的资本成本（率）}=\frac{\text{预计普通股每年每股股利}}{\text{普通股每股筹资额}}$$

假设普通股的股利每年呈递增趋势，则留用利润的资金成本为：

$$\text{留用利润的资本成本（率）}=\frac{\text{预计普通股第一年每股股利}}{\text{普通股每股筹资额}}+\text{股利年递增率}$$

（2）考虑资金时间价值的计算方法：

$$\text{普通股每股筹资额}=\sum_{i=1}^{n}=\frac{\text{预计第}\,i\,\text{期的普通股每股股利}}{(1+r)^{i}}+\frac{\text{第}\,n\,\text{期的普通股每股转让价值}}{(1+r)^{n}}$$

假设普通股每年支付 $m$ 期股利，则留用利润的年资本成本（率）为 $mr$。

7. 综合资本成本的计算。综合资本成本的计算不涉及税收问题。综合资本成本是上述各个别资本成本按照其所筹集的资本占整个长期资本总额的比重为权数进行加权平均的结果，故又称加权平均资本成本。其计算公式如下：

$$\text{综合资本成本（率）}=\sum_{j=1}^{n}W_jK_j$$

式中 $K_j$ 代表第 $j$ 种个别资本成本，$W_j$ 代表第 $j$ 种个别资本占长期资本总额的比重。

可以看出，综合资本成本的高低，一决定于个别资本成本的高低，二决定于个别资本筹资方式所筹集的资本占长期资本总额的比重大小。总体来说，长期负债的资本成本较低，而股权资本的资本成本较高；长期负债筹资方式中，银行借款的资本成本一般最低，而融资租赁的资本成本一般最高；股权筹资方式中，优先股的资本成本一般最低，而普通股的资本成本一般最高。需要注意的是，根据传统理论，每一种筹资的资本成本不是一成不变的，它会随着负债比率的上升而有所上升；根据权衡理论，长期负债的资本虽然较低，但其风险较大。

## 二、比较企业价值法

### （一）比较企业价值法的理论依据

根据资本结构的权衡理论，企业价值线是一条凸形曲线，凸形曲线的最高点所对应的资本结构是最佳资本结构，即企业价值最高时的资本结构是最佳资本结构。

### （二）比较企业价值法的决策思路

拟定几个资本结构方案，分别计算每一个资本结构方案的企业价值，哪一个资本结构方案的企业价值最高，则相应的资本结构就是最佳资本结构。

### （三）企业价值计算中的税收筹划

根据比较企业价值法的决策思路可以看出，企业价值的计算是其关键点。企业价值的计算是比较困难的，在企业处于正常经营状态下，它不是企业资产价值的简单相加，也不决定于企业已经取得的经营业绩，而是决定于企业未来能够带来多少收益。而未来的收益是很难准确预计的，预计的不准确可能会导致决策的失误。而且，资本结构决策情况下的企业未来收益预计不仅要考虑企业的经营情况，更要充分考虑财务风险的大小对企业未来收益的影响。目前，关于企业价值的计算方法很多，无论在理论上还是在实践中被广泛认同的方法是贴现现金流量法。下面主要探讨如何在确定现金流量时进行税收筹划。

贴现现金流量，其英文是 Discounted Cash Flow，英文缩写为 DCF。贴现现金流量法，又称 DCF 法，是按照企业在未来一定时期的现金流量进行贴现来确定企业价值的方法，并主张以自由现金流量（Free Cash Flow，FCF）为基础。自由现金流量是指企业缴纳企业所得税后的现金净流量在满足了企业为维持现有的市场份额和竞争优势所需要的追加投资之后可用来向投资人分配的现金数量。自由现金流量的确定，一般情况下不考虑企业的资本是来源于股东还是来源于债权人，即一般情况下确定的是企业整体的自由现金流量，但是，在资本结构决策中，则必须考虑企业的资本有多少来源于股东及有多少来源于债权人，因此，我们必须确定股权的自由现金流量。企业整体自由现金流量用于评估企业整体的价值，它等于股权的价值加上负债的价值。股权自由现金流量用于评估股权的价值。

整体自由现金流量 = 息前税后利润 + 折旧 - 追加投资

= 税后利润 + 利息 + 折旧 - 追加投资

= 税前利润 - 所得税 + 利息 + 折旧 - 追加投资

= 息税前利润 - 所得税 + 折旧 - 追加投资

股权自由现金流量 = 税后利润 + 折旧 - 追加投资 - 偿还的债务本金 + 新增负债

= 税前利润 - 所得税 + 折旧 - 追加投资 - 偿还的债务本金 + 新增负债

=息税前利润—利息-所得税+折旧-追加投资
-偿还的债务本金+新增负债
=息税前利润-负债额×利息率-所得税+折旧
-追加投资-偿还的债务本金+新增负债
=息税前利润-资本总额×资本结构比率×利息率-所得税+折旧-追加投资-偿还的债务本金+新增负债

式中，资本结构比率为长期负债占长期资本的比重。

如果公司的资本总额不变、资本结构不变，则无需追加长期投资而只需追加营运资本投资，偿还债务本金所需要的现金通过新增负债来解决，因此，其股权自由现金流量为：

股权自由现金流量=息税前利润-负债额×利息率-所得税+折旧-追加营运资本投资

如果公司的资本总额要增加，即需要追加长期投资，考虑采用增加长期负债以改变资本结构，则息税前利润会有所增加，利息费用会有所增加，缴纳的所得税也会发生变化；假设所需追加的长期投资通过长期负债解决而抵销其对股权自由现金流量的影响，债务还本额通过借入新的负债解决即原负债额度不变，所需追加的营运资本投资不变，折旧额不变，则其股权自由现金流量为：

股权自由现金流量=息税前利润+息税前利润增加额-负债额×利息率-负债增加额×现利息率-现所得税+折旧-追加营运资本投资

在资本总额增加、长期负债增加即资本结构比率上升的情况下，会使股权自由现金流量上升吗？若使股权自由现金流量上升其条件如何？现分析如下：

令长期负债增加即资本结构比率上升后的股权自由现金流量大于资本总额不变、资本结构不变时的股权自由现金流量：

息税前利润 + 息税前利润增加额 − 负债额 × 利息率 − 负债增加额 × 现利息率 − 现所得税 + 折旧 − 追加营运资本投资 > 息税前利润 − 负债额 × 利息率 − 所得税 + 折旧 − 追加营运资本投资

将一些不变的因素剔除后得：

息税前利润增加额 − 负债增加额 × 现利息率 − 现所得税 > − 所得税

息税前利润增加额 − 负债增加额 × 现利息率 > 现所得税 − 所得税

息税前利润增加额 − 负债增加额 × 现利息率 > （现所得额 − 所得额） × 所得税率

式中负债增加额 × 现利息率为利息增加额。

息税前利润增加额 − 利息增加额 > （现所得额 − 所得额） × 所得税率

式中息税前利润增加额 − 利息增加额为税前利润增加额，假设它与应纳税所得额的增加额相等。

税前利润增加额 > 所得增加额 × 所得税率

所得增加额 > 所得增加额 × 所得税率

所得增加额 > 所得税增加额

也就是说，息税前利润增加额应大于利息增加额，只有这样才能使公司的税前利润增加。只要有税前利润的增加，它就会大于因税前利润增加而增加的所得税。如果息税前利润增加额小于利息增加额，则会发生亏损，但只要亏损额的绝对值小于原缴纳的所得税额（因亏损而使现所得税为零），仍可会使增加负债和资本总额后的股权自由现金流量大于原股权自由现金流量。

另对前式做如下推导：

息税前利润增加额 − 负债增加额 × 现利息率 − 现所得税 > − 所得税

− 负债增加额 × 现利息率 > 现所得税 − 所得税 − 息税前利润增加额

负债增加额×现利息率<所得税－现所得税＋息税前利润增加额

负债增加额×现利息率<所得税－现所得税＋现息税前利润－息税前利润

负债增加额×现利息率<（现息税前利润－现所得税）－（息税前利润－所得税）

若将上式中的息税前利润－所得税用息税前利润×（1－所得税率）代替，则：

负债增加额×现利息率<现息税前利润×（1－所得税率）－息税前利润×（1－所得税率）

负债增加额×现利息率<（现息税前利润－息税前利润）×（1－所得税率）

负债增加额×现利息率<息税前利润增加额×（1－所得税率）

$$\frac{\text{负债增加额}}{\text{息税前利润增加额}} < \frac{1-\text{所得税率}}{\text{现利息率}} \tag{9}$$

因企业所得税税率为25%，代入式（9）得：

$$\frac{\text{负债增加额}}{\text{息税前利润增加额}} < \frac{1-25\%}{\text{现利息率}}$$

$$\frac{\text{负债增加额}}{\text{息税前利润增加额}} < \frac{1-75\%}{\text{现利息率}}$$

一个公司欲增加负债或提高资本结构比率，如果企业所得税率是利息率的二点五倍，则意味着只要负债增加额小于息税前利润增加额的七点五倍，就可使自由现金流量提高；如果企业所得税率是利息率的二倍，则意味着只要负债增加额小于息税前利润增加额的六倍，就可使自由现金流量提高。所得税率越高而利息率越低，则越促使企业增加负债，反之，所得税率越低而利息率越高，则越促使企业减少负债。

当然，用息税前利润×（1－所得税率）代替（息税前利润－所得税）是不准确的，因为：

息税前利润－所得税＝息税前利润－税前利润×所得税率

＝息税前利润－（息税前利润－利息）×所得税率

＝息税前利润－息税前利润×所得税率＋利息×所得税率

＝息税前利润×（1－所得税率）＋利息×所得税率

用息税前利润×（1－所得税率）＋利息×所得税率代替原式中的（息税前利润－所得税），得：

负债增加额×现利息率＜现息税前利润×（1－所得税率）＋现利息×所得税率－息税前利润×（1－所得税率）－利息×所得税率

利息增加额＜息税前利润增加额×（1－所得税率）＋利息增加额×所得税率

利息增加额×（1－所得税率）＜息税前利润增加额×（1－所得税率）

利息增加额＜息税前利润增加额

利息增加额应小于息税前利润增加额，即息税前利润增加额应大于利息增加额。这与前面的得出的结论是一致的。

根据所确定的股权自由现金流量计算公司的股权价值：

公司的股权价值＝预测期股权自由现金流量现值＋预测期之后的股权价值

公司的整体价值＝预测期股权自由现金流量现值＋预测期债务自由现金流量现值＋预测期之后的企业价值

＝预测期企业整体的自由现金流量现值＋预测期之后的企业价值

$$= \sum_{i=1}^{n} \frac{FCF_i}{(1+r)^i} + \text{继续经营价值}$$

预测期之后的企业价值称为继续经营价值。如果预测期后第一期的企业整体自由现金流量为 $FCF_{n+1}$，并假定此后的自由现金流

量按某一固定比率 $g$（$g$ 可以等于零）增长，以 $r$ 为贴现率，则继续经营价值的计算公式如下：

继续经营价值 $= FCF_{n+1} / (r-g) \times 1/(1+r)^{n+1}$

贴现时，可考虑将风险率附加在贴现率当中。即负债越多，财务风险越大，则所确定的贴现率越高；反之，负债越少，财务风险越小，则所确定的贴现率越低。

[例1] 某公司现有长期资本1 000万元，其中长期负债500万元；长期负债的利息率为8%；另有短期资金是通过没有利息负担的商业信用方式取得；公司当年的息税前利润为400万元；公司适用的所得税税率为25%。公司拟增加105万元的长期负债以提高资本结构比率。若新增长期负债的利息率为10%，请分析公司的息税前利润增加多少才是有利的。

解：根据息税前利润增加额应大于利息增加额，而利息增加额为 105×10% =10.5（万元），则应该有：

息税前利润增加额 >10.5 万元

如果息税前利润增加额小于利息增加额而产生亏损，则亏损额的绝对值应应小于原所得税。

原所得税 =（400 −500×8%）×25% =90（万元）

10.5 − 息税前利润增加额 <90

息税前利润增加额 > −79.50（元）

即正常情况下，息税前利润增加额应不小于10.5万元；若息税前利润小于10.5万元而发生亏损，必须将息税前利润减少额控制在79.5万元以内。

根据公式：$\dfrac{负债增加额}{息税前利润增加额} < \dfrac{1-所得税率}{现利息率}$

$$\frac{105}{息税前利润增加额} < \frac{75\%}{10\%}$$

息税前利润增加额 > 14

即公司的息税前利润增加 14 万元以上才是有利的。此数是粗略计算的结果，它比准确计算的 10.5 万元略高。

## 三、每股利润无差别点分析法

### （一）每股利润无差别点分析法的理论依据

负债筹资具有财务杠杆作用，它会在息税前利润增长的情况下，使每股利润有更大的增长。而股权筹资虽然也会使每股利润随着息税前利润的增长有所增长，但增长幅度相对于负债筹资时较小，即在以息税前利润为横坐标、以每股利润为纵坐标的图形中，负债筹资线比股权筹资线的斜率要高；两条线有一个交点，交点即是每股利润无差别点；交点以上，息税前利润水平高，负债筹资带来的每股利润高于股权筹资；交点以下，息税前利润水平低，股权筹资带来的每股利润高于负债筹资。如图 5 - 5 所示。

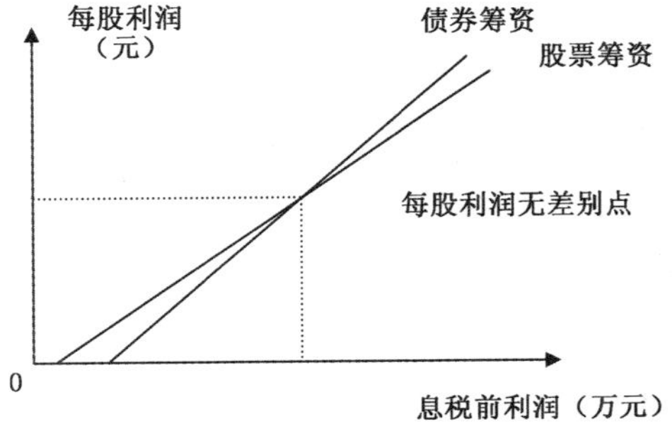


图 5 - 5　每股利润无差别点分析图

### （二）每股利润无差别点分析法的决策思路

公司在需要进行追加筹资时，先拟定一个股权筹资方案和一个负债筹资方案，然后计算确定每股利润无差别点的息税前利润，最后根据预测追加筹资后公司能够获得的息税前利润水平选择其中一个筹资方案；如果预计息税前利润大于每股利润无差别点的息税前利润，应采用负债筹资方式；反之，则应采用股权筹资方式。

（三）每股利润无差别点计算中的税收筹划

股权筹资方式下的每股利润为：

$$EPS_1 = \frac{(EBIT - I_1)(1 - T)}{N_1}$$

负债筹资方式下的每股利润为：

$$EPS_2 = \frac{(EBIT - I_2)(1 - T)}{N_2}$$

令股权筹资方式下每股利润 $EPS_1$ 等于负债筹资方式下的每股利润 $EPS_2$：

$$\frac{(\overline{EBIT} - I_1)(1 - T)}{N_1} = \frac{(\overline{EBIT} - I_2)(1 - T)}{N_2} \quad (10)$$

式（10）中：$\overline{EBIT}$ 为需要求解的每股利润无差别点的息税前利润；$I_1$ 和 $I_2$ 分别为股权筹资和负债筹资方式下的利息；$N_1$ 和 $N_2$ 分别股权筹资和负债筹资方式下的普通股股数。

求解 $\overline{EBIT}$ 得：

$$\overline{EBIT} = \frac{N_1 I_2 - N_2 I_1}{N_1 - N_2} \quad (11)$$

因为计算的是（每股利润无差别点的）息税前利润，所以企业所得税对其没有影响。企业所得税影响的是每股利润。

求每股利润的差量 $\Delta EPS$ 得：

$$\Delta EPS = EPS_2 - EPS_1$$

$$= \frac{(EBIT - I_2)(1 - T)}{N_2} - \frac{(EBIT - I_1)(1 - T)}{N_1}$$

$$=\frac{(EBIT\ (N_1-N_2)\ +\ (N_2I_1-N_1I_2)}{N_1N_2}\times\ (1-T)$$

式中，$N_2I_1-N_1I_2=-\overline{EBIT}\ (N_1-N_2)$ ［根据式（11）可导出］，则：

$$\Delta EPS=\frac{(EBIT\ (N_1-N_2)\ -\overline{EBIT}\ (N_1-N_2)}{N_1N_2}\times\ (1-T)$$

$$=\ (EBIT-\overline{EBIT})\ \times\frac{N_1-N_2}{N_1N_2}\times\ (1-T)$$

若 $EBIT>\overline{EBIT}$，则 $\Delta EPS>0$，应选择负债筹资方案；若 $EBIT<\overline{EBIT}$，则 $\Delta EPS<0$，应选择股权筹资方案。

从以上计算过程可以看出，公司负债多少主要不决定于税收的高低，而主要决定于公司的息税前利润水平；只有公司的息税前利润水平高才可以多借债。对每股利润无差别点的息税前利润可以作进一步的推导和解释如下：

$$\overline{EBIT}=\frac{N_1I_2-N_2I_1}{N_1-N_2}$$

假设式（11）中股权筹资方案和负债筹资方案的利息率不变为 $r$，$I_1=B_1r$，$I_2=B_2r$；并假设股权筹资方案和负债筹资方案的股票价格（每股账面净资产）$P$ 不变，式中分子和分母同乘以 $P$，$N_1P=S_1$，$N_2P=S_2$。

$$\overline{EBIT}=\frac{N_1PB_2r-N_2PB_1r}{N_1P-N_2P}=\frac{S_1B_2-S_2B_1}{S_1-S_2}\times r$$

$$\overline{EBIT}=\frac{S_1B_2-S_2B_2+S_2B_2-S_2B_1)}{S_1-S_2}\times r=\frac{(S_1-S_2)B_2+(B_2-B_1)S_2}{S_1-S_2}\times r$$

因为股权筹资方案和负债筹资方案的资本总额不变，即$S_1+B_1=S_2+B_2=V$，则有 $S_1-S_2=B_2-B_1$，所以得：

$$\overline{EBIT}=\ (B_2+S_2)\ \times r=Vr$$

$$\frac{\overline{EBIT}}{V}=r \tag{12}$$

可以看出，每股利润无差别点的息税前利润等于资本总额与利息率的乘积，每股利润无差别点的总资本报酬率（或称资产息税前利润率）等于利息率。这一推论将每股利润无差别点与总资本报酬率联系在一起，有助于我们对每股利润无差别点的认识。当总资本报酬率高于利息率时，可以负债筹资；当总资本报酬率低于利息率时，应该进行股权筹资；而当总资本报酬率等于利息率时，采用负债筹资或股权筹资基本无差别。

［例2］某公司目前有长期资本 8 500 万元，其中股权资本 7 500万元（1 000 万股），长期债务资本 1 000 万元（利息率为 8%）；现拟追加筹资 1 500 万元，有两种筹资方式可供选择：一是发行 300 万股普通股，每股筹资额 5 元，共计筹资 1 500 万元；二是发行 1 500 万元票面额（预计利息率 9%）的债券，筹资 1 500 万元。若企业所得税税率为 25%，请分析该公司应采用哪种方式筹资。

解：将发行股票作为第一筹资方案，发行债券作为第二筹资方案。若债券利息率为 9%，计算每股利润无差别点的息税前利润：

$$\overline{EBIT}=\frac{N_1I_2-N_2I_1}{N_1-N_2}=\frac{1\ 300\times225-1\ 000\times90}{1\ 300-1\ 000}=675\ (\text{万元})$$

即在债券利息率为 9% 的情况下，若预计未来的息税前利润大于 675 万元，则采用发行债券筹资会使每股利润更高；若预计未来的息税前利润小于 675 万元，则采用发行股票筹资会使每股利润更高；若预计未来的息税前利润等于 675 万元，则采用发行股票与发行债券会使每股利润无差别。

若债券利息率不变仍为 8%，计算每股利润无差别点的息税前利润：

$$\overline{EBIT}=\frac{N_1I_2-N_2I_1}{N_1-N_2}=\frac{1\ 300\times200-1\ 000\times80}{1\ 300-1\ 000}=600\text{（万元）}$$

即在债券利息率不变仍为8%的情况下，若预计未来的息税前利润大于600万元，则采用发行债券筹资会使每股利润更高；若预计未来的息税前利润小于600万元，则采用发行股票筹资会使每股利润更高；若预计未来的息税前利润等于600万元，则采用发行股票与发行债券会使每股利润无差别。

若不仅债券利息率不变仍为8%，且增发股票的价格不变，即7 500万元/1 000万股=7.5元/股，因此，发行股票方案改为发行200万股，200万股×7.5元/股=1 500万元。此时，计算每股利润无差别点的息税前利润：

$$\overline{EBIT}=\frac{N_1I_2-N_2I_1}{N_1-N_2}=\frac{1\ 200\times200-1\ 000\times80}{1\ 200-1\ 000}=800\text{（万元）}$$

即在债券利息率不变仍为8%，且股票价格（每股账面净资产）不变的情况下，若预计未来的息税前利润大于800万元，则采用发行债券筹资会使每股利润更高；若预计未来的息税前利润小于800万元，则采用发行股票筹资会使每股利润更高；若预计未来的息税前利润等于800万元，则采用发行股票与发行债券会使每股利润无差别。

用式（12）$\frac{\overline{EBIT}}{V}=r$ 加以验证：

800/（8 500+1 500）=8%，即说明在每股利润无差别点上，资产息税前利润率与债务利息率相等；反过来说，当资产息税前利润率与债务利息率相等时，股权筹资方案与负债筹资方案的每股利润水平无差别；当资产息税前利润率低于债务利息率时，应采用股权筹资方案；当资产息税前利润率高于债务利息率时，应采用负债筹资方案。

# 第三节 股权筹资决策中的税收筹划

公司的股权筹资方式有发行股票、吸收直接投资和内部积累。股份有限公司除设立时可以采用吸收直接投资取得发起人的资本之外，正常经营过程中可以选择的股权筹资方式只有发行股票和内部积累。有限责任公司可以采用的股权筹资方式有吸收直接投资和内部积累。股权筹资决策主要包括选择具体的股权筹资方式，以及确定筹资数额等。

## 一、发行股票筹资

发行股票是股份有限公司的重要筹资方式。股票分普通股和优先股。优先股能够保障公司控制权，不用还本，但支付优先股股利要用公司的税后利润，不能获得所得税利益。所以，优先股介于普通股和债券之间，有实力的公司宁可发行债券不会发行优先股，没有实力的公司宁可发行普通股不会发行优先股。中国目前基本不存在优先股，所以本书不过多地讨论优先股。

发行普通股不能获得所得税利益，筹资费用大，是所有筹资方式中资本成本最高的。但是，中国上市公司比较偏重于发行普通股筹资，尽管有处于商业化改革中的银行不愿提供大笔长期贷款、政府对债券发行控制比较严格等一些合理因素，但也存在着一些不合理的因素，诸如全民炒股、作投机不作投资、当股民不当股东、大股东控制企业、广大小股东不能很好地参与公司管理等。

虽然发行普通股不能像负债筹资那样获得所得税利益，但它是负债筹资的基础和保证，所以，公司一定要规划、控制普通股的筹资额度，为负债筹资做好准备。

1. 根据投资需要确定公司的资本总额 $V$；

2. 根据资本结构决策方法确定目标资本结构 $B/V$；

3. 根据目标资本结构和资本总额确定股权资本额度 $S$，$S=V-B$；

4. 根据现有股权资本额度 $N$ 确定普通股筹资额 $D$，$D=S-N$；

5. 根据预计的股票发行价格 $P$ 和预计筹资费用 $F$ 确定普通股的发行股数 $Q$，$Q=(D+F)/P$。

## 二、吸收直接投资

吸收直接投资是指公司直接从股东那里取得现金资产、实物资产及无形资产等。吸收直接投资与发行普通股一样也不能获得所得税利益。它与发行股票不同的是，发行股票通常是公司增加股权资本时采用的筹资方式，而吸收直接投资则通常是公司设立时采用的股权资本筹资方式。根据公司法的规定，公司设立时股东出资可以分次到位，这为公司采用负债筹资方式和进行税收筹划提供了机会和空间。

公司法规定，有限责任公司的注册资本为在公司登记机关登记的全体股东认缴的出资额；公司全体股东的首次出资额不得低于注册资本的20%，也不得低于法定的注册资本最低限额，其余部分由股东自公司成立之日起两年内缴足；其中，投资公司可以在五年内缴足。公司法还规定，股份有限公司采取发起设立方式设立的，注册资本为在公司登记机关登记的全体发起人认购的股本总额。公司全体发起人的首次出资额不得低于注册资本的20%，其余部分由发起人自公司成立之日起2年内缴足；其中，投资公司可以在5年内缴足。根据这些规定，公司可以有计划地安排注册资本的到位时间和到位额度，在注册资本未全额到位时，有效利用负债筹资方式弥补公司的资本不足，税前列支债务利息，以获得所得税利益。

吸收直接投资与发行股票相比最大的优势是有可能获得特殊资产，因为发行股票只能获得现金，而有现金并不一定能够买来特殊资产。

### 三、内部积累

内部积累是指企业通过留用利润从企业内部取得资本的筹资方式。内部积累是所有公司企业都可采用也乐于采用的股权筹资方式。美国经济学者已经采用实证的方法得出了资本结构的"啄序理论"，内部积累是公司筹资方式中的第一选择。

虽然内部积累与发行普通股一样也不能获得所得税利益，但是作为股权筹资方式，它没有筹资费用，且不影响公司的控制权。内部积累等于股东将投资所得进行再投资。股东投资的目的是为了获得较高的投资收益。如果股东不愿意继续向本公司投资，而是选择将资本投向其他的公司，那么本公司的发展前景就可想而知了。因此，股东将投资所得进行再投资代表了股东对本公司发展的信心。

内部积累的多少受公司所持的股利理论和股利政策的影响。股利理论有股利无关论和股利相关论。股利无关论认为，股利发放的多少与股东的利益是无关的，若股利发放的多则股东获得较多的现实利益，即获得较多的股利；若股利发放的少则股东获得较多的未来利益，即因股票价格上涨可获得较多的资本利得收益。而股利相关论认为，股利发放的多少与股东的利益是相关的，对股东的利益是有影响的，现实的股利收益是确定的，未来的资本利得收益是不确定的、有风险的，股利收益一般应缴纳利息所得税，资本利得收益一般应缴纳资本利得所得税，两种所得税负担是不相同的。就中国的情况看，目前没有资本利得所得税，会促使公司少发股利或不发股利。当然，公司发放股利的多少还受到股票增发条件的限制。

股利政策一般分为剩余股利政策、固定股利额政策、固定股利率政策、低固定股利加额外增长股利政策等。四种股利政策中，只有剩余股利政策与税收关系密切。若公司采用剩余股利政策，则与税收筹划的思想不谋而合，先确定目标资本结构，再根据未来资本总额确定股权资本数额，最后根据现有股权资本数额确定应通过内部积累筹资的数额。

原外商投资企业享有再投资退税的优惠，但在内外资企业所得税统一以后已经不复存在。

## 第四节　长期负债筹资决策中的税收筹划

长期负债筹资方式有长期借款、发行债券、租赁等。三种筹资方式中，租赁筹资对公司的条件要求最低、限制最少、但成本最高；发行债券对公司的条件要求最高、筹资费用最高、筹资数额最大；而长期借款的限制条款最多、筹资费用最少。长期负债筹资决策主要是在进行了资本结构决策、确定了负债筹资的额度之后进一步选择确定具体的负债筹资方式及具体的筹资数额。

### 一、长期借款

在债券市场和租赁市场欠发达的情况下，借款在中国一直是企业的主要筹资方式。但无论在计划体制下“财政管投资，银行管周转”，还是在市场体制下银行进行商业化改革，银行一般都不为企业提供大量的长期借款，相对而言，企业的短期借款则比较多。所以，长期借款的筹资数额是有限的。

长期借款按照条件可以分为信用借款和抵押担保借款等；按照来源可以分为银行借款、非银行金融机构借款、企业间借款等。长期借款的成本主要是利息费用，而基本没有筹资费用。但是，如果是抵押担保借款，可能需支付律师费、评估费等；如果银行要求企业在账户中保留补偿性余额，会提高借款的实际利率水平；如果是企业间借款，可能有“高利贷”现象；这些都会增加企业的借款成本。根据税法的规定，企业应根据不同情况将借款费用在所得税前扣除或进行资本化。根据税法的规定，企业在生产经营活动中发生的合理的不需要资本化的借款费用，准予在所得税前扣除；而企业为购置、建造固定资产、无形资产和经过12个月以上的建造才能达到预定可销售状态的存货发生借款的，在有关资产购置、建造期间发生的合理的借款费用，应当作为资本性支出计入有关资产的成本；在生产经营活动中发生的非金融企业向金融企业借款的利息支出、金融企业的各项存款利息支出和同业拆借利息支出准予在所得税前扣除；在生产经营活动中发生的非金融企业向非金融企业借款的利息支出，不超过按照金融企业同期同类贷款利率计算的数额的部分准予在所得税前扣除，而超过部分只能用所得税后利润支付。也就是说，企业借款的正常利息支出，不论是先作为资本性支出，还是直接计入了当期损益，最终都可以在所得税前扣除；只有“高利贷”的超额利息支出不能在所得税前扣除。所以，公司应合法经营、诚信经营，树立良好的信誉，力求获得信用借款，减少抵押担保借款，减少有“补偿性余额”的借款，尽量不进行“高利贷”借款。当然，如果公司规模较小，资信状况不过硬，进行抵押担保借款和有“补偿性余额”的借款就是不可避免的。

## 二、发行债券

发行长期债券是那些规模庞大、信誉卓著的大企业的“专利”，是小企业可望而不可及的。与银行借款相比，发行债券能够筹集到大量的资金（当然，发行量也是受限制的，根据有关法律的规定，累计债券发行量不应超过公司净资产的40%），但债券的筹资费用比较大，且缺乏弹性不能展期。因此，公司在发行债券时，一定要规划、确定好公司在未来的资金需求总额和目标资本结构，然后再确定好债券发行量，将公司的负债水平控制在公司能够承受的、合理的范围内。

根据税法的规定，企业在生产经营活动中发生的经批准发行债券的利息支出可以在所得税前扣除。而债券的利息有票面名义利息和实际利息之分，其利率有票面名义利率和实际利率之分。造成名义利率和实际利率差别的因素有债券还本方式、付息方式、发行价格等。其中债券还本方式和付息方式不会引起利息支出额度的变化，而发行价格的高低则会造成支出额度的增减。债券的发行价格有溢价、等价和折价。溢价是发行价格超过票面价值；等价是发行价格等于票面价值；折价是发行价格低于票面价值。债券溢价或者折价，是因为债券的票面利率与市场利率不相等造成的，是对债券票面利率的人为调整；债券利率是事先确定的，而正式发行时的市场利率可能会发生变化，当债券票面利率等于市场利率时应等价发行，而当债券票面利率高于市场利率时则应溢价发行，当债券票面利率低于市场利率时则应折价发行。溢价发行是对本公司未来支付高利息造成损失的预先补偿。折价发行是对投资人未来获得低利息的预先补偿。根据《企业会计准则第17号——借款费用》第七条的规定，借款存在折价或者溢价的，应当按照实际利率法确定每一会计期间应摊销的折价或者溢价金额，调整每期利息金额。财政部、国家税务总局关于执行《企业会计准则》有关企业所得税政策问题的通知（财税〔2007〕80号）中指出，对于采用实际利率法确认的与金融负债相关的利息费用，应按照现行税收有关规定的条件，未超过同期银行贷款利率的部分，可在计算当期应纳税所得额时扣除，超过的部分不得扣除。

1. 实际利率的计算：

$$\text{债券发行价格总额}=\sum_{i=1}^{n}\frac{\text{按债券票面利率计算的第}\,i\,\text{期支付的利息}}{(1+r)^{i}}+\frac{\text{债券票面价格总额}}{(1+r)^{n}}$$

式中 $r$ 为债券的实际利率。

2. 实际利息的计算：

本期支付的实际利息＝期初应付债券账面价值×实际利率

期初应付债券账面价值是期初应付债券的票面价值加未摊销的溢价或者减未摊销的折价，第一期的应付债券账面价值就是债券发行价格总额。

3. 按债券票面利率计算的名义利息：

本期支付的名义利息＝期初应付债券票面价值×票面利率

4. 债券溢价或折价的摊销额：

本期的债券溢价或折价的摊销额＝本期支付的名义利息－本期支付的实际利息

计算结果若为正值，为溢价摊销额；若为负值，其绝对值为折价摊销额。为防止最后一个摊销期不能将全部溢价或者折价摊销完毕，有关的计算改为：

本期的债券溢价或折价的摊销额＝全部溢价或折价－已摊销部分

本期支付的实际利息＝本期支付的名义利息－（全部溢价或折价－已摊销部分）

## 三、租赁

租赁分为融资租赁和经营租赁。融资租赁是指实质上转移了与资产所有权有关的全部风险和报酬的租赁。其所有权最终可能转移，也可能不转移。根据《企业会计准则第21号——租赁》第六条的规定，符合下列一项或数项标准的，应当认定为融资租赁：（1）在租赁期届满时，租赁资产的所有权转移给承租人。（2）承租人有购买租赁资产的选择权，所订立的购买价款预计将远低于行使选择权时租赁资产的公允价值，因而在租赁开始日就可以合理确定承租人将会行使这种选择权。（3）即使资产的所有权不转移，但租赁期占租赁资产使用寿命的大部分。（4）承租人在租赁开始日的最低租赁付款额现值，几乎相当于租赁开始日租赁资产公允价值；出租人在租赁开始日的最低租赁收款额现值，几乎相当于租赁开始日租赁资产公允价值。（5）租赁资产性质特殊，如果不作较大改造，只有承租人才能使用。此认定标准是比较全面的，给企业在融资租赁与经营租赁之间进行任意选择增加了比较大的难度。第一个认定标准强调存在着租赁资产的所有权转移；第二个认定标准强调承租人拥有购买租赁资产的优惠选择权；第三个认定标准强调租赁期限占租赁资产使用寿命的大部分，按有关解释“大部分”通常掌握在75%以上；第四个认定标准强调累计租金的现值比较大，几乎相当于租赁开始日租赁资产公允价值；按有关解释“几乎相当于”通常掌握在90%以上；第五个认定标准强调租赁资产的“专用”性，如果不作较大改造，只有承租人才能使用。那么，相应地，经营租赁则不存在租赁资产的所有权转移，承租人没有购买租赁资产的优惠选择权，租期短于租赁资产使用寿命的75%，累计租金的现值比较小，小于租赁开始日租赁资产公允价值的90%，租赁资产对于承租人不具有专用性。

租赁相对于长期借款和发行债券而言，一般是公司进行负债筹资的第三选择。当然如果公司对于租赁资产只是临时需求或短期需求，也可能成为公司筹资的第一选择。之所以说租赁一般情况下是公司进行负债筹资的第三选择，是因为租赁筹资所付出的代价是比较大的。在没有资格和条件发行债券，银行又不愿意提供贷款的情况下，那么，租赁就成为负债筹资方式中无奈的选择。租赁筹资所引起的费用主要有租金、初始直接费用、履约成本和或有租金等。租金是承租人向出租人支付的租赁资产的使用费用，是承租人负担的主要成本，是出租人获得的主要报酬。初始直接费用是承租人租赁谈判和签订租赁合同过程中发生的，可归属于租赁项目的手续费、律师费、差旅费、印花税等。履约成本是指租赁期内为租赁资产支付的各种使用费用，如技术咨询和服务费、人员培训费、维修费、保险费等。或有租金是指金额不固定、以时间长短以外的其他因素如销售量、使用量、物价指数等为依据计算的租金。融资租赁与经营租赁相比，其费用项目大体相同，区别主要在于经营租赁的承租方一般不负责租赁资产的维护保养和财产保险，所以基本无履约成本。对于租赁筹资所引起的费用，融资租赁和经营租赁在财务处理和税收影响方面是有差别的。根据会计制度的规定，融资租入的资产要视同自有资产管理，采用与自有固定资产相一致的折旧政策计提租赁资产的折旧；增加资产的同时增加负债，将租赁资产公允价值与最低租赁付款额（最低租赁付款额是指在租赁期内承租人应支付或可能被要求支付的款项主要包括初始直接费用和租金，加上由承租人或与其有关的第三方担保的资产余值）现值两者中较低者作为租入资产的入账价值；将最低租赁付款额作为长期应付款的入账价值；租入资产的入账价值与长期应付款的入账价值之间的差额作为未确认融资费用，并在租赁期内各个期间进行分摊，分摊确认时采用实际利率法计算当期的融资费用；租金在支付时抵减长期应付款；履约成本和或有租金应当在实际发生时直接计入当期损益；经营租入的资产不作为自有资产管理，不提折旧，既不增加资产也不增加负债，支付的租金应当在租赁期内各个期间按照直线法计入相关资产成本或当期损益，初始直接费用和或有租金应当在实际发生时直接计入当期损益。根据税法的规定，以融资租赁方式租入固定资产发生的租赁费支出，按照规定构成融资租入固定资产价值的部分应当提取折旧费用，分期扣除；以经营租赁方式租入固定资产发生的租赁费支出，按照租赁期限均匀扣除。从财务效果来看，经营租赁优于融资租赁，因为经营租赁不增加负债，当然，会计准则规定承租人对于重大的经营租赁应当在附注中披露有关信息；经营租赁因为租期比融资租赁短，承租人承担的设备陈旧过时风险相对较小。从税收效果来看，两种租赁方式最终都可以将租赁费用在所得税前扣除，以获得抵减所得税的好处。

如果公司对于租赁资产只是临时需求或短期需求，租赁有可能成为公司的首要选择。因为若不选择租赁而选择筹措现金后自己购买，所需资产在满足了公司的临时需求或短期需求后就会发生闲置，若变卖则会发生变价损失，而且有时不能变卖因为闲置后还可能产生临时需求或短期需求。公司应该如何选择呢？假设无论是购买还是租赁都能满足公司的需求，产生的经济效果基本相同，因此，我们需要进行比较的是哪一种方式的投资成本现值更低。现将两种方式的投资成本现值列示如下：

购买的投资成本现值 = 资产的原始价值 - 处置收入的现值 - 各期折旧抵税额的现值之和 - 变价损失抵税额的现值（或 + 变价收益纳税额的现值）

经营租赁的成本现值 = 初始直接费用 + 租金的现值 + 或有租金的现值 - 初始直接费用的抵税额 - 各期租金的抵税额现值之和 - 或有租金的抵税额现值

融资租赁的成本现值 = 初始直接费用 + 租金的现值 + 或有租金的现值 + 履约成本的现值 - 各期折旧抵税额的现值之和 - 或有租金的抵税额现值 - 履约成本的抵税额现值

哪一种方式的投资成本现值更低，我们就应选择哪一种方式。购买方式中，公司根据购买价款、运杂费用、安装费用等确认资产的原始价值；购买不论资金如何筹集都将考虑其时间价值和风险价值；变卖时收回变价减去清理费用及相关税收后确认为处置收入；自有固定资产计提折旧，而折旧费用可以抵减企业所得税，每期折旧的抵税额现值之和是公司获得的折旧抵税的总利益；处置收入低于资产账面价值的差额为变价损失可以抵减所得税，而处置收入高于资产账面价值的差额为变价收益应缴纳所得税。租赁方式中，融资租赁比经营租赁多履约成本及其抵税额，融资租赁中有折旧抵税额，而经营租赁中有租金抵税额，融资租赁中初始直接费用计入租赁资产的价值，而经营租赁中初始直接费用直接计入当期损益。

各方式投资成本现值计算中之所以考虑成本抵税额，是因为在假设它们的现金流入量相同的情况下，主要比较的是它们的现金流出量，而所得税属于现金流出量应加计在投资成本现值中。

所得税 = （收入 - 成本）×所得税率

= 收入×所得税率 - 成本×所得税率

而在已经假设收入即现金流入量相同的情况下，收入×所得税率作为各方式中的相同点被排除，因此，投资成本现值的计算中只剩下了“- 成本×所得税率”；当然，这里的成本也不是全部成本，只是各方式中存在着区别点的成本。

[例3] 某公司需要某种设备，现考虑筹集资金购买或采用经营租赁方式租入。该公司的资金成本率为10%，适用的所得税税率为25%。请根据以下资料在购买与租赁之间做出选择。

购买方式：支付购买价款18万元；支付运杂费用1.5万元；购入后支付安装费用0.5万元；设备在使用4年后变卖，获得变价收入10万元，发生清理费用0.2万元；根据规定，设备的折旧年限为10年，采用平均年限法计提折旧，假设所确定的折旧期满后的设备净残值为0。

租赁方式：支付初始直接费用共计5万元；设备租期4年，期满退租，每年支付租金3.3万元。设备的安装、拆卸、维护、保养、保险等由出租方负责。

解：

购买的投资成本现值=资产的原始价值-处置收入的现值-各期折旧抵税额的现值之和-变价损失抵税额的现值

资产的原始价值=购买价款+运杂费用+安装费用

=18+1.5+0.5=20（万元）

处置收入=变价收入-清理费用=10-0.2=9.8（万元）

处置收入的现值=9.8×1/（1+10%）$^4$=9.8×0.683

=6.6934（万元）

年折旧额=20/10=2（万元）

年折旧抵税额=2×25%=0.5（万元）

各期折旧抵税额的现值之和=0.5×年金现值系数（4，10%）

=0.5×3.17=1.585（万元）

变价损失=处置收入-设备净值=9.8-（20-2×4）

=-2.2（万元）

变价损失抵税额=2.2×25%=0.55（万元）

变价损失抵税额的现值=0.55×1/（1+10%）$^4$

=0.55×0.683=0.37565（万元）

购买的投资成本现值=20-6.6934-1.585-0.37565

=11.34595（万元）

经营租赁的成本现值=初始直接费用+租金的现值-初始直接费用的抵税额-各期租金的抵税额现值之和

初始直接费用=5（万元）

初始直接费用的抵税额=4×25%=1（万元）

租金的现值 = 3.3 × 年金现值系数（4，10%）

= 3.3 × 3.17 = 10.461（万元）

年租金的抵税额 = 3.3 × 25% = 0.825（万元）

各期租金的抵税额现值之和 = 0.825 × 年金现值系数（4，10%）

= 0.825 × 3.17 = 2.61525（万元）

经营租赁的成本现值 = 5 + 10.461 − 1 − 2.61525

= 11.84575（万元）

经营租赁的成本现值大于购买的投资成本现值，因此，应选择购买方式。

## 第五节　流动负债筹资决策中的税收筹划

流动负债包括短期借款、商业信用、短期融资券等。流动负债筹资属于短期筹资，所筹集的资金属于短期资金。在西方的资本结构研究中，一般不将短期资金纳入资本结构之中。之所以不考虑短期资金，本书认为，西方的资本结构理论实际上暗含着一项假设，即假设短期资金主要用于满足资金周转性需要，调剂资金余缺，随借随还，对企业的财务状况没有大的影响。但中国的企业负债情况与这一假设不相符合。中国的企业似乎热衷于流动负债，流动负债占总负债的比重大约 70% 左右，流动负债占总资产的比重接近 40%[①]。因此，在中国研究筹资问题不可忽视流动负债。

① 施东晖：《上市公司资本结构与融资行为实证研究》，《证券市场导报》，2000 年第 7 期。

## 一、短期借款

关于长期借款的税收筹划已经阐述，短期借款与长期借款大同小异就不再赘述。短期借款与长期借款相比，资金的使用期限短，在一年以内；筹资额度小，只用于弥补临时性资金短缺；财务风险大，短期内就要归还。借款利息在支出时直接计入当期损益，一般不存在资本化问题，抵税效果更好，税收利益更大。

## 二、短期融资券

短期融资券是指企业依照规定的条件和程序在银行间债券市场发行和交易并约定在一定期限内还本付息的有价证券。也就是说，短期融资券对银行间债券市场的机构投资人发行，不对社会公众发行，只在银行间债券市场交易。短期融资券相对于债券而言，发行期限短，在一年以内归还；发行门槛较低，且采用备案制而不是审批制；发行量的限制相同都不能超过企业净资产的40%。短期融资券与短期借款相比，筹资数额大，资金使用费低，但筹资费用高，弹性小因此财务风险更大。发行短期融资券的费用一般在发生时可以直接计入当期损益，使公司获得抵税利益。

## 三、商业信用

商业信用与银行信用相对称，是不通过银行而由企业为另外的企业直接提供信用，它伴随商品交易关系而产生，或由销货方向购货方提供信用，购货方可延期付款，或由购货方向销货方提供信用，销货方可延期交货，延期付款或延期交货皆有约定的信用期限，或基于无条件的信任或基于抵押担保而形成借贷关系。从筹资者的角度看，其具体形式有赊购商品形成的应付账款和应付票据，以及销售商品形成的预收货款等。

商业信用的产生与市场竞争情况密切相关。销货方向购货方提供信用，主要是为了促销商品，扩大销售毛利和减少存货储存费用。所以，销货方进行赊销是迫于市场竞争压力的无奈之举。购货方向销货方提供信用，主要是为了抢购市场紧俏商品，保证本企业处于正常的生产经营状态。所以，购货方预付货款是以商品供应紧张为前提。

应付账款若无现金折扣条件和抵押担保条件，则属于无代价信用，可以认为没有资金成本；若存在现金折扣条件和抵押担保条件，则属于有代价信用，可以认为有资金成本；信用期后拖延付款，提供信用方一般有加收利息和滞纳金的权利。存在现金折扣的情况下，若享受现金折扣则会缩短信用期限即用资期限，降低筹资的作用。若不享受现金折扣则会损失现金折扣而增加付款额，且损失的现金折扣不能抵减所得税。是否应享受现金折扣，首先，要看企业是否有足够的自有资金在折扣期内付款，在有足够的自有资金时，还要看用自有资金在折扣期内付款的机会成本是多少，若机会成本小于现金折扣则享受现金折扣，若机会成本大于现金折扣则不享受现金折扣；其次，在没有足够的自有资金时，要看企业能否在折扣期内取得短期借款，在能够在折扣期内取得短期借款时，还要看借款利率的高低，若借款利率低于放弃现金折扣则的资金成本率则借款以享受现金折扣，若借款利率高于放弃现金折扣的资金成本率则不借款以放弃现金折扣；最后，在既无足够的自有资金又无法取得短期借款时，无论现金折扣的高低，则恐怕只能放弃现金折扣。有关的计算如下：

自有资金的机会成本 = （销售全额 - 现金折扣） × 机会成本率

$$\text{放弃现金折扣的资金成本率} = \frac{\text{现金折扣率}}{1 - \text{现金折扣率}} \times \frac{\text{全年天数}}{\text{信用期} - \text{折扣期}}$$

公司通过提供抵押担保取得商业信用，会发生一些中介费，一般可直接计入当期损益，获得抵减所得税的利益。公司若信用期满后拖延付款，除非提供信用方放弃加收利息和滞纳金的权利，一般要支付相应的利息和滞纳金。利息和滞纳金一般可直接计入当期损益，获得抵减所得税的利益。

应付票据分带息票据和不带息票据。带息票据的利息率一般比银行贷款的利息率低，因为商业信用是企业间的直接信用。利息一般可税前列支，获得抵减所得税的利益。

应付账款和应付票据在到期还款时，可能已取得销售收入并应该结转销售成本，简直就是“无本”销售，支付货款时即作为销售成本进行税前扣除，获得抵减所得税的利益。

预收货款等于借用客户的资金进行生产经营活动，简直就是“无本”经营。提前收款，但到交货时才确认收入，相当于延迟纳税，同样存在着所得税利益。

关联企业之间可能会利用商业信用无偿为对方提供资金，延期付款，转移利润，以获得最大的税收利益。

## 四、流动负债筹资总额的确定

虽然流动负债筹资存在着税收利益，资金成本较低，但是，其所筹集的资金使用时间短，还款压力大，财务风险高，一旦发生拖延付款，可能会影响公司的信誉。因此，公司应控制流动负债筹资的规模，确定恰当的流动负债期限结构。

流动负债属于资产负债表的右方项目，是为资产负债表左方的资产购置和运用服务的。流动负债为公司的资产购置和运用提供短期资金来源。长期负债和股东权益为公司的资产购置和运用提供长期资金来源。公司的资产分流动资产、固定资产、无形资产和有价证券等。固定资产和无形资产周转期长、资金占用额大且比较稳定，其购置必须使用长期资金解决。流动资产周转期短、资金占用额小且容易波动，尽管其变现能力比较强，但只要公司持续经营下去，就会长期占用一部分资金，那么，长期占用的这一部分资金也应该使用长期资金来解决。只有流动资产的资金占用额中的波动部分，才可以使用短期资金来解决。如果公司持有的有价证券比较多，并兼顾投机目的和现金替代目的，则可以进一步减少短期资金。因此，公司要研究流动资产与其他资产的比例关系，确定合理的流动资产投资规模，并进一步分析流动资产中的长期占用部分和波动部分，根据波动部分在考虑了有价证券投资因素之后，最后确定短期资金的总体规模。

短期资金的总体规模确定之后，首先考虑商业信用的筹资额度，然后再考虑使用短期借款和短期融资券，一般只有当短期资金的需求量比较大时才会考虑发行短期融资券筹资。在进行流动负债筹资时，还需要合理安排负债的期限结构，避免大量负债集中到期。因此，流动负债筹资尽管存在着税收利益，但财务风险比较大，公司不能不顾财务风险的大小而一味地追求税收利益。

## 第六节　小　　结

### 一、资本结构理论中的税收筹划

早期的资本结构理论基本没有考虑税收。现代的资本结构理论才开始考虑税收的影响，有了考虑公司所得税的MM理论以及考虑公司所得税和个人所得税的米勒模型M理论。权衡理论不仅考虑了举债的节税利益，而且还考虑了举债存在着破产成本和代理成本。根据权衡理论，公司应适度举债。公司应研究确定适合于本公司的最佳资本结构，恰当利用负债的节税优势，以提高公司的价值。

## 二、资本结构决策之比较资本成本法中的税收筹划

综合资本成本线是一条凹形曲线，凹形曲线的最低点所对应的资本结构是最佳资本结构。决策中应拟定几个资本结构方案，分别计算每一个资本结构方案的综合资本成本，哪一个资本结构方案的综合资本成本最低，则相应的资本结构就是最佳资本结构。

筹资费用抵税是本书的一个创新。现有的计算公式筹资费用不乘（1－所得税率）。本书认为，既然利息费用考虑了抵税作用，而具有同样作用的筹资费用也应考虑其抵税作用。

关于融资租赁资本成本（率）的计算，目前比较少见。本书根据最新会计准则认为融资租赁的资本成本应按下式计算：

不考虑资金时间价值的计算方法：

$$\text{融资租凭的资本成本（率）} = \frac{\left(\text{预计付款总额} - \text{租赁资产的公允价值}\right) \div \text{租赁年限} \times (1-\text{所得税率})}{\text{租赁资产的公允价值} - \text{筹资费用} \times (1-\text{所得税率})}$$

考虑资金时间价值的计算方法：

$$\text{租赁资产的公允价值} - \text{筹资费用} = \sum_{i=1}^{n} \frac{\text{预计第 } i \text{ 期的租金} - \text{按租赁资产公允价值换算的 } n \text{ 期年金}}{(1+r)^{i}} + \frac{\text{租赁期末获得资产所有权需支付的款项}}{(1+r)^{n}}$$

假设租金一年支付 $m$ 次，则融资租赁的税前资本成本（率）$= mr$

融资租赁的税后资本成本（率）$= mr \times$（1－所得税率）

## 三、资本结构决策之比较企业价值法中的税收筹划

企业价值线是一条凸形曲线，凸形曲线的最高点所对应的资本

结构是最佳资本结构。决策中应拟定几个资本结构方案，分别计算每一个资本结构方案的企业价值，哪一个资本结构方案的企业价值最高，则相应的资本结构就是最佳资本结构。

关于企业价值的计算方法很多，无论在理论上还是在实践中被广泛认同的方法是贴现现金流量法。

$$自由现金流量 = 息税前利润 - 资本总额 \times 资本结构比率 \times 利息率 - 所得税 - 追加投资 + 折旧$$

在资本总额不变的情况下，一个公司欲增加负债或提高资本结构比率，若不考虑风险，其效果是多支付利息、少缴纳企业所得税，那么，在利息率和企业所得税率固定不变的情况下，少缴纳多少企业所得税才能增加自由现金流量呢？本书得出推论：

$$\frac{负债增加额}{息税前利润增加额} < \frac{1 - 所得税率}{现利息率}$$

一个公司欲增加负债或提高资本结构比率，如果企业所得税率是利息率的2.5倍，则意味着只要负债增加额小于息税前利润增加额的7.5倍，就可使自由现金流量提高；如果企业所得税率是利息率的2倍，则意味着只要负债增加额小于息税前利润增加额的6倍，就可使自由现金流量提高。所得税率越高而利息率越低，则越促使企业增加负债，反之，所得税率越低而利息率越高，则越促使企业减少负债。

## 四、资本结构决策之每股利润无差别点分析法中的税收筹划

公司在需要进行追加筹资时，先拟定一个股权筹资方案和一个负债筹资方案，然后计算确定每股利润无差别点的息税前利润，最后根据预测追加筹资后公司能够获得的息税前利润水平选择其中一个筹资方案；如果预计息税前利润大于每股利润无差别点的息税前利润，应采用负债筹资方式；反之，则应采用股权筹资方式。

每股利润无差别点的息税前利润 $\overline{EBIT}$ 为：

$$\overline{EBIT} = \frac{N_1 I_2 - N_2 I_1}{N_1 - N_2}$$

因为计算的是（每股利润无差别点的）息税前利润，所以企业所得税对其没有影响。企业所得税影响的是每股利润。

公司负债多少主要不决定于税收的高低，而主要决定于公司的息税前利润水平；只有公司的息税前利润水平高才可以多借债。本书得出如下推论：

$$\frac{\overline{EBIT}}{V} = r$$

即每股利润无差别点的息税前利润等于资本总额与利息率的乘积，每股利润无差别点的总资本报酬率（或称资产息税前利润率）等于利息率。这一推论将每股利润无差别点与总资本报酬率联系在一起，有助于我们对每股利润无差别点的认识。当总资本报酬率高于利息率时，可以负债筹资；当总资本报酬率低于利息率时，应该进行股权筹资；而当总资本报酬率等于利息率时，采用负债筹资或股权筹资基本无差别。

## 五、发行股票筹资中的税收筹划

发行普通股不能获得所得税利益，筹资费用大，是所有筹资方式中资本成本最高的。

虽然发行普通股不能像负债筹资那样获得所得税利益，但它是负债筹资的基础和保证，所以，公司一定要规划、控制普通股的筹资额度，为负债筹资做好准备。

1. 根据投资需要确定公司的资本总额 $V$；

2. 根据资本结构决策方法确定目标资本结构 $B/V$；

3. 根据目标资本结构和资本总额确定股权资本额度 $S$，$S=V-B$；

4. 根据现有股权资本额度 $N$ 确定普通股筹资额 $D$，$D=S-N$；

5. 根据预计的股票发行价格 $P$ 和预计筹资费用 $F$ 确定普通股的发行股数 $Q$，$Q=(D+F)/P$

## 六、吸收直接投资中的税收筹划

根据规定，公司可以有计划地安排注册资本的到位时间和到位额度，在注册资本未全额到位时，有效利用负债筹资方式弥补公司的资本不足，税前列支债务利息，以获得所得税利益。

吸收直接投资与发行股票相比最大的优势是有可能获得特殊资产，因为发行股票只能获得现金，而有现金并不一定能够买来特殊资产。

## 七、内部积累中的税收筹划

美国经济学者已经采用实证的方法得出了资本结构的“啄序理论”，内部积累是公司筹资方式中的第一选择。虽然内部积累与发行普通股一样也不能获得所得税利益，但是作为股权筹资方式，它没有筹资费用，且不影响公司的控制权。

内部积累的多少受公司所持的股利理论和股利政策的影响。就中国的情况看，目前没有资本利得所得税，会促使公司少发股利或不发股利。当然，公司发放股利的多少还受到股票增发条件的限制。四种股利政策中，只有剩余股利政策与税收关系密切。若公司采用剩余股利政策，则与税收筹划的思想不谋而合，先确定目标资本结构，再根据未来资本总额确定股权资本数额，最后根据现有股权资本数额确定应通过内部积累筹资的数额。

## 八、长期借款中的税收筹划

企业借款的正常利息支出，不论是先作为资本性支出，还是直接计入了当期损益，最终都可以在所得税前扣除；只有“高利贷”的超额利息支出不能在所得税前扣除。所以，公司应合法经营、诚信经营，树立良好的信誉，力求获得信用借款，减少抵押担保借款，减少有“补偿性余额”的借款，尽量不进行“高利贷”借款。当然，如果公司规模较小，资信状况不过硬，进行抵押担保借款和有“补偿性余额”的借款就是不可避免的。

## 九、发行债券中的税收筹划

企业在生产经营活动中发生的经批准发行债券的利息支出可以在所得税前扣除。而债券的利息有票面名义利息和实际利息之分，其利率有票面名义利率和实际利率之分。造成名义利率和实际利率差别的因素有债券还本方式、付息方式、发行价格等。根据规定，借款存在折价或者溢价的，应当按照实际利率法确定每一会计期间应摊销的折价或者溢价金额，调整每期利息金额。对于采用实际利率法确认的与金融负债相关的利息费用，应按照现行税收有关规定的条件，未超过同期银行贷款利率的部分，可在计算当期应纳税所得额时扣除，超过的部分不得扣除。

## 十、租赁筹资中的税收筹划

从财务效果来看，经营租赁优于融资租赁，因为经营租赁不增加负债，当然，会计准则规定承租人对于重大的经营租赁应当在附注中披露有关信息；经营租赁因为租期比融资租赁短，承租人承担的设备陈旧过时风险相对较小。从税收效果来看，两种租赁方式最终都可以将租赁费用在所得税前扣除，以获得抵减所得税的好处。

假设无论是购买还是租赁都能满足公司的需求，产生的经济效果基本相同，因此，我们需要进行比较的是哪一种方式的投资成本现值更低。

购买的投资成本现值 = 资产的原始价值 - 处置收入的现值 - 各期折旧抵税额的现值之和 - 变价损失抵税额的现值（或 + 变价收益纳税额的现值）

经营租赁的成本现值 = 初始直接费用 + 租金的现值 + 或有租金的现值 - 初始直接费用的抵税额现值 - 各期租金的抵税额现值之和 - 或有租金的抵税额现值

融资租赁的成本现值 = 初始直接费用 + 租金的现值 + 或有租金的现值 + 履约成本的现值 - 各期折旧抵税额的现值之和 - 或有租金的抵税额现值 - 履约成本的抵税额现值

各方式投资成本现值计算中之所以考虑成本抵税额，是因为在假设它们的现金流入量相同的情况下，主要比较的是它们的现金流出量，而所得税属于现金流出量应加计在投资成本现值中。

## 十一、流动负债筹资中的税收筹划

短期借款与长期借款相比，资金的使用期限短，在一年以内；筹资额度小，只用于弥补临时性资金短缺；财务风险大，短期内就要归还。借款利息在支出时直接计入当期损益，一般不存在资本化问题，抵税效果更好，税收利益更大。

短期融资券相对于债券而言，发行期限短，在一年以内归还；发行门槛较低，且采用备案制而不是审批制；发行量的限制相同都不能超过企业净资产的40%。短期融资券与短期借款相比，筹资数额大，资金使用费低，但筹资费用高，弹性小因此财务风险更大。发行短期融资券的费用一般在发生时可以直接计入当期损益，使公司获得抵税利益。

应付账款和应付票据在到期还款时，可能已取得销售收入该结转销售成本了，简直就是“无本”销售，支付货款时即作为销售成本进行税前扣除，获得抵减所得税的利益。预收货款等于借用客户的资金进行生产经营活动，简直就是“无本”经营。提前收款，但到交货时才确认收入，相当于延迟纳税，同样存在着所得税利益。关联企业之间可能会利用商业信用无偿为对方提供资金，延期付款，转移利润，以获得最大的税收利益。

# 参考文献


1. Modigliani, F., Miller, M. 1958. The Cost ofCapital, corporation Finance and the Theory of Investment. *American Economic Review* 48 (June), 261 – 297.

2. 1. Modigliani, F., Miller, M. 1963. Corportate Income Taxes and the Cost of Capital: *A Correction. American Economic Review* 53 (June), 433 – 443.

3. Miller, M., Modigliani, F. 1966. Some Estimates of the Cost of Capital in the Electric Utility Industry, 1954 – 57. *American Economic Review* 56 (June), 333 – 391.

4. Miller, M. 1977. Debt and Taxes. Journal of Finance 32 (May), 261 – 276.

5. Hodge, J. H. 1981. A Study of Regional Investment Decisions. In Research in Urban Economics, edited by J. V. Henderson, Greenwich, CT: JAI Press.

6. Charney, A. H. 1983. Intraurban Manufacturing Location Decisions and Local tax Differentials. Journal of Urban Economics 14 (September): 184 – 205.

7. McGuire, T. 1985. Are Local Property Taxes Important in the Intrametropolitan Location Decisions of Firms? An Empirical Analysis of the Minneapolis – St. Paul Area. Journal of Urban Economics 18 (July): 226 – 234.

8. Fox, W. F. 1986. Tax Structure and the Location of Economic Activity Along State Borders. National Tax Journal XXIX (December): 387 -401.

9. Newman, H. 1989. Selection of Short - Term Accounting - Based Bonus Plans. The Accounting Review64 (October): 758 -772

10. Porter, Susan L. 1994. The effects of alternative state tax regimes on firms'accounting and financing decisions. University of Wwshington.

11. Wilson, P. 1995. Corporate Tax Effectiveness: Adding Value Through the Tax Function. Working paper, Harvard University.

12. Carnes, G. and D. Guffey. 1997. An Empirical Investigation of the Relationship Between After - Tax Income Compensation Plans and FirmsTax Planning Opportunities. Working paper, Northern Illinois University.

13. Atwood, T. J. , T. Omer, and M. Shelley. 1998. Before - Tax Versus After - Tax Earnings As Performance Measures in Compensation Contracts. Managerial Finance 11: 30 -44.

14. Hurley, Sharon kay. 1997. An Investigation of Tax and Non Tax Incentives of Relocation Decisions. Contemporary Accounting Research.

15. Babcock, Jennifer Louise. 1997. The effects of imputation tax systems on multinationals´investment, financing and tax - accounting strategies. Duke University.

16. John D. Phillips. 1999. Corporate Tax Planning Effectiveness: The Role of Incentives. Ph. D. , University of Iowa.

17. Steven H. Smith. Tax Accounting Choice: The Costs of Corporate Tax Aggressiveness (completed, August 2000) . Arizona State U-

niversity.

18. Mary Margaret Myers. 1999. The Impact of Taxes on Corporate Defined Benefit Plan Asset Allocation. Working paper, Chicago.

19. 赵秀英:《企业财务管理与税收筹划》,《中央财经大学学报》,1999 年第 8 期。

20. 谈多娇、马童犁:《税务筹划在会计核算中的运用》,《财会通讯》,2002 年第 10 期。

21. 戴德明、周华:《会计制度与税收法规的协作》,《会计研究》,2002 年第 3 期。

22. 赵智全、曹世庆:《持续经营下会计与税法差异衔接研究》,《商业研究》,2003 年第 21 期。

23. 李俊英:《论税收筹划与企业财务管理》,《北方经济》,2003 年第 12 期。

24. 高金平:《税收筹划谋略百篇》,中国财政经济出版社 2002 年版。

25. 顾跃南:《税收筹划误区辨析》,《涉外税务》,2004 年第 1 期。

26. 薛刚:《税务筹划的财务管理基础》,《财会通讯(综合版)》,2004 年第 5 期。

27. 王国华、张美中:《纳税筹划理论与实务》,中国税务出版社 2004 年版。

28. 贺志东:《纳税筹划》,机械工业出版社 2004 年版。

29. 张中秀、王晓菲、李首雁:《税收筹划教程》,中国人民大学出版社 2005 年版。

30. 常树春:《现代企业纳税筹划策略研究》,《学习与探索》,2005 年第 6 期。

31. 高凤琴:《现代企业财务管理中的税收筹划问题》,《集团经济研究》，2006 年第 2 期（下）。

32. 陈文俊：《浅议企业纳税筹划与财务管理的关联性》，《商场现代化》，2006 年第 6 期。

33. 亚当·斯密著，谢祖钧、孟晋译：《国富论——国民财富的性质和原因的研究》，中南大学出版社 2003 年版。

34. 高培勇：《西方税收——理论与政策》，中国财政经济出版社 1993 年版。

35. 杨元杰：《税收学》，经济管理出版社 2002 年版。

36. 董庆铮、汤贡亮、杨志清、计金标：《税收理论研究》，中国财政经济出版社 2001 年版。

37. 郝如玉：《税收理论研究》，经济科学出版社 2002 年版。

38. 斯科尔斯等，张雁翎主译：《税收与企业战略》，中国财政经济出版社 2004 年版。

39. 李剑峰：《组织行为管理》，中国人民大学出版社 2000 年版。

40. 盖勇：《组织行为学》，山东人民出版社 2002 年版。

41. 熊文钊、李华：《税务行政法》，中国人事出版社 2000 年版。

42. 施正文：《税收程序法论——监控征税权运行的法理与立法研究》，北京大学出版社 2003 年版。

43. 林秀香：《中国企业纳税行为研究》，中国税务出版社 2006 年版。

44. 艾华：《税收筹划研究》，武汉大学出版社 2006 年版。

45. 国家税务总局税收科学研究所译：《国际税收词汇》，中国财政经济出版社 1992 年版。

46.（印度）N. J. 雅萨斯威：《个人投资和税务筹划》（N. J. Xawawwy，Personal Investment and Tax Planning，p. 49）。

47. W. B. 梅格斯等:《会计学》(W. B. meigs&R. F. meigs, Accounting, pp. 738 ~776)。

48. 唐腾翔、唐向:《税收筹划》,中国财政经济出版社1994年版。

49. 张中秀:《公司避税节税转嫁筹划》,中华工商联合出版社2001年版。

50. 李大明:《论税收筹划的原理及其运用》,《中南财经政法大学学报》,2002年第6期。

51. 黄衍电:《税收政策与筹划》,经济科学出版社2002年版。

52. 计金标:《税收筹划》,中国人民大学出版社2004年版。

53. 盖地:《MPAcc企业税务筹划理论与实务》,东北财经大学出版社2005年版。

54. 张中秀:《税收筹划宝典》,机械工业出版社2002年版。

55. 杨成志、杨丽平:《浅谈税收筹划的目标》,《辽宁科技学院学报》,2005年第6期。

56. 李广舜、伍文中:《企业税务筹划的理论假设、理性选择和实务解析》,《辽宁财专学报》,2002年第6期。

57. 梁云凤:《企业税收筹划行为的形成机理分析》,《中央财经大学学报》,2006年第10期。

58. 赵秀英:《企业财务管理与税收筹划》,《中央财经大学学报》,1999年第8期。

59. 马彦玲、王东德:《企业税务筹划的思路》,《经济论坛》,2000年第7期。

60. 刘静:《试论企业税收筹划的基本思路和方法》,《当代经济研究》,2000年第9期。

61. 韩晨鹏:《税收筹划新思路》,《经济论坛》,2003年第14期。

62. 贺飞跃：《税收筹划思路》，《湖南社会科学》，2004 年第 4 期。

63. 程显荣、郭发明：《浅谈企业税收筹划的四个切入点》，《理财杂志》，2004 年第 10 期。

64. 黄董良：《税收筹划的理论界定与实践方法》．《浙江财税与会计》，2001 年第 1 期。

65. 张明慧：《企业税收筹划的基本思路与方法》，《华北电业》，2001 年第 1 期。

66. 张孝光：《税务筹划方法及其操作研究》，《现代财经》，2005 年第 5 期。

67. 李玉周：《实用税收筹划》，西南财经大学出版社 2005 年版。

68. 贾若冰、周长庚：《论企业税收筹划方法的选择》，《山东财政学院学报》，2006 年第 5 期。

69. 曹培慎：《金融资产定价理论的历史演变》，《生产力研究》，2007 年第 16 期。

70. 刘春、焦鹏：《资本资产定价扩展模型理论及其发展趋势》，《商业研究》，2004 年第 4 期。

71. 杨云红：《资产定价理论》，《管理世界》，2006 年第 3 期。

72. 杨峰：《布莱克、默顿、斯科尔斯期权定价理论评述》，《国际金融研究》，1998 年第 1 期。

73. 冯宗宪、谈毅：《从期权定价理论看企业最优投资规模的确定》，《预测》，1998 年第 6 期。

74. 刘茜：《论期权定价理论在企业财务决策中的应用》，《东北财经大学学报》，2003 年第 6 期。

75. 何良桥：《评西方期权定价理论》，《世界经济》，1994 年第 12 期。

76. 东朝晖:《对套利定价理论及应用的认识》,《数量经济技术经济研究》,2003 年第 5 期。

77. 阴航明、任燕飞:《论套利定价模型 APT 对均衡形成过程的描述》,《南开管理评论》,1999 年第 3 期。

78. 杨淑娥、胡元木:《财务管理研究》,经济科学出版社 2002 年版。

79. 荆新、王化成、刘俊彦:《财务管理学》,中国人民大学出版社 2006 年版。

80. 道格拉斯·R. 爱默瑞、约翰·D. 芬尼特,荆新、王化成、李焰等译校:《公司财务管理》,中国人民大学出版社 1999 年版。

81. 托马斯·E. 科普兰、J. 弗莱德·威斯顿,宋献中主译:《财务理论与公司政策》,东北财经大学出版社 2003 年版。

82. 滋维·博迪、亚历克斯·凯恩、艾伦·J. 马库斯,朱宝宪、吴洪、赵冬青等译:《投资学》,机械工业出版社 2000 年版。

83. 陈守忠:《对企业财务管理假设的思考》,《财会研究》,2006 年第 9 期。

84. 陈守忠:《企业财务管理原则探析》,《财会研究》,2008 年第 1 期。

85. 尼尔·塞茨、米奇·埃利森,刘力、袁燕、计茜、王丹译,刘力校:《资本预算与长期融资决策》,北京大学出版社 2007 年版。

86. 卢俊:《资本结构理论研究译文集》,上海三联书店、上海人民出版社 2003 年版。

# 后　记

本书是在我的博士论文《公司财务决策中的税收筹划研究》的基础上修改完成的。修改过程中吸收了论文答辩专家的建议。

回首论文开题、写作、答辩、受教及修改过程，心中感触良多，有过踌躇满志，有过停滞不前，有过茅塞顿开，有过拍案叫绝，有过学知不足，有过如沐春风，这些感触以及领悟将成为我今后进行工作和生活的宝贵财富。与此同时，心中想感谢的人很多，首先我要感谢我的导师汤贡亮教授。在我博士论文的选题、开题、写作、答辩、修改、成书的过程中，无不凝聚着我的导师的心血和智慧以及支持和帮助。汤教授严谨治学的精神、平易近人的态度和宽厚待人的品格给我留下了深刻的印象。

感谢中国人民大学安体富教授，中国税务出版社总编辑贾绍华教授，中央财经大学李俊生教授、王国华教授和王雍君教授的帮助。他们作为论文答辩专家，对我的博士论文给予了充分的肯定，提出了许多宝贵的意见和建议，使我的论文得以在修改之后更为完善。

感谢中央财经大学李葆仁教授、马海涛教授，以及我的同事李晓梅博士、邢俊英博士等在我的论文开题和写作过程中所给予的指导和帮助。

感谢我的师弟马君同学，以及硕士研究生邢伟同学、刘芳芳同学、郑亚明同学、苏丽萍同学、王岭同学等在我的论文写作、排版和答辩过程中所给予的帮助。

感谢中国财政经济出版社特别是卢关平先生对此书的出版所给予的热情帮助和大力支持。

最后感谢我的家人在论文写作过程中所给予的关心和支持。

陈守中

2008 年 6 月